IBRASA
LIVROS QUE CONSTROEM

## COLEÇÃO "GNOSE" — 28

Volumes publicados:

| | | |
|---|---|---|
| 1. | *As Grandes Religiões* | Félicien Challaye |
| 2. | *As Sociedades Secretas* | Hermann e Georg Schreiber |
| 3. | *Fenômenos Ocultos* | Zsolt Aradi |
| 4. | *O Poder da Meditação Transcendental* | Anthony Norvell |
| 5. | *O Poder das Forças Ocultas* | Anthony Norvell |
| 6. | *A Bíblia Estava Certa* | H. J. Schonfeld |
| 7. | *O Ensino dos Mahatmas (Teosofia)* | Alberto Lyra |
| 8. | *Mistérios Cósmicos do Universo* | Adrian Clark |
| 9. | *A Evolução Divina: da Esfinge ao Cristo* | Édouard Schuré |
| 10. | *Raízes do Oculto* | Henry S. Olcott |
| 11. | *O Budismo do Buda* | Alexandra David-Neel |
| 12. | *Diálogos de Confúcio* | |
| 13. | *A Sugestão Mental* | J. Ochorowicz |
| 14. | *A Magia e o Diabo no Século XX* | Alberto Lyra |
| 15. | *Catecismo Budista* | Henry S. Olcott |
| 16. | *Além da Razão* | Jean Lerède |
| 17. | *Os Grandes Iniciados* | Édouard Schuré |
| 18. | *A Arca da Aliança* | Michel Coquet |
| 19. | *Os Caminhos do Graal* | Patrick Rivière |
| 20. | *Os Mistérios da Rosa-Cruz* | Christopher McIntosh |
| 21. | *Zoroastro — Religião e Filosofia* | Paul du Breuil |
| 22. | *Qabalah — A Doutrina Secreta dos Judeus numa Perspectiva Ocidental* | Alberto Lyra |
| 23. | *A Alquimia e Seus Mistérios* | Cherry Gilchrist |
| 24. | *O Poder da Magia* | Israel Regardie |
| 25. | *Reencarnação e Imortalidade* | Alexandra David-Neel |
| 26. | ................................ | |
| 27. | *Tao te King/I Ching — O Caminho do Sábio* | Sérgio Barreto de Souza |
| 28. | *A Franco-Maçonaria* | Robert Ambelain |
| 29. | *A Ciência Sagrada dos Números* | Tuball Kahan |

# A FRANCO-MAÇONARIA

*Origem — História — Influência*

1352 — 1688 — 1720

**Dados de Catalogação na Publicação (CIP) Internacional**
**(Câmara Brasileira do Livro, SP, Brasil)**

Ambelain, Robert, 1907-
A Franco-maçonaria : origem, história, influência : 1352-1688-1720 / Robert Ambelain ; tradução de Alcione Soares Ferreira. -- São Paulo : IBRASA, 1990. -- (Coleção gnose ; v. 28)

1. Maçonaria - História I. Título. II. Série.

90-0527 CDD-366.109

**Índices para catálogo sistemático:**

1. Franco-maçonaria : Sociedades secretas : História 366.109
2. Maçonaria : Sociedades secretas : História 366.109

# A FRANCO-MAÇONARIA

*ORIGEM-HISTÓRIA-INFLUÊNCIA*

1352 — 1688 — 1720

ROBERT AMBELAIN

*Tradução de*
ALCIONE SOARES FERREIRA

IBRASA
INSTITUIÇÃO BRASILEIRA DE DIFUSÃO CULTURAL LTDA.
SÃO PAULO

*Título do original francês:*
LA FRANC-MAÇONNERIE OUBLIÉE
1352 — 1688 — 1720



*Capa:*
Ilustração de MÁRIO DINIZ DA SILVA FILHO
Montagem de CARLOS CÉZAR

—


IBRASA
INSTITUIÇÃO BRASILEIRA DE DIFUSÃO CULTURAL LTDA.
Rua 13 de Maio, 446
Telefone: 3284-8382
Bela Vista - 01327-000

*Publicado em* 2010

IMPRESSO NO BRASIL — PRINTED IN BRAZIL

Ó nobreza, ó beleza simples e
Verdadeira, cujo culto significa razão e
Sabedoria, tu cujo templo é uma
Lição eterna de consciência e de
Sinceridade. . .

E. RENAN, *Prece na Acrópole*

*À memória de meu caríssimo*
*Irmão e Amigo*
ANDRÉ BASTIEN,
*prisioneiro evadido, radiotelegrafista de um grupo de Resistência, entregue à Gestapo pela Milícia, deportado para o campo de Rawa-Ruska, e morto ao voltar.*

"NEKAMAH BEALIN ADONAÏ!"[1]

1. *"Que se mostre a justiça de Deus!"* Palavras de reconhecimento de um alto grau de vingança do século XVIII. Fórmula que permaneceu inalterada.

# SUMÁRIO

---

*N.B.* — Cada um desses capítulos foi redigido de forma a constituir um todo, permitindo obter-se uma exposição completa. O que por vezes implica em certas repetições no domínio das referências, repetições que serão igualmente marcos mnemônicos no espírito do leitor, ou mesmo dum eventual conferencista.

# ÍNDICE DAS ILUSTRAÇÕES

# NOTA DO EDITOR: O AUTOR

Numa obra que não é apenas histórica, mas pretende-se igualmente mercurial, parece necessário justificar a posição do autor. Terá ele a autoridade necessária para defender determinadas posições da Franco-Maçonaria, e, noutro plano, censurar determinadas orientações? Resgatamos, em proveito dos leitores, a biografia que o autor mereceu em 1980, do *Dicionário dos Franco-Maçons Franceses,* à sua página 47.[1]

Ei-la, resumida:

"Ambelain Robert. Nasceu a 2 de setembro de 1907, em Paris (10h20'). Literato. Historiador. Membro de diversas associações de Intelectuais, da Associação dos Escritores de Língua Francesa "mer-outre-mer"*, da Academia Nacional de História, da Academia de Ciências de Roma (secção literária). Autor de 42 obras, publicadas entre 1936 e 1985.

Carreira maçônica:

— recebido como *Aprendiz* a 26 de março na loja "La Jérusalem des Vallées Égyptiennes", *Rito de Mênfis-Misraïm.* Padrinho: C. Chevillon, grão-mestre.

— recebido como *Companheiro e Mestre* a 24 de junho de 1941. Acusado por C. Savoire, R. Wibaux, R. Carmpon e G. Lagrèze, altos dignitários do Rito de *Mênfis-Misraïm,* do *Rito Escocês Antigo Aceito,* do *Rito Escocês Retificado,* de manter na clandestinidade o *Rito de Mênfis-Misraïm,* constitui, juntamente com membros de diversas obediências ligadas à Resistência maçônica, a Loja Alexandria do Egito, e depois seu capítulo. Templo: em sua residência, no número 12 do Jardim de Limousin, Paris, 13.º Distrito, com insígnias e acessórios rituais. Recebe por isso, durante os anos de Ocupação, com os poderes necessários:

— todos os graus do *Rito Escocês Antigo Aceito* até o 33.º inclusive;

— todos os graus do *Rito Escocês Retificado*, inclusive os da *Ordem Interior* (Cavaleiro da Cidade Santa, Professo);

— todos os graus do *Rito Antigo e Primitivo de Mênfis-Misraïm*, até o 95.º inclusive;

— todos os graus do *Rito Sueco*, até o de Cavaleiro do Templo;

— Grão-Mestre *ad vitam* para a França e substituto grão-mestre mundial do *Rito de Mênfis-Misraïm* (1942 e 1944). Grão-mestre mundial do dito Rito (1962).

Atualmente:

— Promovido a Grão-Mestre Mundial de Honra do *Rito de Mênfis-Misraïm* (1985);

— Grão-Mestre de Honra do Grande Oriente Misto do Brasil;

— Grão-Mestre de Honra do antigo Grande Oriente do Chile;

— Presidente do Supremo Conselho dos *Ritos Confederados para a França*;

— Grão-Mestre para a França do *Rito Escocês Primitivo (Early Grand Scottish Rite)*;

— Companheiro *ymagier* do Tour de France *(Union Compagnonnique des Devoirs Unis)* sob o nome de "Parisien-la-Liberté", (1945).

NOTAS

1. *Dictionnaire des Francs-Maçons Français*, de Michel Gaudart de Soulages e Hubert Lamant. Prefácio de Henri Prouteau, 33.º do *Rito Escocês Antigo Aceito*, ed. Albatros, Paris, 1980.

* "mer-outre-mer" — equivale, em Portugal, às entidades ditas "d'aquém e d'além mar", conceito ausente do português falado no Brasil por não termos uma vivência colonialista.

# INTRODUÇÃO:

# O PORQUÊ DESTA OBRA

A contra-iniciação empenha-se em introduzir seus agentes em organizações pseudo-iniciáticas, que inspiram sem o conhecimento de seus membros ordinários.

RENÉ GUÉNON,
*O Reino da quantidade e os Sinais dos Tempos.*

Originária das eras mais recuadas, dos construtores das pirâmides aos edificadores de catedrais, passando pelas corporações tírias, judaicas, os *collegia* greco-romanos, as confrarias medievais, a maçonaria operativa foi, em todos os tempos, dirigida por misteriosos filósofos que lhe confiaram a missão de veicular, conscientemente ou não, o essencial de uma técnica de iniciação bem definida.

Em realidade, constatamos ao longo de todo o passado a existência de uma *iniciação* ligada ao que se convencionou chamar *profissões.* Essa palavra* vem do latim *ministerium,* que significa "ofício", "ministério", "serviço", e essa raiz nos remete a um certo aspecto de *sa-*

*cralização* daquilo que também denominamos *profissão,*** a fim de *professo*, termo que designa aquele que formulou votos e compromissos numa ordem religiosa ou cavalheiresca.

Muito antes de dar origem à Maçonaria Especulativa, sua grande irmã contemporânea, a Maçonaria Operativa havia, desde a Idade Média, criado uma linguagem simbólica, com imagens plenas de substância, porque o pensamento livre, ciosamente conservado nos cérebros de elite, não corria, assim, o risco de se prostituir. As antenas sutis, que o espírito humano por vezes lança no misterioso mundo dos arquétipos e dos universais, captam com muita freqüência conceitos cujas imagens fugazes dificilmente permaneceriam no consciente do homem, não fosse a ação dos *Símbolos*, que, como passarelas lançadas entre a carne e o espírito, nos permitem percebê-las, representá-las e traduzi-las.

Mas essa vida dos *Símbolos*, o *homo faber* contemporâneo já há muito a afastou de suas atividades profissionais! Os meios que se preocupavam com seu futuro encarregaram-no de separar-se dela. E, em nossos dias, o que a Maçonaria Especulativa havia conservado de sua herança operativa é cada vez mais contestado quanto a sua importância e sua utilidade. Digamos francamente, a Franco-Maçonaria, no conjunto, seguiu o mesmo declínio involuntário da Igreja, sua irmã gêmea e sua rival; o materialismo invadiu os templos, a mediocridade foi ampliada pela quantidade, e o que se devia limitar a uma discreta tolerância tornou-se um laxismo agressivo. Como disse alguém, a mentalidade moderna, em seus múltiplos aspectos, nada mais é que o produto de uma vasta sugestão coletiva, exercida continuadamente durante quase quatrocentos anos em todos os domínios: religioso, político, familiar, individual, e visando arrancar ao homem suas raízes espirituais.

As grandes religiões exotéricas — Judaísmo, Cristianismo, Islamismo — têm sua responsabilidade nessa decadência, por sua obstinação em querer impor a uma massa, doravante advertida, "histórias para boi dormir". E as correntes revolucionárias souberam muito bem tirar partido do materialismo tacanho e egoísta das classes dirigentes. Estas páginas são dirigidas aos Franco-Maçons, mas também a todos os que se inquietam ante um porvir que não lhes parece risonho. Aos primeiros a levar a sério seu papel de "construtores" na sociedade do novo milênio.

## NOTAS

*, ** — Jogo de palavras que perde o significado em português. No original, o autor alterna "métier" (profissão), com "profession", que transmite o sentido de "profissão de fé", "compromisso", etc. (N. da T.)

# GLOSSÁRIO DOS PRINCIPAIS TERMOS MAÇÔNICOS

*Adereços*: insígnias diversas, portadas pelos Franco-Maçons, compreendendo o avental do grau, o Cordão ou o Cordão de Ouro, as Luvas, brancas ou pretas segundo o grau praticado.

*Adro*: termo que designa os vestíbulos, locais, corredores que levam a um dos Templos maçônicos, e onde não se comporta como num Templo fechado.

*Avental*: emblema e insígnia essencial da qualidade maçônica. De pele de cordeiro, de seda ou cetim, segundo o grau. Geralmente ornado de franjas de ouro para os Grão-Mestres, leva símbolos bordados, relacionados à função ou grau ao qual está associado. Sua ausência desqualifica uma loja ou uma obediência.

*Arquiteto*: (Grande Arquiteto do Universo) — definição geral que os Franco-Maçons dão à Causa Primeira. Oficial de loja, conservador dos arquivos e administrador do mobiliário do templo.

*Câmara de reflexão*: quarto semi-escuro, onde o Candidato à Iniciação maçônica deverá recolher-se para meditar, durante algum tempo, diante dos Símbolos apropriados.

*Coluna de harmonia*: conjunto instrumental, ou dispositivo de reprodução musical, destinados à execução da música maçônica no decorrer das cerimônias rituais.

*Colunas de ordem*: três Colunas que limitam o quadro comprido. Representam a *Sabedoria*, a *Força* e a *Beleza*, virtudes determinantes em toda obra maçônica.

QUADRO DA LOJA DO APRENDIZ

O Esquadro (materialidade) domina o Compasso (espiritualidade)

*Colunas do templo*: representam os bancos dispostos ao norte e ao sul dos templos maçônicos, onde devem tomar lugar, numa ordem precisa, os membros da Loja, do Capítulo, do Areópago, etc., segundo sua hierarquia.

*Colunas J e B*: colunas que flanqueiam internamente a porta de um templo maçônico, em memória das duas Colunas que ornavam a entrada do templo de Salomão, em Jerusalém.

*Convento*: Assembléia geral anual, realizada geralmente no equinócio de setembro, reunindo os representantes das lojas que constituem uma obediência. Essa assembléia é, ao mesmo tempo, deliberativa e legislativa, no quadro das *Constituições* e dos *Regulamentos Gerais* da mesma.

*Cordão*: fita larga e torcida, de dez a doze centímetros de largura, nas cores dos diversos graus da hierarquia maçônica, usada pelos detentores desses graus 'a tiracolo', isto é, de um ombro ao quadril oposto. Chama-se também "boldrié".

*Cordão de Ouro*: Do mesmo tipo do *Cordão*, mas talhado e costurado em galões que circundam o colo e ombros do Maçom. Próprio dos Oficiais de Loja, o é também de certos graus da hierarquia maçônica. Traz na ponta, sobre o peito, a *Jóia* apropriada.

*Cúpula de aço*: quando um dignitário entra na loja como visitante ou para uma inspeção, o *Venerável* faz levantarem-se os presentes, faz com que eles se ponham "em Ordem" (sinal ritual), faz com que conduzam até ele o dignitário visitante, cercado de *Mestres* portadores do glaivo, precedido pelo *Mestre-de-Cerimônias* levando aceso o Castiçal de três braços, ele próprio precedido pelo *Grande Especialista* carregando o Glaivo à altura dos lábios. Enquanto isso, o *Venerável* e os dois *Vigilantes* cadenciam, com seus Maços, a marcha de entrada, e os Maçons das primeiras filas formam, com suas espadas maçônicas, a *Cúpula de Aço**. Quando o dignitário sobe no Oriente, o Venerável deve entregar-lhe seu *Maço*, símbolo da abdicação de sua autoridade. Este último rito só se usa quando o visitante é dignitário da *obediência*. O cerimonial se repete à saída do dignitário. *Ver em Coluna de harmonia.*

*Defensor*: Oficial de loja encarregado de guardar a entrada do templo, fiscalizando a regularidade da entrada dos Membros ou Visitantes e zelando pela segurança dos trabalhos: discrição, afastamento dos importunos, etc.

*Delta*: Grande Triângulo luminoso, contendo no centro um Olho raiado e exprimindo a presença, no templo, do Grande Arquiteto do Universo, quando os trabalhos foram abertos segundo o rito e "à Sua Glória", fórmula secular.

---

* A expressão *cúpula de aço* (*voûte d'acier*, em francês) tem aqui um sentido duplamente figurado: a "cúpula", logicamente, refere-se ao aspecto da formação, não a uma cúpula arquitetônica; e "aço" refere-se, no sentido literário clássico, às armas (no caso, espadas). (N. da T.)

QUADRO DA LOJA DO COMPANHEIRO

O Esquadro (materialidade) domina o Compasso (espiritualidade), mas começa a liberá-lo

*Espada*: Glaivo de lâmina chata, de cabo em cruz, contendo os Símbolos maçônicos; utilizado nas diversas cerimônias.

*Estrela Reluzente*: Estrela simbólica, de cinco ou seis pontas, simbolizando o conhecimento maçônico em seu esoterismo.

*Estrelas*: representadas geralmente no teto pintado de azul dos templos maçônicos. O termo designa igualmente *luminárias* (velas, círios), fixas ou portadas pelos Oficiais em cerimônia.

*Glaivo*: sinônimo de Espada. Ver esse verbete.

*Grande Oriente*: sinônimo de Grande Loja. Representa sempre uma obediência. Ver este termo.

*Grande Loja*: associação de várias lojas maçônicas que pratiquem o mesmo rito; no mínimo três lojas são necessárias para constituir uma Grande Loja ou um Grande Oriente.

*Jóia*: modelo reduzido de uma das nove Ferramentas simbólicas da Franco-Maçonaria, e que os Oficiais de loja levam no Cordão de Ouro. Cada *Jóia* de loja designa uma função nesta.

*Jóias de loja*: as três Jóias de uma loja são: o Compasso, símbolo do *Homem*, do *Espírito*; o *Esquadro*, símbolo da *Matéria* e também da regularidade do trabalho; o Livro Sagrado, símbolo do *Grande Arquiteto do Universo*. Em certos ritos, é substituído pela Régua.

*Letra G*: significativa do Conhecimento, da Gnose, da Geometria, da Geração segundo as três virtudes maçônicas: *Sabedoria, Força, Beleza*, sinônimos de utilidade, de solidez e de harmonia.

*Livro Sagrado*: substituído às vezes pela *Régua*. É sempre um livro que sirva de base a uma religião revelada: a Bíblia, o Evangelho, o Corão, etc. Pode ser também, simplesmente, o livro das *Constituições* da obediência.

*Loja*: reunião de Franco-Maçons sob um mesmo vocábulo, praticando o mesmo rito, pertencendo à mesma obediência (ver esse termo). É também sinônimo de *Templo*. Loja selvagem: a que não pertence a nenhuma obediência. Loja de tradição: a que perpetua um rito já não mais praticado.

*Luvas*: os Franco-Maçons, durante as cerimônias rituais, usam luvas, brancas, pretas ou amarelas, segundo o ritual e o grau hierárquico praticados.

*Luzes de ordem*: círios acesos sobre os pilares da *Sabedoria*, da *Força*, e da *Beleza*. Seu número varia com o grau hierárquico praticado. O ato de acendê-los constitui-se na essência do cerimonial de abertura e encerramento dos trabalhos, como o de apagá-los.

*Maço*: maço de buxos, de ébano ou de marfim, que serve para ritmar, através de batidas de número emblemático, as diversas fases das cerimônias maçônicas. São em número de três, as do Venerável, dos Primeiro e Segundo Vigilantes.

*Maços de bater*: batida cadenciada dos três Maços acima citados, segundo o ritmo dos tambores de outrora, e que acompanham a entrada solene, na Loja, dos Dignitários, sob a *Cúpula de aço* (ver esse Verbete).

*Meio-Dia*: como *hora*, designa o início simbólico dos trabalhos maçônicos. Como sinônimo de *sul*, designa a Coluna ocupada pelos *Companheiros* e pelos *Mestres*; fica sob a vigilância do Primeiro Vigilante.

*Norte*: designa a coluna situada no setentrião. A primeira fila é ocupada pelos *Aprendizes*, a segunda pelos *Mestres*. Fica sob a vigilância do Segundo Vigilante.

*Obediência*: conjunto de uma formação maçônica reunindo determinado número de lojas, sujeitas a um mesmo Rito e a uma mesma Autoridade administrativa.

*Ocidente*: designa simbolicamente a parte do Templo por onde se entra na loja, entre as duas Colunas J e B, guardada pelo *Defensor*.

*Oficiais de Loja*: são em número de doze: o *Venerável* (presidente da Oficina), o *Primeiro Vigilante*, o *Segundo Vigilante*, o *Orador* (guardião das Constituições e censor das cerimônias), o *Secretário* (memória da loja, assume seu secretariado), o *Mestre-de-cerimônias* (dirige-as), o *Grande Especialista* (assume a responsabilidade das cerimônias de iniciação), o *Tesoureiro* (conserva os fundos da loja), o *Hospitaleiro* (conserva os fundos da beneficência, visita os irmãos doentes ou em necessidades), o *Defensor* (guardião da entrada do Templo, controlador das identidades), o *Arquiteto* (conservador dos arquivos, do mobiliário e dos acessórios, organizador dos banquetes), o *Ex-Mestre* (Venerável que já cumpriu seu mandato trienal, colocado à esquerda do Venerável em exercício, é seu conselho).

*Oriente*: estrado elevado de três lances, colocado no lado leste da loja, e onde se postam o *Venerável*, o *Secretário*, o *Orador*, o *Ex-Mestre* e os dignitários visitantes. Designa igualmente a cidade onde se desenvolve a atividade de uma loja; assim, diz-se pois 'no oriente de...'.

*Oriente eterno*: termo que designa o além para a Franco-Maçonaria. É o mundo dos mortos, o dos "Mestres Falecidos", reunidos na *Loja Eterna*. Esse termo designa igualmente o fichário dos Maçons falecidos.

*Oficina*: sinônimo de loja. Ver esse verbete.

*Quadro comprido*: grande retângulo quadriculado em preto e branco, comportando geralmente um certo número de casas emblemáticas, e que ocupa o centro de um Templo maçônico. Em seus ângulos ficam as três Colunas portando as Luzes de Ordem. Ver esses termos.

*Questões de ordem*: também chamadas *Testamento filosófico*. Inicialmente isolado durante algum tempo na *câmara de reflexão*, preliminar inevitável à cerimônia de iniciação ao grau de *Aprendiz*, o candidato deve responder por escrito a três perguntas:

— Quais os deveres do Homem com relação ao Grande Arquiteto do Universo?

— Quais os deveres do Homem para com o Universo, os seres?

— Quais os deveres do Homem para consigo mesmo e a Humanidade?

A Franco-Maçonaria jamais visou sugerir, sob o nome de *Testamento filosófico,* a promessa de ser o profano candidato à iniciação enterrado ou incinerado sem qualquer rito religioso. Não faltam, em nossos dias, maçons que, por ocasião de seu falecimento, passaram pela igreja, pelo templo ou pela sinagoga. Lembremos, aqui, que a Igreja Católica atualmente autoriza a incineração póstuma. O que, do ponto de vista do ocultismo, é um erro: a Natureza não incinera! Ela restitui ao meio ambiente o *carbono,* o *oxigênio,* o *hidrogênio* e o *azoto.*

*Regularidade*: classificação arbitrária que certas obediências maçônicas reservam a outras obediências, função de diferença de origem, de ritos, de orientação. Essa noção não é observada pelos Franco-Maçons entre si, é própria das Autoridades administrativas dessas obediências.

*Rito*: conjunto de cerimônias e usos próprios a uma família maçônica específica: loja, obediência, etc.

*Ritual*: obra enumerando em detalhes as cerimônias que se devem observar no decorrer de uma gestão maçônica. Cada Oficial de loja possui o seu, específico da sua função. É o equivalente a um sacramentário ou de um pontifical religioso.

*Setentrião*: parte nobre do Templo, ficando sua Coluna reservada aos *Aprendizes* e aos *Mestres.* Fica sob a vigilância do Segundo Vigilante.

*Sabatinar*: interrogar um visitante segundo certos gestos e palavras secretos, para aquilatar sua qualidade de Maçom e seu verdadeiro grau.

*Sessão*: uma sessão maçônica é uma assembléia de Maçons reunidos com um fim preciso: sessão *Ritual,* sessão de *Comitê* (oficiais de loja), sessão de *Família* (não ritual).

*Supremo conselho*: assembléia de número preciso, que dirige os altos graus de uma obediência. As lojas ordinárias são dirigidas por um *conselho federal,* com iguais prerrogativas.

*Tapete de loja*: também chamado "quadro". Tela pintada, simbolizando o Templo de Salomão, e que se dispõe, desenrolada, sobre o *Quadrado comprido,* entre as três *colunas de Ouro* (q.v.). Os *Tapetes de loja,* variando com o grau praticado, substituíram o traçado com giz no assoalho dos apartamentos onde se realizavam as cerimônias maçônicas nos séculos XVII e XVIII. Tratava-se, então, de um rito *evocatório* do *Templo de Jerusalém antigo,* o qual, na sua origem, tivera excepcional sacralização. Tal rito desapareceu com a Maçonaria moderna, que dele perdeu por completo a chave, e não sacraliza nem mesmo esses Tapetes de loja.

*Templo*: local fechado onde se desentolam as cerimônias maçônicas. Atualmente, passa por uma cerimônia de sacralização no dia de sua inauguração, cerimônia que deve repetir-se depois dos trabalhos materiais no local. Nele nunca se deve fumar, comer ou beber, ou entrar no recinto sem *adornos.*

*Testamento*: ver *questões de ordem.*

*Venerável*: presidente da loja. Chamado outrora *Mestre de loja,* era geralmente nomeado *ad vitam,* se fosse o fundador da mesma. Atualmente, é eleito pelos membros da loja, e por período não superior a três anos. Em certas obediências, só os *Mestres* são eleitores. Em qualquer parte, é preciso ter pelo menos cinco anos de *mestrado* para ser elegível a esse posto. Sua eleição deve ser aprovada e ratificada pela alta autoridade administrativa de sua obediência. Sua "instalação" é objeto de uma cerimônia específica, durante a qual ele "instala" seus oficiais, depois de ter ele próprio prestado juramento de fidelidade às Constituições. É ele quem confere aos novos *Aprendizes* a iniciação maçônica, é quem abre e encerra os trabalhos, convoca a loja, etc. No topo da obediência, seu lugar é assumido pelo *Grão-Mestre,* que goza do privilégio secular de poder "dar a Luz" (quer dizer, *iniciar*) a um profano e fazer dele um *Aprendiz,* conferir o grau de *Companheiro* ou de *Mestre* a outro *Aprendiz,* sob sua própria responsabilidade e sem se reportar a ninguém. Esse privilégio só é exercido em circunstâncias excepcionais.

# I. A FRANCO-MAÇONARIA

*O Maçom é obrigado, por sua condição,*
*a obedecer à lei moral; e, se tiver*
*perfeito entendimento da Arte, nunca*
*será um ateu estúpido, nem um*
*libertino irreligioso.*
*Livro das Constituições, 1723.*

Assim reza o primeiro parágrafo de uma obra de título bastante extenso: *Obrigações dos Franco-Maçons, extraídas dos antigos arquivos das lojas de além-mar, das de Inglaterra, de Escócia e de Irlanda, conforme o costume das lojas de Londres. Para ser lido por ocasião da admissão de novos Irmãos, ou quando o mestre ordenar.*

A primeira edição foi produzida em Londres, "por William Hunter, para John Senex "No Globo", e John Hooke "Na Flor da Luz", em frente à Igreja St-Dunstan, Fleet-Street. Ano da Maçonaria: 5723, no ano de Jesus Cristo de 1723".

Essa publicação constituiu-se na participação de nascimento da Franco-Maçonaria que conhecemos, e que reúne mais de cinco milhões e meio de membros em todo o mundo. Mas, de onde vem ela? Suas origens continuam misteriosas, e, em parte, legendárias. Pode-se admitir que os três primeiros graus da Maçonaria dita "simbólica", — vale dizer, a que reúne os três primeiros graus: *Aprendiz, Com-*

*panheiro* e *Mestre,* — descendem por cooptação honorífica de membros não operativos, mas "aceitos", das tradicionais corporações de talhadores de pedra e de carpinteiros, mas é mais lógico admitir-se que os altos graus, em boa parte, derivam das Ordens de cavalaria então existentes ou ainda mais antigas: *Templários, Teutônicos, Porta-Glaivos, Santo Sepulcro,* etc.

Na verdade, a Franco-Maçonaria atualmente se nos apresenta como uma sociedade de pensamento, relativamente secreta, espalhada por todo o mundo. Fundando-se na liberdade de pensamento e na tolerância, dedica-se à pesquisa da verdade em todos os domínios e ao aperfeiçoamento material e moral da humanidade. Seus adeptos são agrupados em *lojas, capítulos, areópagos* (segundo os graus da hierarquia), que se assemelham e constituem *Obediências: Grandes Lojas, Supremos Conselhos, Soberanos Santuários,* etc. O que diferencia suas diversas formações são os *Ritos* praticados, expressos em *Rituais.* Essas diferenças entre os ritos são sublinhadas por diferenças entre suas diversas *insígnias,* denominadas "adereços", ou seja, os *Aventais* (de pele de cordeiro, de seda ou de cetim) e os *Cordões* ou *Cordões de Ouro,* que levam *Jóias,* símbolos metálicos, prateados ou dourados, exprimindo uma categoria ou uma função. Esses Cordões e Cordões de Ouro derivam de seus congêneres das ordens honoríficas civis históricas, ou de ordens militares.

Tradições diversas fazem remontar a Franco-Maçonaria à construção das pirâmides, do Templo de Salomão, em Jerusalém, ou aos antigos *mistérios* do Egito e da Grécia, etc. É razoável relacioná-la às corporações de *construtores,* indo dos *collegia* greco-romanos aos construtores de catedrais medievais, com todos os paralelos emanados do simples urbanismo: pontes, aquedutos, fortalezas. . . Não há dúvida que as *Ferramentas simbólicas* da Franco-Maçonaria atual, em número de nove, a importância conferida à *Geometria,* o uso do *Avental,* a evidência do *Compasso* e do *Esquadro* nas cerimônias diversas, bem como toda a linguagem convencional utilizada nos rituais, tudo isso, enfim, liga a Maçonaria à *arte de construir* das corporações medievais e a seus símbolos.

Como todas as associações profissionais, essas corporações comportavam segredos de ofício, que transmitiam a seus membros; segredos de operações manuais, habilidades, sutilezas diversas. A isso se acrescentava, para os mestres de obra, toda a *arte da Geometria,* e inevitavelmente o conhecimento da *resistência dos materiais.*

Nos lugares em que abriam um *canteiro de obras,* os Maçons tinham discípulos, os *Aprendizes,* formados na *loja* local, a qual não era apenas uma *oficina*, mas também um local de repouso, de ensino, de troca de idéias. Chegada a época em que as corporações de pedreiros, em virtude das transformações econômicas e sociais, perderam sua principal razão de ser, elas receberam, para subsistir, membros honorários, chamados, em inglês, *Accepted Masons*, ou seja, *Pedreiros Aceitos**, em oposição aos Pedreiros profissionais, chamados *Operative Masons*, isto é, Pedreiros Operativos.

Foi na Grã-Bretanha que as corporações de pedreiros, que desde a Idade Média haviam adquirido uma importância especial, começaram, a partir do século XVII, a receber membros estranhos à profissão. A partir de 1600, encontramos, inscrito na loja de Edimburgo, na Escócia, um escocês pertencente à nobreza: John Boswell, Lord de Auchinleck. A 16 de outubro de 1646, Elie Ashmole, o membro mais ativo do Círculo católico de Londres, é recebido como Maçon Aceito na loja de Warrington, ao mesmo tempo que seu cunhado, o coronel Henri Mainwarieg, de Kerthingham, tendo por padrinho Richard Penket, *wardem* dos Fellow-Crafts. Aí encontra Thomas e George Warton, o matemático William Oughteed, os doutores em teologia John Herwitt e John Prarson, e o astrólogo do rei Carlos I, William Lilly.

Assim, por uma lenta evolução, as lojas operativas foram pouco a pouco transformando-se em sociedade de pensamento, as cerimônias de iniciação transferiram seu simbolismo do plano material para o plano intelectual. Mas, durante todo o século XVII, os ritos permaneram os mesmos, *simples mas eficientes, levando-se em conta a importância absoluta que o homem honrado dava à sua palavra e a seu juramento*. Foi no século XVIII, com o ceticismo de bom tom, a zombaria espiritual, o materialismo grassando nos salões, principalmente na França, que essas coisas se atenuaram. Isso ganhou os meios maçônicos, mais ou menos segundo a natureza das lojas. Para remediá-lo, alongaram-se as cerimônias, as "provas", a gravidade e extensão dos juramentos; completaram-se os três graus da Maçonaria primitiva com os primeiros "graus de vingança", onde o traidor eventual era impiedosamente castigado. Pessoas como Helvécius, Voltaire, Marmontel, Montesquieu, d'Holbach, todos Maçons, personalidades célebres do século das luzes, redatores da *Enciclopédia*, são um pouco responsáveis pela degradação espiritual da franco-maçonaria inicial do século XVII.

* *Maçon* (inglês *mason*) significa *pedreiro*. (N. da T.)

Assim como a chegada do "número"! Pois o esoterismo abrigado no seio da Ordem não podia caminhar lado a lado com uma Maçonaria nascida de uma sociedade superficial e fútil, onde esse "número" só podia, fatalmente, conduzir à mediocridade: "Todo mundo é...", escreveu Maria Antonieta à sua mãe, a imperatriz da Áustria. Sem dúvida, todo mundo é! E o quadro dos Grão-Oficiais do *Grande Oriente de França,* no ano de 1773, é impressionante. Do Sereníssimo Grão-Mestre Louis-Joseph-Philippe d'Orléans, duque de Chartres, príncipe de sangue, ao modesto Grão-Hospitaleiro da Ordem, o respeitabilíssimo Irmão marquês de Briqueville, marechal dos Campos e Exércitos do Rei, notam-se dezoito nomes pertencentes às mais eminentes famílias da aristocracia de Versalhes. Seguem-se quarenta e seis nomes de uma nobreza muito distinta, nas diversas câmaras da Ordem.

Vale dizer que os ritos deverão temperar-se de uma vida mundana sem relação com eles e com o que veiculam, onde a beneficência e as obras caridosas desempenham o papel principal, nada mais. O mesmo acontece hoje em certas obediências, onde um humanismo vago, por vezes até irracional e sem contato com as realidades, nada mais faz que recobrir um plano político estranho à verdadeira Franco-Maçonaria, quando não lhe é francamente oposto em seus resultados e esperanças.

De modo geral, os autores remontam o começo da Franco-Maçonaria moderna à fundação, no dia 24 de junho de 1717, da *Grande Loja* de Londres, quando as quatro lojas londrinas reuniram-se na estalagem da "Macieira", em Covent Garden. Por maioria de votos, foi eleito Grão-Mestre Anthony Sayer.[1] Se era um cavalheiro (*gentleman*), não se sabe. Mas a partir de 1721, a Maçonaria irá buscar na alta aristocracia os seus grão-mestres, com o duque de Montagu. A obrigação (muito grande) de crer em Deus, *Grande Arquiteto do Universo,* estende-se a todas as confissões, e, a partir de 1723, na Inglaterra, os judeus serão admitidos na Maçonaria. Um deles aparecerá com destaque: o célebre Falk-Schek, *resh galutha* (Exilarca) de toda a Diáspora (ver adiante, página 120), ou pelo menos assim o supunham na época.

Numa reação inevitável, a Loja de York, loja *imemorial*, a mais antiga da Inglaterra, alarmou-se ante essa criação e logo se constituiu em *Grande Loja de toda a Inglaterra.* Mas a *Grande Loja de Londres* foi, pouco a pouco, estendendo sua influência sobre toda a Grã-Bretanha. Sua jurisdição compreendia quatro lojas em 1717, sessenta e três em 1725, cento e vinte e seis em 1733. Em 1725, fundava-se a *Grande Loja da Irlanda*; em 1736 a *Grande Loja da Escócia*. A partir da década de 1730, a maçonaria espalhou-se pelas Índias britânicas, pelas Antilhas e colônias inglesas da América do Norte.

Nem toda a massa maçônica, porém, estava compreendida nesse movimento. Continuavam a existir muitas lojas independentes, à moda antiga, constituídas sem qualquer autorização proveniente de uma Grande Loja qualquer. E havia, ainda, as *lojas militares*, fundadas e perpetuadas no seio dos regimentos. Enquanto as *lojas civis* diziam-se "no oriente de..." (designando a cidade onde funcionassem), as *lojas militares* diziam-se "no oriente de tal ou qual regimento". Compreendiam os oficiais e primeiros-oficiais (suboficiais) desses regimentos.

Foram essas lojas militares que introduziram na França a Maçonaria, com a chegada do rei James II da Inglaterra ao exílio em Saint-Germain-en-Laye, e os regimentos fiéis que o haviam seguido, compostos de escoceses e irlandeses, católicos, protestantes ou anglicanos, mas ligados por seu juramento de fidelidade ao soberano. Naquele tempo, isso contava.

Depois, a maçonaria na França vai se particularizar, falar-se-á em lojas *stuartistas* ou *jacobitas*, derivadas das lojas militares de Saint-Germain-en-Lay. Em Paris, nasce a primeira, em 1725. A *Grande Loja de França* vai se constituir em 1732. Esclareçamos que a atual Grande Loja de França não possui nenhum laço de filiação (fora a filiação maçônica, evidentemente) com a de 1732. A atual foi fundada em 1897. A 7 de novembro de 1894, o Supremo Conselho do *Rito Escocês* concedera autonomia às suas lojas "azuis" (simbólicas, que trabalham nos três primeiros graus), e autorizara sua fusão com a *Grande Loja Simbólica Escocesa*, cujas trinta e seis lojas haviam outrora dissidido. Com as sessenta lojas "azuis" permanecendo fiéis ao *Rito Escocês*, o efetivo da juvenilíssima *Grande Loja de França* era levado a noventa e seis oficinas "azuis".

Voltando ao século XVIII e à França, veremos constituir-se, em 1773, a Ordem Real da Franco-Maçonaria, que toma o nome de *Grande Oriente de França*. Representa, então, quase quatrocentas lojas. O Grão-Mestre é o duque de Chartres, Philippe d'Orléans, futuro *Égalité*. Os maiores nomes da aristocracia francesa ocupam as funções de "grão-oficiais". E a Ordem vai, doravante, viver sua vida histórica, sem mistério, até nossos dias, não, contudo, sem eventuais perseguições: sob a Revolução e sob o governo de Vichy às ordens da Alemanha nazista. No correr dos séculos, novas obediências virão à luz, frutos do desejo dos homens de se reunir segundo suas afinidades, suas ideologias, suas preferências em matéria de ritual.

Haverá, por vezes, atritos entre essas mesmas obediências, nunca, porém, entre os maçons que as constituem. E, mesmo que uma obediência reconheça outra e a receba, ou que a conteste e recuse, *isso em nada mudará essa fraternidade que unirá os membros de uma ou de outra.* A existência de "fraternais profissionais" aí está para demonstrá-lo. Esse sentimento ultrapassa as fronteiras dos Estados, hoje como ontem, onde o vemos, por vezes, exercer-se nos campos de batalha. Assim, a Franco-Maçonaria conseguiu fazer o que a Igreja não fez entre seus fiéis de nacionalidades diversas: *fazê-los amar-se,* apesar dos interesses por vezes divergentes, apesar de crenças diferentes, de opiniões políticas opostas. Nem sempre é fácil; mas, quando o Maçom se sente derivar, lembra-se de seu juramento de *Aprendiz*: "Considerarei *todos os franco-maçons como meus irmãos...*" E o obedece.

Infelizmente, esse sentimento bastante louvável em si mesmo às vezes leva certos membros da *Ordem maçônica* a confundir *fraternidade* com *cumplicidade.* Eis porque sábias são as obediências que possuem um *júri fraternal,* independente da loja à qual pertença o Maçom sob acusação. De outra forma, a amizade fraterna desenvolvida por tantas reuniões estaria arriscada a transformar-se em laxismo.

Em certas obediências, os *Regulamentos Gerais* e as *Constituições* prevêem que todo Maçom sob acusação será julgado por um tribunal composto de membros do grau imediatamente superior ao seu. O direito de apelação fica mantido. As sentenças implicam em suspenções temporárias da atividade, ou exclusão pura e simples. Quando o delito o justifica, a ocorrência pode ser comunicada às obediências irmãs, para evitar que o sancionado dê prosseguimento, alhures, às suas atividades nocivas. No caso de *crime* patente: denúncia às autoridades perseguidoras, tentativa de assassinato, etc., e seja qual for a sentença dos tribunais profanos, os tribunais maçônicos costumam pronunciar a pena de *morte maçônica.* Essa é aplicada na loja do condenado, na presença de inúmeros Maçons, de autoridades da obediência, e seguindo um ritual extremamente impressionante.

Essa severidade é absolutamente necessária, pois toda cumplicidade latente, toda indulgência manifestada sob o pretexto exclusivo da filiação maçônica e da fraternidade, vêem suas conseqüências voltarem-se contra toda a *Ordem maçônica.*

Lembremo-nos dos acontecimentos que tiveram lugar entre 3 de janeiro e 6 de fevereiro de 1934, quando esteve iminente a queda da república, na esteira do escândalo Stavisky, descoberto pelo Ministério de Finanças. Ao invés de deixar que a justiça seguisse seu curso normal, maçons comprometidos foram protegidos por outros maçons que silenciaram. O falso suicídio do escroque Stavisky no momento de sua prisão, o assassinato do magistrado Albert Prince, encarregado da instrução do processo, pelo policial Bony (que posteriormente se passou à Gestapo), tudo isso fez com que se levantassem, a 6 de fevereiro de 1934, a partir das 18 horas, na Place da la Concorde, duzentos mil manifestantes, entre os quais se incluíam desde membros das Juventudes Comunistas até Camelots do Rei, passando por ex-combatentes e todas as ligas nacionalistas, prontos a atravessar a ponte da Concorde e invadir o Palais-Bourbon. A guarda volante abriu fogo, e houve muitos mortos e feridos.

Tal situação se originou de uma *fraternidade* que virou *cumplicidade*. Para alguns, bastaria lembrar-se daquilo que já estabeleciam, no século XVIII, as Constituições (*Constitutions*) de Anderson: "O maçom é obrigado, *por sua condição,* a obedecer à lei moral. (. . .) Quer dizer, ser pessoas de bem, leais, homens honrados e probos." (Cf. livro das *Constitutions,* I, Londres, 1723).

Detivemo-nos a relembrar esse episódio da história nacional francesa porque muita gente, em nossa época, procura apresentar essa seqüência de escândalos como "calúnias fascistas" (sic). Que ela tenha sido explorada pelos partidos de direita, não há dúvida, estava-se em guerra; teria sido melhor fazer entrar em ação a *justiça maçônica*. . .

Também os adversários da Franco-Maçonaria se aproveitarão da derrota de junho de 1940 para cumprir uma vingança que lhes seria quase impossível levar a cabo sem seus protetores alemães. Veremos ressurgir, então, todas as sandices sobre as aparições de Satã nas lojas, e nossos piedosos imbecis não hesitarão em associar o comunismo soviético, perseguidor de maçons russos e de israelitas, àquilo que denominam a Judeu-Maçonaria!

Os milicianos do governo de Vichy irão pilhar os templos maçônicos, como chipanzés excitados, chegando por vezes a despedaçar tetos e soalhos, como no templo mais que centenário da rua La Condamine, em Paris, na esperança de encontrar aí, os esqueletos das "vítimas" dos punhais maçônicos. Pois haviam tomado os crânios que figuram nas "câmaras de reflexão", comprados aos osteologistas ligados à Faculdade de Medicina, pelos das "vítimas". Um policial do serviço das sociedades secretas, o cabo Rapp, lançará mesmo seus astutos sabujos na pista de Louis-Claude de Saint-Martin, falecido em 1803, mas que ele supõe morar em Saint-Cloud!

Far-se-á um filme contra a Ordem, *Forças Ocultas,* apresentado ao público no dia 9 de março de 1943; filme esse, aliás, onde os ritos são tão bem observados[2] que, na obscuridade das salas de projeção, ouvir-se-ão, freqüentemente, da parte do público, exclamações e comentários de admiração às cerimônias maçônicas. E a *Exposição antimaçônica* do Petit Palais, em Paris, surtirá efeito exatamente contrário...

Seus organizadores, os mesmos que realizaram o filme, ouviam sarcasmos e zombarias, e o público visitava essa mostra em meio a um silêncio reservado, em passos lentos e silenciosos. Posso falar dela, pois estive lá! E me lembrava, então, do que havia escrito na parte final de meu livro *Dans l'ombre des cathédrales,*[3] lançado na primavera do angustiante ano de 1939:

"E, se o furacão materialista e negador conseguisse incendiar o mundo, e se novamente os Bárbaros, devastando bibliotecas e museus, realizassem a terrível profecia de Henri Heine, se o martelo de Thor aniquilasse de vez nossas velhas catedrais e sua maravilhosa mensagem, quereríamos ainda acreditar na salvaguarda do saber essencial.

"Passada a tempestade, num mundo tornado bárbaro, ainda se encontrariam alguns homens suficientemente intuitivos, apaixonados pelo mistério do infinito, para ir, piedosa e pacientemente, reacender a lâmpada antiga ao pé da famosa mortalha de púrpura onde dormem os deuses mortos. E, novamente, através da grande noite do Espírito, a chama verde do Saber oculto guiaria os homens para o seu reino maravilhoso: a magnífica e radiosa "cidade solar" dos filósofos e dos sábios..."

Sem dúvida! Mas, para isso, no sábado 19 de agosto de 1944, em Paris, os fuzis saíram do esconderijo de quatro anos, para sete dias de combate.

O que não havia sido previsto pelos doces, mas perigosos iluminados pacifistas do pré-guerra.

Pois, para reparar a louca imprevidência e a alienação da realidade de certos maçons, milhares de outros morreram, deportados, ou fuzilados, por ocasião das atividades da Resistência, ou se apagaram pouco depois de seu retorno dos campos da morte, como meu caríssimo irmão e amigo André Bastien, que uivava em seus pesadelos noturnos, revivendo o que passara em Rawa-Ruska e em Dora.

Entre todos esses mortos, alguns nomes passarão à posteridade, juntamente com os mais conhecidos, como Jean Moulin, Pierre Brossolette, Gaston Delaive, Constant Chevillon.

Possam eles se beneficiar dos votos piedosos da liturgia latina: "Senhor, dai-lhes o repouso eterno, e que a luz que nunca se apaga brilhe sobre eles..."

Essa "luz" da qual eles tanto se orgulhavam de ser "filhos".

## NOTAS

1. As tavernas inglesas eram, então, ricas cervejarias, providas de quartos, salas de reunião, salão de leitura, cabeleireiro, etc. Depois da sessão ritual, os maçons faziam aí seu banquete, igualmente ritual. Nesses estabelecimentos, hospedavam-se pessoas "a pé e a cavalo", segundo a fórmula da época.

2. O filme foi realizado por Jean-Marquès Rivière, ex-maçom da *Grande Loja de França*, autor de *La Trahison Spirituelle de la F.·.M.·.* Ele saiu de Paris pouco antes da insurreição, escoltado por milicianos, e foi condenado, por contumácia, a trabalhos forçados perpétuos, pois colaborara durante quatro anos com a Gestapo.

3. *Dans l'ombre des cathédrales*: ensaio sobre o esoterismo arquitetônico e decorativo da catedral de Notre-Dame de Paris, examinando suas ligações com o simbolismo hermético, as doutrinas secretas, a astrologia, a magia e a alquimia. (Éditions Adyar, Paris, 1939). Editados mil e cem exemplares, setecentos foram destruídos por ordem de Vichy e da Gestapo, no fim de 1940.

# II. A LENDA DE HIRAM

*De flancos e pés nus, Eva, minha mãe, chafurda em rude solidão, de onde se ergue a fome. Moribunda, descabelada, ela afinal sucumbe, e, num grito de horror, pare em sofrimento. Tua vítima, Javé, aquele que foi Caim!*

LECONTE DE LISLE
*Poèmes barbares, Caïn.*

Antes de penetrar no labirinto das tradições e dos segredos interditos aos profanos, devemos, apesar de tudo, apresentar ao leitor a *lenda de ordem* que constitui a alma da Franco-Maçonaria desde o século XVIII. Todo grupo humano ligado por uma mística específica possui uma; a cavalaria medieval, com a *Canção de Rolando* ou a *Procura do Santo Graal*; os Cruzados, com a *reconquista de Jerusalém*; e as diversas religiões tampouco escapam a essa regra: o Hinduísmo, com a *floresta sem caminhos*, o Judaísmo com seus *livros sapientíssimos*, o Cristianismo com os inúmeros *apócrifos (ascensões, apocalipses, evangelhos*, etc.). Já a Franco-Maçonaria, por sua vez, possui a *lenda de Hiram*, mas somente a partir do século XVIII, como logo veremos, e essa lenda cheira a enxofre — e como! Quanto a suas origens, vamos vê-las mais tarde. Vamos, pois, resumir este verdadeiro *hiero logos.*

Salomão, filho de Davi, recebeu de Deus a missão de realizar o templo cujas indicações haviam sido recebidas, em sonho, pelo profreta Natã. Hiram, rei de Tiro, amigo de seu pai, leva-lhe sua contribuição em materiais e, principalmente, em operários. Foi assim que lhe enviou Hiram, o Construtor. Este deverá, um dia, fundir o mar de bronze do Templo, em presença de Salomão e de Balkis, rainha de Sabá, que Salomão queria seduzir e desposar. O povo de Israel assistirá à fundição.

Benoni, assistente e fiel discípulo do mestre de obras, surpreendeu, ao cair da noite, três operários — Fanor o sírio, pedreiro, Amru o fenício, carpinteiro, e Metusael, judeu, mineiro — tentando sabotar o molde da futura bacia de bronze. Benoni advertiu Salomão da traição dos três cúmplices, mas o rei, com ciúmes da admiração já manifestada por Balkis em relação a Hiram, o Construtor, deixa prosseguirem os preparativos.

Hiram ordena a fundição na hora do crepúsculo. E o gigantesco molde onde deveria ser fundido o mar de bronze, sabotado, entreabre-se durante a operação, fazendo com que o metal em fusão espirre, atingindo a multidão horrorizada. Benoni, desesperado por não ter advertido Hiram pessoalmente, joga-se na fornalha.

Pouco depois, sozinho, abandonado por todos, Hiram sonha diante de sua obra destruída. Foi então que, do cadinho incandescente nas trevas da noite, elevou-se uma sombra luminosa. O fantasma avança para ele, Hiram o contempla estupefato. Seu busto gigantesco está recoberto por uma dalmática imaculada. Os braços nus estão ornados de argolas de ferro; a cabeça bronzeada ostenta uma barba quadrada, trançada e frisada em muitas carreiras; o crânio está revestido por uma mitra de prata dourada, e ele traz na mão um martelo de ferreiro. Seus grandes olhos brilhantes baixam sobre Hiram, com doçura, e, num tom de voz que parece arrancado às entranhas do bronze, ele lhe diz:

— Anima tua alma, levanta-te, meu filho. Vem, segue-me. Vi os males que se abatem sobre minha raça, e compadeci-me dela...

— Espírito, quem és, afinal?

— Sou a sombra de todos os teus pais, o antepassado dos que trabalham e sofrem. Vem! Quando minha mão tocar-te, respirarás a chama. Não, não temas, tal como não fraquejaste...

— Onde estou? Como te chamas? Para onde me levas?, disse Hiram.

— Para o centro da Terra, no âmago do mundo habitado. Ergue-se lá o palácio subterrâneo de Enoque, nosso pai, que no Egito chamam Hermes e na Arábia é honrado sob o nome de Edris...

— Deuses imortais! exclamou Hiram, então é mesmo verdade, tu és...

— Teu antepassado, homem, artista... teu mestre e teu patrono, Tubal-Caim.

Arrebatado, como num sonho, às profundezas da Terra, Hiram ouviu, da própria boca de Tubal-Caim, o essencial da tradição dos *Cainitas,* esses ferreiros mestres do fogo.

No seio da Terra, Tubal-Caim mostra então a Hiram a longa seqüência de seus pais: Enoque, que ensinou os homens a construir seus edifícios, a reunir-se em sociedade, a talhar a pedra; Hirad, que um dia conseguiu aprisionar as fontes e conduzir as águas fecundas; Maviël, que ensinou a arte de trabalhar o cedro e todas as madeiras; Matusaël, que imaginou os caracteres da escrita; Jabel, que ergueu a primeira tenda e ensinou os homens a coser a pele dos camelos; Jubal, o primeiro a tanger as cordas do cinor e da harpa, conseguindo tirar deles sons harmoniosos; e, por fim, o próprio Tubal-Caim, que ensinou aos homens as artes da paz e da guerra, a ciência de transformar os metais, de martelar o cobre, de acender as forjas e soprar os fornos.

*E ele então confere a Hiram a tradição luciferiana.*

No princípio dos tempos, dois deuses dividiam entre si o Universo. Um, Adonaï, senhor da *Matéria* e do elemento *Terra;* outro, Iblis, senhor do *Espírito* e do elemento *Fogo.*

Adonaï criou o Primeiro Homem do lodo que lhe é submisso; e o animou. Tomado de compaixão pelo bruto sem compreensão, que Adonaï pretendeu transformar em escravo e joguete, Iblis e os *Elohim* (os deuses secundários) despertaram-lhe o espírito, dando-lhe inteligência e compreensão. Assim foi que Lilith, irmã de Iblis, tornou-se amante secreta de Adão, o Primeiro Homem, e lhe ensinou a arte de pensar; enquanto isso, Iblis seduzia Eva, nascida do Primeiro Homem, fecundou-a e, com o germe de Caim, deitou no seio dela uma centelha divina. Em verdade, *segundo as tradições talmúdicas,* Caim é fruto dos amores de Eva e Iblis.[1] Abel será produto da união de Eva e Adão.

Depois disso, Adão nutrirá apenas desprezo e ódio por Caim, que não é seu filho verdadeiro. Aclinita, irmã de Caim, que a ama, será dada como esposa a Abel. E, apesar disso, Caim consagra a inteligência inventiva que lhe vem dos *Elohim* a melhorar as condições de vida de sua família, expulsa do Éden e errando pela Terra. Mas, um dia, cansado de ver a ingratidão e a injustiça como recompensa a seus esforços, Caim se rebelará, matando seu irmão Abel.

Para se justificar, Caim, em pessoa, responde a Hiram. Insiste em sua sina dolorosa. Só ele trabalhava a terra, cultivando-a, semeando-a, fazendo a colheita, executando todas as tarefas penosas, enquanto Abel, indolentemente deitado sob as árvores, sem esforço algum vigiava os rebanhos. Quando chegava sua vez de oferecer a Adonaï, senhor externo da esfera terrestre, os sacrifícios prescritos, Caim oferecia um sacrifício não sangrento: frutas, feixes de trigo. Abel, pelo contrário, oferecia em holocausto os primogênitos de seus rebanhos. E, num presságio funesto, a fumaça do sacrifício de Abel elevava-se aos céus direita e esperta, enquanto que a do fogo de Caim, rebatida para o chão, revelava a recusa de Adonaï.

Caim, então, conta de viva voz a Hiram como, no decorrer das idades, os frutos de sua semente, *filhos dos Elohim,* trabalharam sem descanso com vistas à melhoria do destino dos homens; como Adonaï, enciumado, após tentar aniquilar a raça humana por meio do Dilúvio, verá seu plano frustrado pela ação salvadora de Noé, avisado, em sonho, pelos Filhos do Fogo, da catástrofe iminente.

E Tubal-Caim, reconduzindo Hiram aos limites do mundo tangível, ensinou-lhe então que Balkis, também, pertence à linhagem de Caim, e que ela é a esposa destinada por toda a eternidade a ele, Hiram.

Em seguida, antes de partir para seu reino de Sabá, Hiram e Balkis unir-se-ão secretamente, apesar da vigilância ciumenta de Salomão. Hiram, descendente das Inteligências do *Fogo,* e Balkis, descendente das Inteligências do *Ar,* não poderão, no entanto, permanecer unidos. Hiram será assassinado por três *Companheiros* que queriam conhecer indevidamente a "palavra-senha" dos Mestres para receber o salário, e isso no próprio interior do Templo de Jerusalém em construção, e então deserto. E Balkis, voltando às terras de Sabá, sem ter sido esposa de Salomão, cruzará, sem vê-los, com os três assassinos que levam o cadáver de Hiram para sepultá-lo secretamente.

Em seu seio, porém, freme a criança que nascerá de seus amores furtivos com o Mestre Obreiro, criança essa que será, por seu turno, o primeiro dos *filhos da viúva.*

Essa é a lenda de Hiram, que só aparecerá no seio da Franco-Maçonaria especulativa por volta de 1723, ignorada pela Franco-Maçonaria operativa nos séculos anteriores, onde Hiram não tinha mais importância nos relatos iniciáticos do que Nemrod, Noé, Abraão ou Moisés.

Isso, aliás, é facilmente compreensível, já que, na *Bíblia,* o papel de Hiram limita-se ao seu papel de construtor, sem ser jamais apresentado como arquiteto do Templo de Jerusalém. Se se quiser apontar tal arquiteto, atendo-se rigorosamente ao relato bíblico, esse relato nos diz que seria o próprio Deus, que teria comunicado os planos a Davi, por intermédio do profeta Natã, durante uma visão ou um sonho.

Como vemos, a lenda de Hiram, que se originou no seio das tradições próprias aos *ferreiros cainitas* dos arredores do Sinai, aproxima-se das tradições tântricas indianas, o que vale dizer que ela põe em relevo a existência de uma *esquerda,* para usar a linguagem específica desses domínios e de seu esoterismo.

Entram aí outras tradições, com Prometeu, a revolta dos Titãs, a descida dos anjos caídos no Monte Hermon, narrada no livro de *Enoque,* anjos esses que teriam ensinado aos homens conhecimentos diversos, e igualmente novos, mas de molde a fazê-los decair.[2]

Agora, o leitor está em condições de prosseguir a leitura deste livro. Se desejar conhecer essa lenda em detalhes, vale lembrar que ela consta de um número respeitável de páginas em *Voyage en Orient*, de Gérard de Nerval, que a ouviu em Istambul, no bairro dos joalheiros e *construtores,* da boca de um contador profissional de estórias populares.

## NOTAS

1. Sob o nome de Samael: "veneno supremo".
2. Gênese, VI, 1 a 7.

# III. A LENDA DE HIRAM: EVANGELHO LUCIFERIANO

*Apófis, a serpente que personifica as Trevas no livro dos Mortos dos Egípcios, a serpente chamada Nahash no livro do Gênese, o próprio princípio do Mal eterno...*
MAURICE MAGRE, *Lucifer.*

Havia, na fronteira do Marrocos espanhol, um vilarejo fortificado do qual dependiam as salinas de Agorgoth, chamado Tauedeni. As minas de sal, a céu aberto, eram exploradas por uma população negra miserável. Os homens, trazidos com suas famílias num dia em que, depois de uma bebedeira memorável, haviam imprudentemente assinado um vago contrato, transformaram-se em verdadeiros escravos. Pois as dívidas que contraíram junto ao manda-chuva local para compra de mantimentos, só faziam aumentar, mês a mês, comprometendo-os sempre mais. A renovação da mão-de-obra para as salinas não era problema: os filhos dos operários cresciam. E seus exploradores mauritânios permaneciam serenos diante dessa miséria. A situação ainda era essa em 1935.

O que nos levou a contar esse episódio da história contemporânea, onde vemos negros da África ocidental sendo objeto de manhosas razias levadas a efeito por traficantes sem escrúpulos, foi o fato descoberto por um respeitável historiador, Robert Eisler, e que ele nos conta em seu livro *Die Kenitischen Weihinschriften*, consagrados aos ferreiros e mineiros do Sinai.

Esses trabalhavam nas minas de turquesas e de cobre do maciço do Sinai desde a III Dinastia, ou seja, desde mais ou menos 2800 anos antes de Jesus Cristo. Naquela época, o Egito era uma monarquia teocrática onde se praticava o socialismo de Estado; a propriedade privada foi aos poucos desaparecendo, e o funcionalismo dos escribas governava de fato, em nome de um rei-sacerdote, ao mesmo tempo deus e homem, com a influência dos sacerdotes, que não se poderia esquecer. Os mineiros do Sinai trabalhavam para os faraós, sob a direção de funcionários egípcios. Não resta dúvida, esses mineiros eram realmente escravos, antigos prisioneiros de guerra em sua maior parte, ou populações deportadas depois de derrotadas.

Na região, porém, só havia eles. Graças ao deciframento de inscrições meio semíticas, meio hieroglíficas que figuram em ex-votos do templo de Hator-Astarté, a deusa da pedra verde, localizado em Serabit, no coração desse distrito mineiro, Robert Eisler conseguiu demonstrar que, nessa época, naquelas paragens, o nome de "Cainitas" (*Kajn, Beni-Kenim*), ou "Canitas", aplicava-se a uma casta de ferreiros seminômades, *kajn* significando "ferreiro", ou, literalmente, "Aquele que sopra". *Os Tubal* ou *Tabâla* (que vêm de *tubalu,* "cavaco, lasca de madeira", "limalha de cobre ou de metal"), então chamados Tubal-Cainitas, cujo nome aparece até no próprio coração da Arábia, constituíam, na casta dos ferreiros, um ramo especializado como fundidores de cobre ou bronze.

Seria interessante pesquisar a origem da palavra *cayenne,* que designa a "casa da Ordem", a "loja" dos Companheiros de nossa antiquíssima *Camaradagem* (Associação de Operários), pois, foneticamente, aí encontramos a raiz *Kaïn.*

Esse templo de Serabit existiu inicialmente cavado na montanha, e, sob a XII Dinastia (aproximadamente 1900 antes de Cristo), erigiu-se outro templo, este completo, com colunatas. Mas, seriam eles consagrados ao mesmo deus? Pois existem na região duas populações bastante distintas: os *mineiros,* que são certamente escravos, e os *ferreiros,* que são livres, e constituem uma casta extremamente fechada.

Aqui, devemos proceder a um certo esclarecimento no terreno das escrituras do Antigo Testamento. Em seu *Atlas Biblique,* o reverendo padre Luc H. Grollenberg, o.p., nos diz que os cinco primeiros livros da Bíblia não poderiam ser de autoria de Moisés, pois, desde a Renascença, descobriram-se aí diferenças de estilo, repetições, contradições, inverossimilhanças (como o relato da morte de Moisés... por ele mesmo!). "Na realidade, pois, esse livro não foi concluído senão vários séculos depois de Moisés. Admite-se, geralmente, que o texto, tal como se lê em nossas Bíblias, só foi fixado no século *V*" (cf. R. P. Grollenberg, *Atlas Biblique pour tous,* página 57, éd. Sequoia, 1965). Efetivamente, e já que vamos tratar de Moisés, lembremos que, segundo o *Êxodo,* o faraó ordenou a morte de todos os recém-nascidos do sexo masculino, e que só Moisés conseguiu ser "salvo das águas", graças a um subterfúgio de sua mãe. No entanto, fala-se de "seus irmãos no Egito" *(Êxodo,* IV, 18), de "seu irmão Aarão" (*Êxodo,* IV, 14), e dos israelitas que saíram do Egito, em número de seiscentos mil homens (*Êxodo,* XII, 37)!

É na fuga de Moisés para o deserto do Sinai, após matar um egípcio que maltratava um israelita, que vamos encontrar a chave da lenda de Hiram.

Naquela época, Flavius Josefo chama-nos a atenção para o fato de que a grande planície situada no coração do maciço do Sinai era fértil, e que os rebanhos podiam aí pastar tranqüilamente (cf. Flavius Josefo, *História Antiga dos Judeus,* II, V). O mesmo autor, porém, acrescenta ainda que "... os outros pastores lá não iam, em virtude da santidade do lugar, onde, dizia-se, morava Deus" (*op. cit.*). Tratava-se provavelmente duma região desértica, pois aí se manifestavam às vezes fenômenos incompreensíveis, como a célebre *Garett-el-djenoun,* a montanha dos gênios, no *Tenezruf,* o "país do medo", no Saara.

Seja como for, Moisés vai desposar Zéfora, uma das sete filhas de um personagem particular, do qual só chegaram até nós os sobrenomes, não o nome, e que é ao mesmo tempo sacerdote da religião de Madiam (um povo numeroso que habitava principalmente a nordeste da península do Sinai, nas imediações de Kades-Barnea, Saruchen, Ber-Scheba, num território historicamente impreciso), *mas que é igualmente o chefe dessa pequena tribo de ferreiros e fundidores do Sinai.* Eis os textos justificativos:

1) É o sacrificador de Madiam, *Êxodo,* III, 1.
2) Chamam-no *Raguël* ou *Reuel,* o Amigo de Deus, *Êxodo,* II, 18.

3) Chamam-no *Jetro* ou *Jether*, o Superior, o Rico, *Êxodo,* III, 1.
4) Chamam-no *Hobab*, o Amado, o Oculto, *Juízes*, IV, 11.
5) Chamam-no *Keni*, o Fundidor, o Ourives, *Juízes*, XVII, 4.

Observaremos também que Hobab (o Amado) é parente de Haba (mesma transcrição), que significa, em hebraico, "esconder, esconder-se". Pode-se então deduzir que esse homem é certamente detentor de segredos, provavelmente ligados à magia, por seu papel de sacerdote da religião de Madiam, bem como pelo de ferreiro.

É importante analisar a palavra *keni,* no campo da semântica.

O hebraico só possui consoantes, em número de vinte e duas. Obtém-se a vogalização pontuando as consoantes por sinais, em número de dez, cinco dos quais dão sons longos, enquanto os cinco outros produzem sons breves. Um exemplo produzirá uma melhor compreensão dessa prática. Tomemos duas vezes a consoante *B*; ela dará *Baba, Bebe, Bibi, Bobo, Bubu,* desde que a consoante *B* seja pontuada duma maneira ou de outra.

Agora, poderemos estudar o nome *Kaïn.*

Este se escreve, em hebraico, *coph* — *iod-noun.* Mas as diferenças de pontuação produzem palavras diferentes:

— *kaïn*: "lança";
— *käin*: "primeiro filho de Adão e Eva, segundo o *Gênese,* mas filho de Samaël e de Eva, segundo o *Sepher-ha-Zohar*";
— *kinah*: "canto lúgubre, lamento ritual, lamentação";
— *kêinitas*: "filhos de Keni, sogro de Moisés."

Tendo *Keni* o significado de "ourives", *Kêinitas* significará "uma família que descende e compõe-se de ourives, de fundidores" (*Juízes,* XVII, 4; I *Crônicas,* II, 55; *Targum*). Eis uma citação probatória.

"Heber, o Keniano, separara-se dos Kenianos, dos filhos de Hobab, sogro de Moisés, e erguera sua tenda junto ao carvalho de Tsanaim, perto de Kedesh" (*Juízes,* IV, 11).

Kedesh nada mais é que Kades-Barnea, uma cidade importantíssima, e território madianita. O termo Keniano continuará a ser a denominação de uma parte de Madiam: "Mas o Keniano será enxotado quando o assírio o levar cativo. . ." (*Números,* XXIV, 21).

De todo esse acervo documental, destaca-se uma certeza: os *ferreiros* e *fundidores* do Sinai, que Moisés encontrou, e com os quais viveu tanto tempo, tendo-se casado com a filha do chefe, do qual terá filhos, constituem uma seita, uma casta, que vive à parte entre os Madianitas, segundo a tradição dessa corporação e é alvo da desconfiança de seus contemporâneos.

O terem eles adotado o nome de *Kainitas* demonstra que conheciam a lenda de *Kaïn.* E aí, novamente, a semântica vai-nos colocar em presença de curiosas analogias. Essa gente trabalhava o cobre, o arame ou o bronze. E eis as diversas analogias reconhecíveis no vocabulário hebraico do nome desse metal, em função das pontuações diferentes das mesmas consoantes.

A palavra *nahash,* que se escreve *nun-hé-shin,* dá ainda:

— *nâhash*: "arame", "cobre";

— *nahash*: "serpente";

— *nahaash*: "observar as serpentes", "usar augúrios", "prever o futuro", "empregar sortilégios" (pouco usado);

— *nêhasheth*: "correntes", "o que está por baixo";

— *nahashon*: "conjurador";

— *nehustha*: "nome da serpente de arame que Moisés erguerá no deserto (*Números,* XXI, 9) para curar os israelitas dos ataques de serpentes; será erguido no Templo de Salomão, sendo feito em pedaços por Ezequias (*II Reis,* XVIII, 4)".

Observaremos também que, no *Êxodo,* VII, 9, a *vara de poder* transforma-se milagrosamente em *serpente,* e milagrosamente torna a virar uma vara mágica. Na verdade, os feiticeiros dessas regiões reproduzem o prodígio, paralisando uma determinada serpente por meio duma pressão em certo local perto da cabeça dela, e depois a libertam fazendo exatamente o contrário.

Não se pode, porém, descartar o enigma dessa proximidade entre o cobre, o arame, a serpente, os sortilégios, os fundidores e ferreiros, e seu nome de *Kaïnitas,* ligando-os a um ancestral mais ou menos mítico, Caim, verdadeiro cepo do clã.

*Aqui, estamos na presença de um quebra-cabeças, no qual conhecemos o modelo pronto, mas não sabemos como juntar as peças! Ainda assim, continuamos a conhecer antecipadamente o modelo.*

Sobre a relação de parentesco existente entre a profissão de ferreiro e fundidor, e determinados tipos específicos de cantos rituais, destacaremos que essa relação está fortemente assinalada no vocabulário semítico, pois o árabe *q-y-n,* raiz de "forjar", "ser ferreiro", é da mesma família das palavras em hebraico, siríaco e etíope, designando, em cada uma dessas línguas, a ação de "cantar, entoar um lamento fúnebre, etc." (cf. Ginsberg, citado por Th. H. Gaster, *Thespis*).

É bastante possível que o hebraico *kinah*, designando esse tipo de queixa lamentosa, tenha sido um *canto de trabalho*, de forma encantatória, evocando o papel dos ancestrais e solicitando a assistência oculta do chefe da linhagem: o próprio Kaïn, ou até, talvez, seu misterioso gênio, Samaël, a *Serpente* do Éden, segundo o *Zohar*.

O certo é que essa filiação mística perpetuou-se muito depois dos tempos bíblicos. Até os primeiros séculos da nossa era, vemos viver a seita dos *Cainitas*, que veneravam Caim, adversário do deus deste mundo material, e Judas Iscariotes, que foi (segundo eles) um instrumento da Redenção, ao incitar a morte sacrificial de Jesus. (Sobre os Cainitas, cf. *Irenee*, I, 31; *Epifânio*, I, III, *Heresias* XXXVIII; *Teodoro, Heresias*, I, XV.)

Hipólito de Roma, em suas *Philosophumena*, V, II, cita Eufrato de Pera (Cilícia), que nos diz: "Esse Caim é aquele cujo sacrifício não foi aceito pelo deus deste mundo, o qual, porém, aceitou o sacrifício sangrento de Abel, pois o senhor deste mundo ama o sangue" (*op. cit.*).

Sempre nos primeiros séculos, constatamos a presença de seitas que se dizem *Naassenos* (de *nahas*, "serpente") ou ainda *Ofitas* (do grego *ophis*, "serpente"). Seus fiéis adoram *Nahash*, a Serpente do jardim do Éden, pois, dizem eles, foi por intermédio dela que o Homem e a Mulher conseguiram abrir os olhos à realidade, fazer a distinção entre o Bem e o Mal, manifestar seu livre arbítrio. E, se o deus, senhor do jardim do Éden, não os tivesse impedido, teriam igualmente provado do fruto da Árvore da Vida Eterna, e teriam sido para sempre divinizados, tornando-se seus iguais (*Gênese*, III, 22 a 24).

Os autores antigos, como Ireneu e Epifânio, os associam, e Ofitas, Cainitas, Naassenos e Setianos constituem, para eles, uma mesma família herética.

*Mas qual a origem remota de suas crenças? Ela se encontra na necessidade que tem uma classe rejeitada, um meio de párias, de rejeitar, por seu lado, o deus da classe dominante, e de criar, para si, um deus adversário daquele!*[1]

Entre os servos das salinas de Agorgoth e os escravos do Sinai, existe uma ligação evidente. E os negros de Agorgoth não conseguiram abandonar o culto secreto de seus fetiches, renunciar à *Danbhalah Wedo*, a Cobra sagrada do Vodu, para adotar realmente Alá!

O mesmo ocorre no Brasil, onde o Vodu, de origem africana, tornou-se oficialmente o culto do Espírito do Mal, por parte dos negros do Brasil. Isso numa reação deles contra o cristianismo dos antigos senhores brancos (sob o nome de *rito Kandu*).

No que concerne aos *ferreiros e fundidores* do Sinai, sua origem mágico-religiosa continua a ser um mistério quanto a suas origens, que se perdem na noite dos tempos. Há ainda o fato de que um de seus sacerdotes e senhores foi o iniciador de Moisés, segundo boa parte das tradições por ele transmitidas a Israel, esse povo que ele forjou, vazou num mesmo molde implacável, por ter-se tornado, por sua vez, ferreiro e forjador de homens.

Mas os cainitas do Sinai enxamearam pelo mundo antigo.

Porfírio, em sua *Vida de Plotino,* nos dá certos detalhes sobre os gnósticos com quem luta o seu senhor no nono tratado da segunda Enêida. E Carl Schmidt foi o primeiro a revelar e resgatar a importância histórica desses textos de Porfírio, em *Plotins Stellung zum Gnosticismus und Kirchlichen Christentum* (cf. C. Schmidt, Leipzig, 1901).

Para ele, a seita existente em Roma por volta de meados do século III fazia parte "desse grande grupo outrora chamado de Ofitas". Eram originários da Síria, tendo-se multiplicado no Egito, e, finalmente, disseminaram-se na própria Roma. Assim, toda a bacia do Mediterrâneo oriental, tendo por centro a Alexandria dos Ptolomeus, constituíra-se no seu centro de irradiação. Alguns desses ramos eram vagamente cristianizados; para eles, o *Caduceu* de Hermes Trimegisto refletia um ensinamento: uma das duas serpentes era o Príncipe do Mal, a outra, o do Bem. Este último encarnava-se em Jesus, e era por isso que os judeus, seguidores de Adonai, haviam tentado sufocar-lhe a mensagem, fazendo-o crucificar pelos romanos.

Mesmo não se sendo agnóstico como o autor dessas linhas, pode-se perfeitamente admitir isso! É apenas mais uma hipótese. Mas não é esse o nosso propósito, nosso caso é saber como essa tradição de Samaël (ou Iblis), arcanjo rebelde, pai íncubo de Caim, e ancestral de Tubal-Caim, conseguiu, a partir do deserto do Sinai, ganhar as corporações romanas, transmitindo-se, como *tradição secreta,* de século a século, através das diversas associações de classe.

Ora, essa resposta, encontramo-la na própria história do cristianismo primitivo. Pois foi nas massas trabalhadoras, na *classe servil,* para usarmos a terminologia da época, que, nos dois primeiros séculos, difundiu-se a nova religião. E Celso, que pretendeu refutar

Orígenes, demonstrou isso em seu terrrível *Discurso da Verdade: Contra os Cristãos*. Releiamos Celso, orador platônico:

"Há uma nova raça de homens, que acaba de surgir, sem pátria nem tradição, unidos contra todas as instituições religiosas e civis, perseguidos pela justiça, universalmente infamados, mas que encontram motivo de glória na execração comum: os cristãos.

"Enquanto as sociedades autorizadas reúnem-se abertamente à plena luz do dia, esses mantêm reuniões secretas e ilícitas, para ensinar e propagar suas doutrinas. Ligam-se por um compromisso mais sagrado que um juramento, unem-se para conspirar mais seguramente contra as leis e resistir mais facilmente aos perigos e aos suplícios que os ameaçam (cf. *Prefácio,* 1).

"O poder que parecem possuir lhes vem de nomes misteriosos e da invocação de certos *daimons**. Foi por meio da magia que o senhor deles conseguiu fazer tudo o que, em suas ações, pareceu espantoso (*Prefácio,* 3).

"Em suma, sua doutrina é uma doutrina secreta; para conservá-la, usam de uma constância indomável, e eu não poderia reprovar-lhes a firmeza" (*op. cit.*).

Sem dúvida alguma, esta descrição não corresponde ao que conhecemos do *vulgum pecus* cristão da época, humilde, servil, ignorante e ingênuo. O que Celso aqui censura, com austeridade, são os gnósticos extremistas. E naassenianos, ofitas, setianos correspondem perfeitamente a essa descrição. Ora, é na classe servil que se encontram os ferreiros, os fundidores, talhadores de pedra e carpinteiros. E, nas cidades, os primeiros agrupavam-se numa espécie de gueto, em consonância com sua reputação, segundo a qual sua profissão estaria impregnada de práticas mágicas mais ou menos negras. Eles próprios mantêm tal isolamento, que significa segredo e segurança...

## NOTAS

1. Esta era a teoria de Michelet sobre a origem do *sabbat* medieval: os camponeses entregavam-se ao culto de um deus de revolta e de prazeres desabridos, que exigia ser propiciado por meio de más ações facílimas, por ódio à religião dominante.

* *daimons* no original francês: vem do grego *daimones,* cuja tradução não é o falso cognato "demônio". Era, antes, uma espécie de *gênio familiar* que podia ser invocado, por assim dizer "pinçado" do inconsciente coletivo do *genos.* Daí as repetidas e famosas alusões de Sócrates ao seu "demônio familiar" (sic). (N. da T.)

# IV. A ENCRUZILHADA DE 1723

*Filho de Caim, suporta teu destino;*
*carrega-o com a fronte imperturbável...*
*Quando já não estiveres nesta terra,*
*a milícia infatigável dos obreiros*
*estará ligada ao teu nome, e a falange*
*dos trabalhadores, dos pensadores,*
*um dia humilhará o cego poder*
*dos reis, esses cegos ministros de*
*Adonaï. Vai, meu filho, cumpre teu*
*destino...*

GÉRARD DE NERVAL,
*Voyage en Orient.*

Nos mistérios órficos, a alma, chegando a uma encruzilhada da rota que seguem os defuntos, deve escolher entre dois caminhos. Um, o da esquerda, leva a um cipreste branco (morto), que faz sombra a uma fonte de onde corre a água do Esquecimento. O místico já foi previamente prevenido de que não deve aproximar-se. Deve, pelo contrário, tomar o caminho da direita, que leva à água fresca do lago da Memória.

Eis, segundo a descrição da poesia helênica, o postulado básico do Taoísmo, com seus dois Princípios: o *Yin* e o *Yang*, em permanente oposição nesse mundo da dualidade que é a Criação. As diversas religiões esotéricas os conhecem sob nomes místicos, e constata-se, bastante curiosamente, que a maioria delas deu, à hipóstase do Princípio do Mal, denominações muito parecidas entre si. Na verdade, no Egito antigo ele se chama Tifon-Set (*T* e *S*); no corpus judaico-cristão, recebe o nome de Satã (*S* e *T*); na religião muçulmana é Shitane (*S* e *T*); no Taoísmo é Satshi (*S* e *T*). E os santeiros medievais, nos tímpanos de nossas catedrais, representaram-no sob o aspecto de uma serpente, enrolada ao redor duma árvore que se divide em dois ramos principais. Ainda aí encontramos o *S* e o *T*, evocados pela imagem. Às vezes, a simbologia maçônica da segunda metade do século XVIII representa o sudário de Cristo, enrolado como uma serpente, sobre uma cruz em forma de tau (*S* e *T*), como a Serpente de bronze que Moisés ergueu no deserto (*Números*, XXI, 9). Mais tarde, a mesma simbologia iria enrolar uma haste de rosa sobre a mesma cruz em tau, a rosa desabrochando no entroncamento superior do topo do tau. Ora, a rosa é a flor de Vênus, Vênus governa o cobre, "cobre", em hebraico, é *nahash*... e *nahash* também significa "serpente".

Na metafísica da doutrina platoniana, todo postulado geométrico tem um significado. Tomemos, pois, a definição das linhas paralelas: "Duas linhas retas situadas num mesmo plano, chamam-se paralelas quando, prolongadas ao infinito, nunca se encontram." Traduzamos: "Dois princípios da mesma natureza, prolongados ao infinito, jamais se identificarão."

Tomemos agora a tradição, curiosa sob vários aspectos, que nos é relatada por Lactâncio (*Coecilius Firmianus Lactantius*), que viveu de 240 a 320 de nossa era. Discípulo de Arnóbio, converteu-se, como ele, ao cristianismo, por volta do ano 300, tornando-se depois (318) preceptor do filho do imperador Constantino. Pois, em suas *Divinae Institutiones*, compostas entre 304 e 311, ele nos apresenta uma tradição pouquíssimo conhecida:

"Antes de criar o mundo, Deus produziu um espírito semelhante a Ele, e cheio das virtudes de Deus Pai. A seguir fez outro, no qual se apagou a marca da origem divina, pois foi conspurcado pelo veneno da inveja, passando assim do Bem ao Mal. Sentiu-se invejoso de seu irmão mais velho, que, por manter-se ligado a Deus Pai, conquistou-Lhe a afeição. Esse ser, que, inicialmente bom, tornou-se mau, é chamado entre os gregos Diabo" (cf. *Divinae Institutiones*, II, 9).

Essa tradição oral (pois não é outra coisa), que Lactâncio recebeu e da qual deu testemunho, é uma "adaptação" extraída duma tradição idêntica, própria do Judaísmo, e derivada duma percepção auditiva do profeta Ezequiel, que viveu de 689 antes da nossa era a 570 do mesmo período. Ele a recebeu durante o cativeiro da Babilônia, sob a ação dos mesmos produtos metagnominogênicos (alucinógenos, portanto) utilizados pelos tradicionais *nabis* (videntes) de Israel, para receber suas comunicações mediúnicas. Eis o texto:

"A palavra do Eterno me foi transmitida nestes termos:

"Filho do homem, pronuncia uma queixa sobre o rei de Tiro. Tu lhe dirás: Assim fala o Senhor, o Eterno: Apunhas o selo à perfeição; estavas cheio de sabedoria, eras perfeito em beleza; estavas no Éden, o jardim de Deus. Estavas coberto por todo tipo de pedras preciosas: o sardo, o topázio, o diamante, a crisólita, o ônix, o jaspe, a safira, o carbúnculo, a esmeralda e o ouro. Tuas flautas e tambores estavam a teu serviço, preparados para o dia em que foste criado. Eras um querubim protetor, de asas abertas. Eu te havia colocado e estavas sobre a montanha santa de Deus. Caminhavas por entre pedras reluzentes. Foste íntegro em teus caminhos, desde o dia em que foste criado, até aquele em que em ti se encontrou a iniqüidade. Pela grandeza de teu papel, encheste-te de violência, e pecaste. Então Eu te precipito da montanha de Deus, e te faço desaparecer, Querubim protetor! De entre as pedras cintilantes... Teu coração se elevou por causa de tua beleza, corrompeste tua sabedoria por teu orgulho..." (*Ezequiel*, XXVIII, 12-17).

Os cabalistas concordam em ver, aí, o *Metatrôn*, e, nas nove pedras preciosas e no ouro final, os dez *sefirot* da Cabala. Nessa tradição, porém, não há lugar para um sucessor; temos então de recorrer ao *Eclesiastes*, livro deuterocanônico do Antigo Testamento, composto em hebraico por volta do ano 200 da nossa era por Ben Sira, e traduzido para o grego por seu neto. Ele faz parte da Bíblia da Igreja Católica, e também da dos Protestantes e do Judaísmo. Geralmente, é indevidamente atribuído a Salomão. Eis esse trecho:

"Vi todos os homens vivos, que caminham sob o sol, *e também o segundo adolescente, que deve erguer-se em lugar do outro...*" (*Eclesiastes*: IV, 15).

Aí está, portanto, desmentida a ordem de Lactâncio. Essa rivalidade dos dois irmãos divinos já era conhecida pelos antigos egípcios, na pessoa de Tifon-Set, raiz eterna do Mal, assassino, posteriormente vencido, de Osiris Unifer, princípio eterno do *Bem*, seu irmão.

O leitor racionalista não se impaciente ante esses relatos simbólicos, pois a Verdade nem sempre se mostra desprovida de véus.

Prefaciando a décima sexta edição de *L'Homme à la découverte de son âme*, de C.G. Jung, o Dr. Roland Cahen diz:

"Um dos horizontes mais importantes que esta obra nos abre é o das *projeções*. *Projeção* é esse fenômeno (singular, conquanto original) pelo qual o indivíduo imprime, sobre um objeto ou um ser do mundo ambiente, um conteúdo e uma tonalidade psíquica, que representa, a bem da verdade, um traço de sua vida interior. A *projeção* revelou-se de importância igual à da *percepção*. Hoje em dia, é preciso dizer-se que o indivíduo possui dois laços de ligação com o mundo: a *percepção* e a *projeção*; e esses laços, que se devem exercer em direção inversa, são dotados de igual importância e de igual irracionalidade."

Mais adiante, ele precisa a natureza dos *arquétipos* estudados por C.G. Jung:

"Os *arquétipos* são, no plano das estruturas mentais e das representações, corolários dinâmicos do que são os *instintos* no plano biológico, vale dizer, *modelos de ação* e de *comportamento*" (cf. C.G. Jung, *L'Homme à la découverte de son âme*, Payot, Paris, 1963).

Agora, poderemos examinar o ritual da Mestria maçônica, sob o aspecto de que se revestiu a partir da data média de 1723. A antiga Maçonaria Operativa e a Maçonaria "Especulativa aceita" nas lojas da primeira, antes de 1717 — encruzilhada essencial na história da Franco-Maçonaria —, *ignoravam o ritual da morte de Hiram.*

Ora, esse ritual orientou os maçons, que se tornaram unicamente especulativos, para um caminho absolutamente diverso da antiga. Esse caminho leva o maçon *instruído* (a minoria) a estudar a genealogia atribuída a Hiram, e essa filiação, uma vez admitida, o conduz a um *Princípio*, reunindo a lenda de Samaël, a entidade rebelde a Deus, conforme nos conta o *Sepher-ha-Zohar.*

Não se manipulam impunemente os símbolos, principalmente quando eles concretizam mitos de caráter universalista, e, conforme acabamos de ver, o da *Revolta-Princípio* é um desses, pois é também o móvel de todo o progresso. Vencer a fome, a doença, a ignorância, as imperfeições de qualquer natureza, tudo isso constitui uma revolta legítima. Toda medalha, porém, tem seu reverso, e o *Orgulho* também multiplica as diversas manifestações involutivas!

Ora, se o *Zohar* nos narra a lenda da queda de Samaël, o querubim visualizado por Ezequiel, e o *Corão* nos conta a de Iblis, o *Gênese* nos dá a filiação de Hiram. E essa filiação exprime, em sua totalidade, um *tema luciferino.* Examinemos, pois, as peças do dossiê.

Na Bíblia, Hiram não é absolutamente um arquiteto, é simplesmente um *fundidor* (*I Reis, VII,* 13 e *II Crônicas, IV,* 11). E os fundidores, trabalhadores do fogo, sempre tiveram uma existência à parte nas nações do Oriente Médio. Pelo rito da recepção ao grau de Mestre da Maçonaria, ele renasce no novo Mestre, quando este se ergue do túmulo simbólico, sob o lençol negro franjado de prata. Nesse momento, recebe em verdade o *Espírito maçônico.* Espírito de tolerância, espírito adogmático, sem qualquer ligação com uma espiritualidade precisa.

Pois bem, ferreiros e fundidores sempre possuíram uma reputação particular, tanto nas regiões do Oriente Médio quanto um pouco por toda parte no velho mundo asiático. Em seu livro *Le Règne de la quantité et les signes des temps,* René Guénon sublinha a desconfiança com que as populações dessas regiões sempre encararam ferreiros e fundidores de metais:

"Assim, em muitos países, sempre existiu, e ainda existe, uma espécie de exclusão parcial da comunidade, ou pelo menos uma "segregação", contra os que trabalham os metais, principalmente os ferreiros, cujo ofício, de resto, é freqüentemente associado à prática de uma magia inferior e perigosa, que, na maioria dos casos, acabou por degenerar finalmente em feitiçaria pura e simples" (*op. cit.,* página 151).

Uma nota de pé de página põe em destaque esta constatação:

"No que concerne a essa relação com o 'fogo subterrâneo', a semelhança manifesta do nome de Vulcano com o do Tubalcano bíblico é particularmente significativa; ambos, aliás, são igualmente representados como ferreiros, e precisamente, sobre o tema dos ferreiros, acrescentaremos que essa associação com o "mundo infernal" explica suficientemente o que dizíamos acima sobre o lado "sinistro" de seu ofício" (*op. cit.,* página 152).

Devemos lembrar-nos de que René Guénon emprega, aqui, as expressões "fogo subterrâneo" e "mundo infernal" em seu aspecto *stricto sensu,* não no do vocabulário catequético!

Em seu inspirado ensaio *Ferreiros e Alquimistas,* Mircea Eliade faz coro a René Guénon. Realmente, em regiões bastante distantes entre si, como o Japão e a África negra, o *deus da forja e da fundição* é simultaneamente coxo e caolho, como o Vulcano de nossa mitologia. O que, simbolicamente, significa que ele *distingue mal o verídico,* e que "anda de esguelha". Aliás, nos séculos passados, coxos e caolhos eram automaticamente recusados nas Maçonarias Operativa e Especulativa, bem como os estrábicos, corcundas e destrambelhados, em virtude do ostracismo dos cinco B [(em francês, designando uma dessas categorias: *borgne* (caolho), *boiteux* (coxo), *bigle* (vesgo), *bossu* (corcunda) e *bougre* (libertino, destrambelhado)].

E, o que é ainda mais grave, encontra-se, por toda parte entre os primitivos, a sacralização e animação oculta da fornalha por meio de um sacrifício sangrento. Em tempos antigos, sacrificava-se uma criatura humana, e, mais tarde, graças aos avanços do progresso moral e religioso, ela foi substituída, segundo a região, ou por um animal ou por um feto humano; neste último caso, porém, o feto utilizado provinha de um aborto provocado, o que implicava, pois, em infanticídio. É possível que o sacrifício dos primogênitos tenha, por vezes, estado associado a essa noção da animação oculta da fornalha, de vez que se perpetuou a expressão "passar no fogo os primogênitos" (*II Reis, XVI*, 3; XVII, 17; XXI, 6; XXIII, 10; *Jeremias*, VII, 31).

Tudo isso nos demonstra que, por toda parte, a fusão do metal era tida como obra sinistra (*sinistra*, em latim, significando "esquerda"), que requeria o sacrifício duma vida humana, ou, pelo menos, de um feto humano, donde o caráter "demoníaco" dos trabalhos metalúrgicos, já nos tempos de Babilônia. A metalurgia moderna, aliás, encontra-se muitas vezes à frente de correntes revolucionárias, destruidoras da sociedade tradicional.

Sobre o caráter mais que suspeito dos ritos perpetuados pelos ferreiros e fundidores, a Igreja tomou suas precauções! Desde o século VI, os sinos de seus templos destinam-se a assinalar os grandes momentos da liturgia, as horas em que se deve rezar, mas, de modo geral, as vibrações sonoras emanadas dos sinos, por irradiarem ondas que vão se ampliando, destinavam-se a expulsar da atmosfera os maus espíritos que aí se juntavam, segundo São Paulo. E, ainda, para neutralizar as influências maléficas que o sino pudesse ter recebido durante o processo de sua fundição, a Igreja elaborou um ritual especial de bênção do mesmo.

O sino deve, na verdade, além de suas funções práticas, ser um preservativo contra os raios, tempestades, furacões, epidemias. É o que se deduz do próprio texto do ritual de consagração do sino e de *sua animação*, pois a Igreja, por seu lado, pretende animar o sino e orientá-lo numa direção diversa da que lhe impuseram seus fundidores. Para isso, a cerimônia inclui a recitação, *pelo bispo em pessoa,* dos sete *Salmos da penitência,* seguindo-se a *ablutio,* quer dizer, a purificação do sino; a seguir, ele passa por sete unções externas com o *óleo dos enfermos,* para curá-lo de sua moléstia física do passado, e depois vêm quatro unções internas com o *santo creme,* óleo utilizado nas sacralizações sacerdotais; finalmente, coloca-se sobre o badalo um incensório provido de brasas e de incenso litúrgico bento, e, enquanto a fumaça se eleva sobre o sino, o bispo pede a Deus, numa oração, que "faça descer sobre os crentes o Espírito Santo, quando este sino soar, como outrora desceu sobre Saul aos sons da harpa que vibrava sob os dedos de Davi". A seguir, confere-se ao sino um nome, nome esse, evidentemente, de um santo ou de uma santa.

Como se vê, a Igreja não ignorava, absolutamente, nos séculos passados, os ritos secretos dos ferreiros e fundidores. Ora, na lenda de Hiram, à qual convém retornarmos, nos é dito que, quando este dá o sinal de romper a greda calcinada que obstrui o orifício por onde poderá jorrar o magna em fusão, e quando o metal em fogo jorra e escorre, um homem se joga no canal por onde corre a massa incandescente, e desaparece no mar de fogo. Esse homem, diz a lenda, é Benoni, *filho* espiritual de Hiram, seu "primogênito" na ciência dele. Gérard de Nerval, conscientemente, deformou o nome, que na verdade é *Ben Onam,* que em hebraico significa "filho da dor" (*Gênese, XXXVI,* 23). Trata-se, aqui, da posteridade de Esaú e dos filhos de Edom, e o simbolismo é muito claro. Mas, será que devemos acreditar mesmo na lenda, ou ela apenas dissimularia, de forma bastante banal, o sacrifício clássico oferecido à fornalha, para obter uma fusão aprovada pelas divindades que reinam sobre os metais?

A rejeição desconfiada do ferreiro, por parte das populações ordinárias, se evidencia ainda mais quando se trata de artesãos especializados na fabricação de armas brancas, como os célebres *kriss* da Malásia. Esses operários observam um regime de vida severo, abstendo-se de contatos sexuais durante determinadas fases da fabricação, e repetem fórmulas durante o trabalho. Por fim, a lâmina chamejante será temperada, segundo um verdadeiro ritual mágico, num banho composto de determinados ingredientes, destinados a conferir-lhe uma espécie de vida oculta. Além disso, os *kriss* não saem de casa, e constituem-se no objeto de um verdadeiro culto familiar de propiciação.

Durante as cruzadas, os cavaleiros francos constataram que preciosas espadas ou cimitarras, pertencentes a grandes personagens árabes ou turcos, haviam sofrido a têmpera final sendo mergulhadas, em brasa, no coração de um escravo sacrificado para aquela circunstância. Daí lhes veio a idéia de utilizar o sangue de animais, e constataram (ao que parece) que se poderia assim obter idêntico resultado. Esse rito sangrento, evidentemente, é aparentado aos sacrifícios de fundação próprios às edificações, assunto que abordaremos mais adiante.

O papel dos ferreiros, nesse domínio, era igualmente aparentado ao dos fundidores. No livro dos *Juízes,* podemos ler o relato da fabricação de um par de *terafim,* pequenos ídolos domésticos utilizados principalmente em adivinhação, e que os indígenas do Kamtchatka conservavam ainda, secretamente, no século XIX, apesar das severas proibições da Igreja ortodoxa e das perseguições policiais que as acompanhavam. Eis esse trecho de *Juízes*:

"Sua mãe pegou duzentos siclos de prata. Deu essa prata ao fundidor, que com eles fez uma imagem *talhada,* e uma imagem *fundida...*" (*Juízes, XVII,* 1).

A imagem *talhada* é a original, enquanto a imagem *fundida* deriva desse modelo, por meio de um molde de terra argilosa que se engasta na mescla final. Esse rito é inspirado pelo mito da criação de Eva, tirada do próprio corpo de Adão, que funcionou como o original. Como se vê, ferreiros e fundidores são iniciados numa certa tradição oculta que evidencia, senão a feitiçaria pura, pelo menos uma indiscutível magia inferior.

Pois muito bem, o Hiram bíblico, cuja alma se acreditava caminhar de iniciado em iniciado segundo o ritual maçônico surgido em 1723, *é ao mesmo tempo ferreiro e fundidor, filho de ferreiro e fundidor,* o qual se chama Ur.[1] E sua genealogia é ainda mais admirável, a crer-se no *Gênese* e no *Sepher-ha-Zohar...* Também o novo ritual do grau de Mestre, desde seu surgimento, levantou protestos! Se bem que as antigas tradições *operativas* não dessem mais importância a Hiram Abif do que a Hiram rei de Tiro, a Nemrod, a Noé, personagens citados, juntamente com muitos outros, nos relatos com pretensão histórica e que precederam os artigos das regulamentações.

Assim foi que um franco-maçom dissidente, Samuel Pritchard, denunciou, em 1724, em carta endereçada ao *Plain Dealer* — e a qual ele fez reproduzir num requisitório contra a Franco-Maçonaria, intitulado *The Grand Mystery of Free Masons Discovered* (2.ª edição, 1725) — inovações, a seu ver chocantes:

"Meus Irmãos culpados desenvolveram a superstição e as lengalengas inúteis nas lojas, por suas práticas e suas fraquezas recentes. Relatos alarmantes, histórias de maus espíritos, de feiticeiras, de escadas, de grilhões, de espadas atiradas e de quartos escuros, espalharam o terror. Decidi não pôr mais o pé numa loja, a menos que o Grão-Mestre coloque termo a esses procedimentos, mediante uma pronta e peremptória injunção a toda a Fraternidade" (*op. cit.*).

Mais adiante, a mesma obra nos diz, numa das cartas anexas:

"Contam histórias estranhas e bobas a respeito de uma árvore que teria brotado da tumba de Hiram, com folhas maravilhosas e um fruto de qualidade monstruosa, embora, ao mesmo tempo, eles não saibam nem quando nem onde ele morreu, e tampouco saibam mais sobre a tumba de Hiram do que sabem sobre a de Pompeu" (*op. cit.*).

Essa manifestação de hostilidade de elementos tradicionalistas da antiga Franco-Maçonaria, que se tornara no entanto meio operativa, meio especulativa, com a entrada, desde o século XVII, de elementos puramente intelectuais, essa manifestação de hostilidade deveria reproduzir-se numa data aproximativa que se poderia fixar por volta de 1730; foi a criação de uma nova obediência, a *Ordem Real de Escócia* (*Royal Order of Scotland*).

Henri-John Ostiak a estudou, num número dos *Cahiers* da Loja Villard de Honnecourt, da *Grande Loge Nationale Française*. Nesse estudo, o autor salienta que essa *Ordem Real de Escócia* só tem, de *real* ou de *escocesa*, o nome; não deve sua origem nem à França nem à Escócia, mas antes à Inglaterra, tendo nascido em Londres. No entanto, os próprios maçons ingleses a qualificam de "imemorial", termo que significa "remontar a uma época *que foge à memória*, mercê de sua antiguidade". Citemos H. J. Ostiak:

"No começo do século XVIII, nossos Irmãos ingleses julgaram necessário criar uma obediência de Altos Graus independente, em verdade a mais antiga do mundo, para contrapor-se à descristianização inovada pelas *Constitutions* de Anderson. Essa contrapartida cristã e trinitária chegou até nós mais ou menos intacta. Encontramos essa reação nos próprios rituais, onde está bem determinado que o R.H.R.D.M. (*Royal Heredom*) *f*oi fundado para "corrigir os erros e as reformas abusivos". Os rituais são autenticamente ingleses, e conservaram-se, até nossos dias, em sua pureza original, graças à França, como vamos ver" (cf. *Travaux de la Loge Nationale Villard de Honnecourt,* G.L.N.F., n.º 2, 2.ª série).

Contrariamente ao que acreditava o autor, essa ordem não desapareceu totalmente. Em 1845, era ainda parte integrante do *Supremo Conselho dos Ritos Confederados,* com sede em Edimburgo, e o ramo francês deste último o conserva com o *Early Grand Scottish Rite* (*Rito Escocês Primitivo*), e o *Rite de Cernau* (*Antigo Rito Escocês Aceito,* 1.ª versão), por patentes de 1909 e 1919. Os rituais a que alude H. J. Ostiak foram publicados por Paul Naudon, em sua obra *Histoire et Rituels des hauts grades maçonniques,* Dervy Paris, 1966 (coleção "Histoire et Tradition", páginas 227 a 241).

Por outro lado, se a antiga maçonaria operativa havia, nas tradições do ofício, utilizado tudo o que se relacionava com a arca de Noé, a torre de Babel, Lamech, Nemrod, Hermes, Euclides, etc., mencionando por vezes Salomão, Hiram rei de Tiro e Hiram Abif, o fundidor das colunas do Templo, jamais se cogitou de sua morte, e menos ainda da cumplicidade de Salomão, nem tampouco de sua breve ligação com Balkis, a rainha de Sabá!

Precisamos, portanto, esperar pela admissão de elementos judaicos na nova Franco-Maçonaria, por volta de 1723-1725, para ver emergir aí essa lenda. Com efeito, nas publicações da célebre loja inglesa *Les Quatre Couronnés,* vamos encontrar, no tomo I dos anos 1886-1888, às páginas 34-35, um estudo do professor Hayter Lewis, que assinala uma antiga versão da lenda de Hiram, contida num manuscrito em língua árabe, transcrito porém em caracteres hebraicos, e datando do século XIV. Segundo o relato, esse manuscrito apresentaria uma palavra-chave de três letras, que seriam a abreviação (por essas três iniciais) duma frase que significaria "Nosso mestre Hiram foi reencontrado" (cf. *Ars Quatour Coronatorum,* 1886-1888, tomo 1.º, pp. 34-35).

É certo que os elementos judaicos admitidos na Franco-Maçonaria inglesa a partir de 1723-1725 (a maçonaria operativa, por sua orientação cristã formal, não podia recebê-los) compunham-se de judeus eruditos, talvez até rabinos. Pois o protestantismo sempre observou uma certa proximidade com o Antigo Testamento, uma espécie de *noaquismo* discreto. Ora, a Cabala repousa sobre três processos de decriptação do Pentateuco:

— *guematria*: "avaliação do valor numeral duma palavra. Todas as palavras de igual valor são, portanto, do ponto de vista esotérico, parentes próximas";

ALFABETO MAÇÔNICO

Estes hieróglifos, que pouco diferem dos adotados em 1804 por G.O., estavam em uso nas lojas jacobitas desde 1765. É o tipo inglês menos o W.

— *notarikon*: ou "acrologia, cada letra que compõe uma palavra torna-se a inicial das de uma frase completa";

— *themurah*: ou "ziruf. Transposição das letras duma palavra, com auxílio de alfabetos convencionais montados sobre chaves determinadas".

Essas três letras iniciais (guímel-num-tau) constituem a palavra *Guineth,* que em hebraico significa "jardim"; eis por que a Cabala é identificada com um "jardim místico".

A palavra-chave de três letras é evocada num manuscrito do século XVIII, em nosso poder, reproduzindo um ritual de *Mestre Escocês* e de *Cavaleiro de Santo André,* ritual esse do século XVII. Transcrito em caracteres hieroglíficos extraídos dum alfabeto convencional utilizado pela maçonaria jacobita no século XVIII (documento de 1765), essa palavra se compõe das letras I, H, S. Somos imediatamente levados a pensar na sigla cristã evocativa de Jesus Cristo, mas o manuscrito, em língua árabe, transcrito em caracteres hebraicos e aqui citado, obriga-nos a descartar essa explicação. Tentando-se uma leitura da direita para a esquerda, como em hebraico, obtêm-se S.H.I. Seja como for, essa sigla provém, sem dúvida alguma, da fórmula do *notarikon,* e cada letra se torna a inicial de uma frase de três palavras, que continua ignorada.

O que continua a existir, no plano histórico, é que esse rito da morte de Hiram, assassinado no Templo de Salomão por três maus companheiros, sob a indiferença cúmplice deste, era desconhecido antes da data aproximada de 1723-1724. Aparece pela primeira vez oficializado nos arquivos de uma loja a 16 de novembro de 1732. Nesse dia, a loja parisiense de *Saint-Thomas au Louis d'Argent* admite no grau de mestre o Conde Axel Ericson Wrede-Sparre, que, três anos depois, fundará a primeira loja sueca.

Em seu livro *L'Occultisme et la Franc-Maçonnerie écossaise,* diz-nos Le Forestier a propósito desse ritual:

"Seus autores, que permanecem desconhecidos, valeram-se de todos os recursos de sua imaginação, e de uma erudição tão vasta quanto incoerente, e produziram um monstro enigmático cuja origem não pôde ser descoberta nem mesmo pelas pesquisas mais conscienciosas" (*op. cit.,* páginas 154-155).

Concluiremos pela influência de Théophile Désaguliers, deputado-grão-mestre da nova maçonaria inglesa orangis, protestante ferrenho (seu filho lutou nas fileiras inglesas, na batalha de Fontenoy), e do pastor James Anderson, da seita presbiteriana de Escócia, capelão do conde escocês David de Buchan a partir de 1720. Relações com rabinos eruditos fizeram o resto.

Só que o caráter, indiscutivelmente oculto no mais alto grau, desse *novo rito do* Grau de Mestre maçônico ia desencadear a tempestade! E, às anteriores censuras banais, que em breve analisaremos, ia suceder-se a excomunhão maior, lançada do alto da cátedra de São Pedro de Roma pelo Papa Clemente XII. Essa condenação (renovada ainda em Roma a 26 de novembro de 1983) não era, no plano político, desinteressada. Mas a frase com a qual termina a bula *original,* conservada no Vaticano, dá o que pensar: "...E por outros motivos, só de Nós conhecidos."

Esse novo rito ia lançar a Franco-Maçonaria num caminho novo, o da *política,* onde se aliariam as melhores noções de progresso e de evolução, e também, infelizmente, idéias novas, desconhecidas dos antigos franco-maçons, e que tenderiam, pouco a pouco, a minar certos valores que fazem a dignidade do homem, pelo ateísmo, o materialismo, o laxismo, que conduzem ao amoralismo desagregador. Vamos reler René Guénon:

"Esse estado de coisas começou quando o estudo e o manejo de certas influências psíquicas caíram, se assim nos podemos expressar, no domínio profano, o que assinala, de certa forma, o início da fase mais propriamente "dissolvente" do desvio moderno. E, em resumo, podemos fazê-lo remontar ao século XVIII" (cf. René Guénon, *Le Règne de la quantité et les Signes des temps*).

Sem dúvida, a agressividade e a instabilidade ideológica de René Guénon chegam a surpreender; sucessivamente franco-maçom, martinista, neotemplário, bispo gnóstico, hinduísta segundo o *Vedanta*, depois muçulmano de observância estrita. É sem dúvida deplorável que o vejamos morrer de morte lamentável (uma septicemia, em conseqüência da ingestão de carne deteriorada) num bairro miserável do Cairo, "assistido" pelas macaquices de um marabu de quinta categoria. Sua obra, porém, *continua imperiosa, indiscutível, derradeiro bastião da resistência espiritual do Ocidente.*

## NOTAS

1. Em hebreu "luz", "fogo", "chama".

# V. OS DISCÍPULOS MAÇÔNICOS DE BABEUF

*As lojas recrutaram por intermédio daqueles que uma deplorável facilidade deixara aí penetrar, e para quem a maçonaria representava apenas objeto de curiosidade, ou uma esperança mais ou menos próxima de assistência!*

F. BERTRAND,
grão-mestre adjunto do
*Grande Oriente de França.*

Tal é a constatação desabusada desse alto dignitário, em seu discurso de 14 de abril de 1844, perante a assembléia dos grão-oficiais dessa velha obediência francesa. Ela junta-se às reflexões de René Guénon, citadas no fim do capítulo anterior.

Também na França, o clima transgressionista iria acelerar-se e acentuar-se com aquilo que por vezes denominamos, com desprezo (muito indevidamente), a corrente "quarante-huitard", que nasceu das teorias comunizantes de François-Noël Babeuf (apelidado Gracchus), e de Philippe-Michel Buonarotti, pisano que se tornou francês por decisão da Convenção, e mais anarquista que comunista.

O primeiro, Babeuf, comissário do cadastro durante a Monarquia, da oposição de extrema esquerda a Robespierre, foi um revolucionário particularmente exaltado. Sua proposição de janeiro de 1793, no sentido de que se esquartejasse o cadáver de Luís XVI em oitenta e três pedaços e se enviasse cada um deles a cada um dos oitenta e três departamentos, é bastante significativa de seu estado de espírito! Tendo, em sua evolução política, chegado ao comunismo absoluto, organizou a *conspiração dos iguais* contra o Diretório, foi julgado e condenado à morte em Vendôme, a 26 de maio de 1797. Babeuf não era maçom, fora recusado.

O segundo, Buonarotti, nasceu em Pisa em 1761. De origem italiana e pertencente à pequena nobreza, associou-se a Babeuf naquele complô. Era maçom, e a esse fato deveu o não ter sido condenado à morte, mas só à deportação. Foi ele que orientou para a esquerda Louis-Claude de Saint-Martin (que conhecera em Genebra), em sua célebre *Lettre sur la Révolution française.* E Buonarotti foi, ainda, o mentor intelectual de Auguste Blanqui. Foi recebido como maçom em Genebra, na loja *Les Amis Sincères.*

Pode-se adivinhar o que a palavra *iniciação* acabou por tornar-se com *iniciados* assim! Desapareceu, pouco a pouco, em seus efeitos psíquicos, pois os tempos são ainda os melhores auxiliares em sua negação, e todo o contexto social da época leva a água para o moinho materialista.

A miséria da classe trabalhadora era, realmente, intensa. A Revolução de 1789, o Diretório, o Consulado e o Primeiro Império tinham levado ao poder uma burguesia voltairiana, composta, em sua maioria, de novos ricos, ferozmente egoístas e avaros, que não conservara, da antiga nobreza, nem a coragem, nem a generosidade, nem o desinteresse, dela tomando, porém, o orgulho e o espírito de casta. Era preciso ouvir, em certas famílias, afirmações do tipo "Minha mãe é Dupont de nascimento...", para rir, primeiro, e se afligir depois.

Também as reações foram violentas. As revoluções de 1830 e 1848, os gravíssimos motins que ocorreram mais ou menos por toda parte, entre esses dois anos, a odiosa repressão à revolta dos *canuts* de Lyon, em 1831, tudo isso pôs em relevo o nome dos maçons que iriam atrair, nas lojas do *Grande Oriente,* do *Rito de Misraïm,* e até do *Rito Escocês,* inúmeros partidários de seus ideais revolucionários, e *principalmente ateus,* para os quais "ritual" era sinônimo de "palhaçada".

A revolta dos *canuts,* de novembro de 1831, em Lyon, quando Louis-Philippe era "rei dos franceses", foi impiedosamente reprimida pelo duque de Orleans, Ferdinand, filho mais velho do citado rei, com a ajuda de Soult, ex-marechal do Império e Duque da Dalmácia, par de França. Grão-Oficial do *Grande Oriente de França,* não hesitou ele, bom cortesão que era de Luís XVIII, e na qualidade de ministro da Guerra, em proibir aos oficiais a freqüência às lojas, alegando "o contágio republicano ou bonapartista"!

A revolta dos *canuts* fora provocada por uma baixa constante dos salários, justificada, em parte, por uma acirrada concorrência estrangeira. Enquanto um *canut* ganhava de 4 a 6 francos por dia (ou seja, de 400 a 600 *sous*) na época do Império, recebia apenas 18 a 25 *sous*[1] em 1831, *por quinze horas de trabalho!* Ou seja, a vigésima quinta parte de seu salário de há dezesseis anos.

Era a época em que crianças de seis anos trabalhavam doze horas por dia nas indústrias de fiação, enquanto, nas minas de carvão, trabalhavam crianças que mal haviam completado dez anos. Seu tamanho diminuto permitia-lhes entrar em passagens muito estreitas, onde um adulto não conseguia entrar.

No campo dos domésticos, enquanto outrora os servidores dos nobres faziam parte da família (o que era uma tradição), nunca os da burguesia "nova-rica" do século XIX foram mais desprezados e mais infelizes. A título de exemplo, reproduzimos a seguir o *Regulamento Interno* duma empresa do oeste da França, em 1830. Pode-se ver, aí, que o funcionário de escritório, ao completar quinze anos de casa, podia ganhar 14,50 francos por semana, ou seja, 40 *sous* por dia, isso por sessenta e seis horas de trabalho semanal. Compreende-se então a importância do *pão* e da *sopa* entre os humildes.

Só o *Companheiro,* quer dizer, o membro das fraternidades do *Tour de France* em seus diversos ramos, soubera conservar um pouco de seus antigos privilégios. Dizemos um pouco, pois Napoleão I, ao criar o *livret de travail,* que acompanhava o trabalhador em toda a sua carreira, com as notas patronais, os havia enfraquecido consideravelmente.

1. 1 F valia então 20 *sous.* O *escudo* de 5 F chamava-se "peça de cem sous" (de prata). O *louis* (luis) valia 20 F. Na linguagem corrente, essas expressões perduraram até mais ou menos 1920.

## REGULAMENTO INTERNO

1. A piedade, o asseio e a pontualidade são a força de um bom negócio.

2. Como nossa firma reduziu consideravelmente a jornada de trabalho, os funcionários de escritório deverão estar presentes apenas das 7 horas da manhã às 6 da tarde, e apenas nos dias de semana.

3. Toda manhã, no escritório central, serão feitas orações. Os funcionários do escritório são obrigados a estar presentes.

4. As roupas devem ser do tipo mais sóbrio. Os funcionários do escritório não devem vestir-se com roupas de cores vivas. Não deverão usar meias, a menos que adequadamente compostas.

5. Nos escritórios, fica proibido o uso de capotes e sobretudos; porém, sendo o tempo particularmente rigoroso, autoriza-se o uso de echarpes, cachecóis e barretes.

6. Nossa firma coloca um fogareiro à disposição dos funcionários de escritório. O carvão e a madeira devem ser fechados no compartimento destinado a esse fim. Para que possam aquecer-se, recomenda-se a cada membro do pessoal que traga diariamente, durante a estação fria, quatro libras de carvão.

7. Cada funcionário do escritório só ficará autorizado a deixar a peça com permissão do Senhor Diretor. Permitem-se, porém, as necessidades naturais, e, para atendê-las, os membros do pessoal poderão utilizar o jardim que fica embaixo da segunda grade. Esse espaço, bem entendido, deverá ser mantido em perfeita ordem.

8. É estritamente proibido falar durante as horas de trabalho.

9. O consumo de tabaco, de vinho ou de álcool é uma fraqueza humana, e, como tal, proibida a todos os membros do pessoal.

10. Agora, tendo sido a jornada de trabalho drasticamente reduzida, o horário de alimentação fica autorizado entre as 11 horas e 30 e o meio-dia, mas, de qualquer forma, durante esse período não deverá cessar o trabalho.

11. Os funcionários de escritório fornecerão suas próprias penas. Pedidos de novos talha-penas deverão ser encaminhados ao Senhor Diretor.

12. Um funcionário mais velho, designado pelo Senhor Diretor, ficará responsável pela limpeza e asseio do salão, bem como da sala da diretoria. Os mais novos deverão apresentar-se ao Senhor Diretor 40 minutos antes das preces e permanecerão depois do expediente para proceder à limpeza. Os panos, vassouras e escovões, bem como o sabão, serão fornecidos pela Direção.

13. Recentemente aumentados, são os seguintes os novos salários semanais:

— Menores (até 11 anos) .................................... 0,50 F
— Iniciantes (até 14 anos) .................................. 1,45 F
— Funcionários ................................................ 7,50 F
— Antigos (com mais de 15 anos de casa) .................... 14,50 F

Os proprietários reconhecem e aceitam a generosidade das novas leis do trabalho, mas esperam, do pessoal, um considerável aumento do rendimento, para compensar-se dessas condições quase utópicas.

Vêm depois os escândalos que sacudiram a opinião pública, e em que a burguesia, os funcionários civis e militares do regime se cobriram de lama. Veio o escândalo suscitado pelas provas apresentadas no processo movido contra Luís-Filipe pela verdadeira filha de Philippe-Égalité, Marie-Stella d'Orléans, demonstrando que o rei cidadão não passava do filho substituído de um certo Chiappini, carcereiro-chefe da prisão de Faenza, na Itália.[1]

Assim, a revolução vai de vento em popa, com as campanhas de seus propagandistas exaltados e a difusão de suas idéias, herdadas aos exageros da Revolução de 1789. Idéias generosas algumas, mas igualmente utópicas e perigosas, por não levarem em conta o Homem, o *homo ordinarius*, o qual não muda nem varia jamais. Pois uma opinião pode ser generosa, e não se ater à realidade.

Mas os doutrinários da "mudança" pouco valor dão a esta última. Entregam-se totalmente a suas utopias, as quais (pois de boas intenções está forrado o caminho do inferno!) no entanto contribuirão para um indiscutível progresso social. Esses doutrinários têm nome:

— Auguste Blanqui, iniciado na Maçonaria durante seu exílio em Londres, na loja misraïmita *Les Philadelphes*. Comunista, discípulo ferrenho de Babeuf e de Buonarotti, adotou como divisa, difundindo-a num jornal: "Ni Dieu ni maître!" — "Nem Deus nem senhor!"

— Joseph Proudhon, iniciado em Besançon, em 1847, na Loja *Sincérité et Parfaite Union*. A pergunta de ordem que precedeu sua iniciação de *Aprendiz* foi esta: "Quais os deveres do homem para com Deus?" Sua resposta, para a estupefação dos membros da loja: "Combatê-lo!"

— Élie, Élisée e Paul Reclus, iniciados em Paris, nas Lojas *La Renaissance* e *Les Élus d'Hiram*. São anarquistas e socialistas revolucionários.

— François Raspail, iniciado em 1822, na Loja *Les Amis Bienfaisants*, é republicano de esquerda e socialista.

Eis os maçons dessa época, que iriam marcar sua passagem pela *Ordem Maçônica*, orientando-a resolutamente para a política e censurando a antiga concepção da Franco-Maçonaria. Certamente, houve oposições. Durante o inverno de 1847-1848, manifestou-se no seio do *Grande Oriente de França* uma corrente espiritualista. Uma moção sugeria que se "conferisse à Maçonaria o caráter religioso *que lhe é próprio*". Essa moção levou a assembléia a pôr em votação e fazer adotar uma nova redação do artigo 3 dos estatutos do *Grande Oriente de França*:

"A Maçonaria reconhece e proclama, como ponto de suas pesquisas filosóficas, e como fatos acima de qualquer contestação, a existência de Deus e a imortalidade da alma."

Dessa forma, a Igreja de França iria observar, durante algum tempo, uma benfazeja neutralidade. Chegaria, porém, o ano de 1877, quando, por proposição do pastor Frédéric Desmons, iniciado a 8 de março de 1861 em Nîmes, na Loja *L'Écho du Grand Orient,* essa obediência iria retirar de seus cabeçalhos e de seus rituais a fórmula secular: "Para a Glória do Grande Arquiteto do Universo." Observe-se, porém, para sermos imparciais, que essa fórmula nem sempre figurou nos *sacramentários* maçônicos da primeira metade do século XVIII, estando porém subentendida, já que um candidato ateu não podia ser admitido.

Dado o impulso, ele não esmoreceu. Numa série de artigos publicados na revista *L'Idée libre,* em 1954, Jean Bossuo, estudando a história da *Libre Pensée,* descreveu com abundantes detalhes o trabalho de penetração de determinados elementos revolucionários nas lojas em fins do Segundo Império. De 1860 a 1870, o Grande Oriente de França e o *Antigo Rito Escocês Aceito* sofreram uma centralização sistemática da parte de militantes do socialismo à la Proudhon, propagando nas lojas uma corrente filosófica e política que talvez possuísse, no plano das idéias puras, um certo valor, mas que, por seu sectarismo intratável, seu materialismo total, sua hostilidade sistemática a qualquer candidatura na forma tradicional, demonstrava que seus autores *eram totalmente estranhos à tradição franco-maçônica autêntica.*

E aconteceu o que já se previa. Num domingo, 12 de fevereiro de 1880, trinta e seis lojas do *Antigo Rito Escocês Aceito* declararam-se dissidentes, rejeitaram a autoridade do Supremo Conselho e dos altos graus, e constituíram-se na *Grande Loja Simbólica Escocesa.* Na redação do artigo 2 de suas *Constituições*, incluía-se a famosa fórmula: "O Maçom livre na Loja livre..."

Erro fundamental. Pois um maçom está, necessariamente, sujeito ao *regulamento interno* de sua loja, se ela o possuir. Depois, está sujeito aos *Regulamentos* e *Constituições* de sua obediência. E esta, por sua vez, está sujeita aos costumes e tradições da Franco-Maçonaria Universal.

Essa divisa, onde transparecia discretamente o anarquismo do "Nem Deus nem mestre!" de Auguste Blanqui, não bastava para alguns. E a *Grande Loja Simbólica Escocesa,* por sua vez, sofreu um cisma interno. Um pequeno número de maçons resolveu ir mais longe. E foi a partir de sua saída que se constituiu o famosíssimo *G. L.*, mais conhecido pelo nome de *Grande Lunaire.* Suas reuniões realizavam-se inicialmente em locais subterrâneos do subúrbio de Poissonnière, e na forma maçônica. Esta foi depois rejeitada, e passou-se ao aspecto sob o qual ficou conhecida, em 1925, graças à reportagem de Maurice Pelletier no *Petit Journal,* isto é, o tantrismo da "mão esquerda" e o satanismo puro e simples, com a profanação ritual de hóstias, ritos de magia sexual, etc. No século XX, a influência de Aleister Crowley tornou-se manifesta. Tomamos esses detalhes de Jules Boucher, que pertenceu durante muitos anos ao *Grand Lunaire,* e, tendo, a duras penas, conseguido sair sem perigo, fez-se, por isso, exorcizar por Jean Bricaud, patriarca da *Igreja Gnóstica* de Lyon. O alquimista[2] Eugêne Canceliet também fez parte do *Grand Lunaire.* Note-se que, desde o início do século XX, essa sociedade secreta mista estava *totalmente separada da corrente maçônica,* e seus filiados não eram membros da Ordem, como afirma Jules Boucher.

Não podemos deixar, porém, de revelar que ela nasceu do cisma de 1880, sofrido pelo *Antigo Rito Escocês Aceito,* e do cisma por seu turno sofrido pela *Grande Loja Simbólica Escocesa.*

Pois o fato aí está, e é indiscutível. Quanto mais uma obediência maçônica se situa fora da corrente tradicional, *ritual e apolítica,* tanto mais fica sujeita aos cismas diversos, surgidos de contestações ideológicas internas. Eis o preço da regra anarquizadora "O Maçom livre na Loja livre..."

No entanto, não se deve nunca "jogar o nenê com a água do banho", e não poderíamos passar em silêncio por tudo o que o progresso social deve a essa maçonaria um tanto marginal. Sabe a Sra. Régine Pernoud que, se pôde cursar a Escola des Chartes, e tornar-se a historiadora católica famosa (e antimaçônica!), isto se deve ao fato de ter a Franco-Maçonaria, no final do século XIX, encetado (com êxito) uma campanha para que as moças pudessem, *afinal,* ser admitidas ao exame de bacharelado... Será que ela sabe? Sem os franco-maçons, a Sra. Régine Pernoud teria cursado simplesmente o catecismo para crianças da paróquia de Santa Joana d'Arc, em Paris!

E quantos garçons e funcionários de bares e restaurantes saberão que, até o ministério da Frente Popular, de junho de 1936, presidido por Léon Blum, sem um Parlamento de maioria maçônica, eles continuariam a ter de pagar, toda manhã, uma determinada soma a seus patrões, para ter o simples direito de "trabalhar pela gorjeta" em seus estabelecimentos?

Infelizmente, o antimilitarismo doentio desses maçons os levou a reduzir ao máximo o orçamento anual das forças armadas; e como elas tinham, antes de mais nada, necessidade de renovar o armamento, foi justamente nesse período, de 1924 a 1939 que os soldados do continente foram mais malvestidos e mais mal-alimentados!

## NOTAS

1. Ver *Crimes & Secrets d'État* (1785-1830), Paris, 1980.
2. Como todos os pretensos alquimistas de nossa época, aquele afirmava ter obtido resultados "interessantes". Assim, apresentou, em 1936, a M. Paul Demeny, uma pepita de *ouro alquímico*. Analisada, verificou-se que não passava de... *ouro dentário*...

# VI. A TRANSMUTAÇÃO OCULTA DO COMPANHEIRO

*O acesso à vida espiritual envolve, sempre, a morte para o estado mundano. A essa morte, segue-se um novo nascimento.*
MIRCEA ELIADE,
*O Sagrado e o Profano.*

Na religião católica, por ocasião da transmissão das ordens maiores, exatamente na do diaconato, os ordenandos prosternam-se diante do atual, com o rosto contra o chão. Supondo-se que toda igreja esteja orientada de oeste para leste, os impetrantes ficam assim estendidos no chão, com os pés para o ocidente e a cabeça para o Oriente, o rosto no altar-mor.

O mesmo acontece com a inumação dos cristãos. Segundo a tradição, o Cristo glorioso deveria ressurgir no oriente do último dia, e portanto as sepulturas deviam ser orientadas de oeste para leste, ficando o morto em posição tal que se pudesse reerguer de frente para a aparição.

Na Idade Média, os condenados à morte por um crime particularmente odioso, eram arrastados até o local da execução, sobre uma grade, um trançado de vime de malhas largas. Em alguns casos, eram amarrados com o rosto para o chão. A inumação dos excomungados previa também o serem eles enterrados de rosto para o chão, sem caixão nem placas de madeira isolante, com a cabeça voltada para Oeste e os pés para o Leste.

Em todos estes detalhes, revela-se o uso, e, por conseguinte, o conhecimento inicial mais ou menos perdido de uma corrente magnética utilizada num sentido ou noutro. Vamos reencontrar esse ensinamento na Franco-Maçonaria, mas observaremos que a posição deitada só veio a aparecer no ritual maçônico com o ritual do Grau de Mestre de 1723. Anteriormente, os *Companherios* elevados ao grau de *Mestre de Loja* passavam pelo ritual *de pé,* sendo então o essencial o *juramento* que tinham de pronunciar. Nessa época, os gracejos de bom tom do século seguinte ainda não haviam desacreditado a noção de honra.

Assim, pareceu-nos importante dedicar um capítulo a esta introdução da *posição deitada* na Maçonaria, já que o Grau de Mestre é o único grau em que se pratica essa posição.

A análise dos rituais preliminares, a saber, os de *Aprendiz* e de *Companheiro,* denota apenas uma *preparação psíquica* para o primeiro, com seus "batismos" purificadores pelos elementos *Água, Ar* e *Fogo.* O do segundo exprime apenas uma orientação intelectual e filosófica. Mas nenhum desses dois graus iniciais constitui uma verdadeira transformação, que só o de Grau de Mestre pode pretender.

Em que consiste, pois, sua particularidade?

No fato de que o *Companheiro* vai sofrer uma *morte simbólica,* que se deverá traduzir por uma inumação fictícia, *conscientemente aceita pelo recipiendário,* durante a qual ele deverá ser estendido em decúbito dorsal sobre o solo, com a cabeça para o Oeste, de modo a levantar-se com o rosto para o oriente, onde o sol renasce a cada dia.

Ora, a *posição deitada* desempenha um papel múltiplo na vida (e na morte), papel que os maçons, até aqui, furtaram-se a analisar convenientemente. No entanto, é nessa posição (a mais comum) que o homem e a mulher se conjugam para conceber e criar, e, nessa circunstância, a mulher fica, mais especificamente, em contato com a Terra Mãe. Citaremos aqui Mircea Eliade, que, em sua obra magistral, "O Sagrado e o Profano", desenvolveu o que Roger Caillois havia esboçado na sua, "L'Homme et le Sacré":

"Essa experiência fundamental — que a mãe humana não é senão a representante da Grande Mãe Telúrica — deu lugar a inúmeros costumes. Lembremos, por exemplo, a parição no chão (a *humi positio*), ritual que se encontra no mundo todo, da Austrália à China, da África à América do Sul. Entre os gregos e romanos, o costume desaparecera na idade histórica, mas não há dúvida de que tenha existido num passado mais remoto: certas estátuas de deusas do nascimento (Elítia, Damia, Auxia) representam-nas de joelhos, na exata posição da mulher que dá à luz sobre o chão. Nos textos demóticos egípcios, a expressão "sentar-se na terra" significava "parir" ou "parto".

"Não é difícil apreender o sentido religioso desse costume: a criança e o parto são as versões *microcósmicas* dum ato exemplar, levado a efeito pela Terra; a mãe humana apenas imita e repete esse ato primordial do aparecimento da Vida no seio da Terra. Deve, por conseguinte, achar-se em contato direto com a Grande Genitora, para deixar-se guiar por ela no cumprimento desse mistério que é o nascimento duma vida, para receber suas energias benéficas e encontrar aí a proteção maternal.

"Ainda mais disseminado é o hábito de depositar o recém-nascido sobre a terra. Existe, ainda em nossos dias, em certos países da Europa: a criança, tão logo tenha sido banhada e enfaixada, é colocada sobre a terra. Em seguida, é erguida pelo pai (*de terra tollere*), em sinal de reconhecimento" (*op. cit.*).

Na China antiga, nos diz Marcel Granet, em sua obra "Études Sociologiques Sur la Chine" e na *Revue Archéologique*: "O moribundo, como a criança que nasce, é deposto sobre o solo (. . .). Para nascer ou para morrer, para entrar na família dos vivos ou na família ancestral (e tanto para sair de uma como da outra), há um limiar comum: a Terra natal (. . .). Ao se depositar, sobre a Terra, o recém-nascido ou o moribundo, cabe a ela dizer se o nascimento ou a morte são válidos, se se deve tomá-los por fatos adquiridos e regulares" (*op. cit.*).

Qualquer iniciação, portanto, envolve uma morte e uma ressurreição rituais. Eis por que, entre inúmeros povos primitivos, o neófito é simbolicamente submetido à morte, enterrado num fosso recoberto de folhagens. E quando, finalmente, ele se levanta desse túmulo, é considerado um *novo homem,* pois foi parido uma segunda vez, agora, porém, diretamente *pela Mãe cósmica* (cf. A. Dieterich: *Mutter Erde,* Berlim, 1925).

Essas evidentes ligações com o ritual maçônico do *Grau de Mestre* tornaram-se facilmente matéria de escárnio para os adversários

QUADRO DA LOJA DO MESTRE

O Compasso (espiritualidade) domina o Esquadro (materialidade)

da Franco-Maçonaria, nos dias da Ocupação nazista e do governo de Vichy. Debochava-se estupidamente desses ritos, "tomados de empréstimo a tribos ainda selvagens", sem que os detratores sequer se lembrassem de que esses mesmos rituais talvez fossem, pura e simplesmente, plagiados do *Pontifical romano*, no capítulo *Ordenação ao diaconato!* (cf. *Manual das ordenações segundo o Pontifical romano*, Desclée & Cie., Imprimeurs du Saint-Siège et de la S. Congrégation des Rites, Paris-Turnai-Roma, 1945, página 67).

Existe, porém, um aspecto desse costume que suscita uma investigação mais aprofundada. É o que vamos agora abordar.

O mundo antigo conheceu o *Uróboro*, a serpente enrolada em círculo, que morde a própria cauda. Encontraremos no *Bestiaire du Christ*, de L. Charbonneau-Lassay, um estudo bastante completo dos diversos aspectos do simbolismo dessa serpente, no domínio do sagrado.

Um há, porém, que nunca foi abordado: o do *Uróboro*, imagem duma corrente oculta que circunda o nosso globo. O magnetismo terrestre, campo magnético bastante regular ao nível da superfície da Terra, e cujo pólo magnético norte varia lentamente de ano a ano, bem poderia exprimi-lo.

Pois muito bem, em hebraico, a "serpente" do *Gênese* (III) chama-se *nahash*, palavra que designa igualmente o "cobre", metal que os hermetistas atribuem ao planeta Vênus e que é, depois da prata (metal atribuído à Lua), o melhor condutor da eletricidade.

E os sexólogos observaram que a posição solitária deitada, na escuridão ou na penumbra, é particularmente geradora de pensamentos relativos à sexualidade (fantasmas) entre grande número de indivíduos de ambos os sexos. Seria como se, nesses momentos, uma corrente percorresse o indivíduo, desde a fontanela (no topo do crânio) até as extremidades dos pés, *para incitar à conservação da espécie*, como num *renascimento perpétuo* desta.

Na cerimônia maçônica do *Grau de Mestre*, não se trata, evidentemente, de sexualidade, como também não é o caso na ordenação ao *diaconato*. Mas o indivíduo é percorrido pela mesma corrente magnética, vibrando a uma oitava de diferença: a do intelecto, em lugar da sexualidade. Dissemos, sim, a *mesma corrente*. Pois Léon Daudet, Valentin Bresles, e ainda inúmeros outros autores, já salientaram a importância da *sensualidade criadora*. O impotente sexual de nascença jamais será um criador, em nenhum domínio. Dizemos, realmente, *de nascença,* pois um eunuco, ou um homem estéril não se enquadram nesta categoria.

E aí, nessa *morte voluntária* (embora solicitada) do *Companheiro* que aspira elevar-se à categoria de *Mestre Maçom,* a chave de sua transmutação espiritual futura provavelmente reside no fato de ele receber essa iniciação maior *deitado no chão,* com aparatos fúnebres recobrindo-o, *orientado de Oeste para Leste,* num silêncio quebrado apenas pelo lento martelar da marcha ritual dos nove Mestres ao redor do pseudocadáver, na penumbra onde vibram apenas as chamas de quinze círios, enquanto se eleva o grave odor da mirra, perfume dos antigos funerais, em meio à fumaça azulada que brota do defumador postado no chão, diante dele.[1]

Prestigioso ritual cuja eficácia não caberia discutir, e que honra a memória daqueles que o elaboraram, por seus conhecimentos em diversos campos, em especial o da psicologia. No entanto, um *ritual que pode também ser perigoso quanto à transmutação espiritual do postulante,* particularmente se ele é posto em contato com um esqueleto, um crânio de verdade ou uma peça de roupa branca manchada de sangue animal, como ocorria no ritual de 1752 da *Mère Loge Écossaise* de Marselha.[2] Sem dúvida alguma não foram nem Anderson nem Désaguliers, pastores protestantes de fé rígida, que o imaginaram. Só um ocultista poderia ter concebido um psicodrama de tamanha profundidade. E aqui formularemos a pergunta que nos vem imediatamente aos lábios: essa orientação para a *morte,* para o *negro,* para o *mórbido,* teria sido intencional? Por que não se conservou a "recepção" da velha Maçonaria *Operativa,* na qual, ao levantar a mão para um juramento inquebrantável, o postulante, de pé, empenhava sua mera honra?

## NOTAS

1. É assim no *Rito de Mênfis-Misraïm,* de tradição.

2. Na verdade, possuímos, desse ritual, apenas a versão manuscrita de 1812, compreendendo igualmente quatro graus superiores. Mas é mais ou menos certo que os rituais do 1.º e 2.º graus (*Aprendiz* e *Companheiro*) sejam jacobitas, tendo sido comunicados, na origem, pelo maçom escocês Georges de Walnon, como o atesta sua simplicidade. Já o ritual do 3.º grau (*Mestre*) provém da *Grande Loja de Londres,* pois a Maçonaria stuartista de Saint-Germain-en-Laye conhecia apenas o *Mestre de Loja,* ignorando o rito da morte de Hiram!

# VII. A GENEALOGIA DE HIRAM

*Mas, deixando de lado os símbolos, eu quis apenas lançar um pouco de luz sobre a parte feérica da lenda anteriormente narrada. Mas é o raio perdido nas sombras que, segundo a expressão de Milton, torna visíveis as trevas.*

GÉRARD DE NERVAL,
Notas e Variantes sobre
*Voyage en Orient.*

Na lenda narrada por Gérard de Nerval, a morte de Hiram, que ele chama Adoniram (o prefixo *adon* significando "senhor") segue, com bastante exatidão, o ritual dramatizado que, na Franco-Maçonaria do século XVIII, acompanhava a investidura no grau de mestre. Desconhecido para os que praticavam os antigos *deveres* operativos, esse ritual foi publicado pela primeira vez em *Masonry Dissected* (Maçonaria Analisada), de Samuel Pritchard, em 1730. Esse homem testemunhou sob juramento, perante um *alderman* (escrivão, magistrado municipal), no dia 13 de outubro daquele mesmo ano, ter sido regularmente iniciado. Era, aliás, parente próximo de um seu homônimo, igualmente maçom na mesma época. Em seguida à publicação de seu panfleto, fruto de sua rejeição a esse ritual, a Maçonaria negou que ele houvesse sido alguma vez iniciado. Tentemos, porém, a experiência de nos colocar na situação de um bom cristão, suficientemente instruído em sua religião, ou de um israelita erudito na sua, e chegaremos a conclusões surpreendentes.

Esse relato de Nerval, colhido *no bairro dos fundidores e dos ourives* da velha Istambul, é evidentemente um tema luciferino. Teria feito a alegria de um Márcion ou dum Gnóstico, tivessem eles conhecido a lenda. Examinemos, pois, os detalhes.

Hiram, conforme dissemos, não é um arquiteto, é simplesmente um *fundidor* (*I Reis, VII,* 13 e *II Crônicas, IV,* 11). Pelo rito da recepção no Grau de Mestre maçônico, ele renasce no novo Mestre, quando este se levanta do túmulo simbólico. É então que, acredita-se, este recebe verdadeiramente o *Espírito maçônico,* espírito de tolerância, espírito adogmático. A religião enaltecida nas *Constitutions* de Anderson, publicadas em 1723, e que consiste num simples comportamento moral, comum a todas as famílias humanas, não poderia ser, na verdade, admitida por um fiel, judeu ou cristão, e, em nossos dias, muçulmano. O fato de adotá-las e admitir como comportamento religioso implica a supressão deste segundo termo. Daí a rebelião de certos maçons tradicionalistas.

Qual é, pois, na verdade, esse Hiram, que se insere na psiquê do novo Mestre, exatamente como quer a lenda judaica do *Dibuck*?[1] Quem substitui seu espírito no antigo comportamento do recipiendário, ou, pelo menos, o associa em seu invólucro corporal ao seu próprio, pouco a pouco, sem que ele se aperceba disso? O fato é inegável. Antes da II Guerra Mundial, vimos dois jesuítas, que haviam entrado numa loja de uma grande obediência francesa para espionar, tornar-se, em três anos, perfeitos maçons! Devolvendo o tapa com luvas de pelica, Hiram os havia transmutado.

Hiram, fundidor de Tiro, é filho duma viúva da tribo de Neftali (*I Reis, VIII,* 14), ou de Dan (*II Crônicas,* II, 14). Pouco importa, pois Dan e Neftali são as duas tribos que voltaram definitivamente ao culto do Bezerro de Ouro, renunciando assim ao outro, elaborado no Sinai por Moisés. O fato é digno de nota.

O pai de Hiram foi um tírio, igualmente *fundidor,* chamado *Ur,* palavra que, em hebraico, significa *luz.* Assim, pois, Hiram é o primeiro "filho da luz":

". . . operário admirável, por nome Hiram, que fizera vir de Tiro, e cujo pai, por nome Ur, o qual, embora habitante de Tiro, descendia dos israelitas, sendo sua mãe da tribo de Neftali" (cf. Flavius Josefo, *Antiguidades Judaicas*, VIII, II).

Observaremos também que esse nome, Hiram, possui a mesma raiz de três letras, em hebraico, que as palavras que significam *nobre* e *livre* (franco). Um homem livre é aquele que não tem senhor: "porque é livre, e de bons costumes", implica no ritual do Aprendiz. Ora, um verdadeiro católico, um protestante, um judeu piedoso, estão sujeitos a dogmas, ritos e usos; não são livres. Um franco-maçom aprecia as coisas em função de sua consciência, se for sincero, e os outros em função do que acabamos de enumerar. É muito diferente.

Por outro lado, a lenda de Hiram nô-lo mostra instruído, durante uma descida ao centro da Terra por Tubal-Caïm, seu ancestral. E Tubal-Caïm é uma senha em certos graus da Franco-Maçonaria. Significa, em hebraico, "Posse do Mundo". Mas quem é Tubal-Caïm, no *Gênese*? Um *fundidor*, o primeiro a fundir o bronze e o ferro, sendo este último metal considerado *impuro* em todas as tradições:

"De seu seio, Tsila pariu Tubal-Caïm, que forjava todos os instrumentos de cobre e de ferro. A irmã de Tubal-Caïm foi Naema" (*Gênese*, II, 22).

Voltaremos em breve a Naema. Lembremo-nos apenas de que o relato do *Gênese* é mítico, devendo, pois, ser decriptado.

O pai de Tubal-Caïm é Lamech, filho de Metuchael, filho de Meujael, filho de Irade, filho de Enoque, *filho de Caïm*. São, portanto, sete gerações. Mas quem é o pai de Caïm, ancestral do nosso Hiram? Eis, agora, o que vai fazer tremer alguns franco-maçons cândidos, para quem Hiram é o Cristo (conforme ouvi, certa vez, afirmar um grão-mestre duma obediência tradicionalista), pois, enquanto este ressuscita, na tradição cristã, Hiram absolutamente não ressuscita na lenda maçônica; é o seu espírito que se encarna no novo mestre. Nos antigos rituais jacobitas de *Mestre Escocês*, acredita-se encontrar apenas seus ossos. Mas voltemos ao *pai de Caïm*.

A esse respeito, diz-nos o *Sepher-ha-Zohar:*

"Por *filhos de Elohim*, designa a Escritura os filhos de Caïm. Pois, quando Samael coabitou com Eva, comunicou-lhe sua corrupção, da qual tornou-se grávida. *Foi então que ela pariu Caïm*, cujo rosto era completamente diferente do dos outros homens, e todos os que descenderam de sua estirpe foram chamados apenas *filhos de Elohim*" (cf. *Zohar*, I, 37 a).

"Que significam as palavras da Escritura: 'E a irmã de Tubal-Caïm era Naema, nome que significa *doçura*.' Por que a Escritura nos ensina que a irmã de Tubal-Caïm tinha o nome de Naema? Para nos indicar que ela seduziu homens, e até Espíritos. O Rabi Simeão (Simeão Bar Iochaï, a quem se atribui a tradição do *Zohar*) nos diz: "Era a mãe de todos os demônios, pois nasceu do flanco de Caim..." (*Zohar*, I, 27b).

Essa Naema (Na'amah) tornou-se um demônio fêmea, a quem, no *Amtahath Biniamim* (f.º 21 b) atribuem-se os desejos impudicos. Sua tendência é fazer perecer a parturiente ou o recém-nascido. Daí os pergaminhos colocados à cabeceira da cama da parturiente, trazendo gravada, em hebraico, esta fórmula: "Não nos atormentes, Lilith, afasta-te, Naema..."

Ora, essa Naema, ainda segundo o *Zohar*, é irmã de Lilith, outro demônio feminino. Esta polui Adão, com quem copula através de seus fantasmas, assim como Samael copula com Eva. Trata-se, aí, do íncubo e do súcubo, crenças presentes em todas as tradições primitivas, e às quais a Igreja outorgou sua confirmação, de forma absolutamente oficial, no curso da História. Assim, Naema é irmã de Lilith, como Ísis é irmã de Néftis. Ela é esposa e irmã de Tubal-Caim, assim como Ísis é esposa e irmã de Osíris-Unefer. E, nessa estranha família, Naema e Lilith são tias afastadas de Hiram... Tomemos, pois, sua árvore genealógica:

O Deus Supremo e Desconhecido,
Samael e Eva,
Caim e Lebuda,
Enoque e N...,
Irad e N...,
Mehujael e N...,
Metuchael e N...,
Lamech e Tsila,
Tubal-Caim e Naema.

Assim, pois, Tubal-Caim constitui a sétima geração nascida de Samael e Eva. O leitor familiarizado com a cabala e sua *árvore sefirótica* poderá projetar aí essa filiação. Irá compreender muita coisa.

Assim, Hiram, por seu pai Ur, descende de Tubal-Caim, e por ele, em linha direta, de Caim e de Samael. Este, na tradição judaica, é o Anjo Rebelde, o Tentador, o Anjo da morte (é por uma *morte ritual, aceita*, que a Maçonaria do século XVIII sacraliza o profano). Segundo o *Zohar*, no final dos tempos, Samael retomará seu lugar, sua tarefa cumprida, seu erro expiado. Mas só então...

Dessa tradição estranha nasceu um costume, o de denominar *vale* o lugar onde se reunissem certos altos graus da Franco-Maçonaria. Ora, em hebraico, essa palavra se traduz por "geena", termo que designa o plano infernal na religião judaica. No século XVIII, um grupo tomou o nome de *Filhos do Vale.* Num dos altos graus maçônicos, onde os membros se reúnam num "vale", o presidente do capítulo leva o título de "Sapientíssimo Athersatha". Ele toma, aí, o lugar de *Eliaz Athersatha,* o Elias Artista (que barbarismo) dos hermetistas rosacrucianos. Ora, esse nome, traduzido do hebraico, significa "Prodigioso Fundidor do Deus Forte". Na tradição islâmica, o Inferno é denominado *a Fundição.* E Isaías nos diz ainda, a respeito do misterioso "Fundidor do Deus Forte":

"Fui Eu quem criou o Obreiro[2] que sopra os carvões de fogo dos quais necessita para sua obra, fui Eu quem criou o Assassino que só sonha com a perdição..." (*Isaías,* LIV, 16).

Evidentemente, o leitor racionalista terá alguma dificuldade em admitir essa lenda que o *Sopher-ha-Zohar* nos conta. E é também bastante evidente que não se pode basear uma conclusão racional num delato mítico, sem raízes históricas demonstradas, por mais antigo e tradicional que ele seja. Só os crentes das três religiões abramitas — a judaica, a cristã e a islâmica — não discutirão essa fundamentação.

Mas, ao receber a iniciação de *Aprendiz* em suas formas seculares inalteradas, o franco-maçom admite *de facto* os ensinamentos platônicos. Ora, as *lendas* nada mais são que a materialização dos *mitos,* sua via de transmissão. Esses *mitos* desenvolvem aquilo que, em linguagem muda, nos revelam os *símbolos*; estes nos ligam, consciente ou inconscientemente, aos *arquétipos,* que nada mais são que as *Idéias eternas* de Platão.

E as grandes religiões politeístas nada mais fizeram senão divinizar estas últimas. Eis por que se deve ver, no Samael (veneno supremo) que o *Zohar* nos apresenta, por baixo da vestimenta imposta pela angeologia judaica, uma dessas *Idéias eternas,* a saber, a *Revolta-Princípio,* mais viva, mais ativa, mais irradiante do que imagina o público comum.

Assim, a introdução do ritual da morte de Hiram na nova Franco-Maçonaria, *unicamente especulativa,* faz seu aparecimento oficial em 1723, e teria lançado essa Franco-Maçonaria na "senda de esquerda", a *Prasavya* do Hinduísmo, senda por que depois viriam a enveredar, insensível e progressivamente, tanto as obediências quanto seus próprios membros.

Esse comportamento materialista, seja ele explícito e formal, ou o comportamento inconsciente de todos os dias, introduziu, em toda a constituição psicofisiológica dos indivíduos, uma importante modificação. A maioria de nossos contemporâneos tornou-se totalmente fechada a qualquer influência além daquela que é passível de controle por seus sentidos físicos. Ao tentar desvencilhar-se dessa canga cerceadora, eles voltam-se então para as mistagogias infantis, incapazes que são de utilizar-se até mesmo do simples bom senso para fazer uma triagem do que pode ser recebido e do que deve ser rejeitado.[3] Suas faculdades de compreensão encontram-se limitadas, até no campo da própria compreensão. E essa limitação vai incessantemente se estendendo, como ondas aquáticas, levando-os assim a recusar, não só a existência, mas, até a *possibilidade de existência* de faculdades ou de "planos" que ultrapassem seus conhecimentos didáticos. E, como trazemos em nós, hereditariamente, nossos ancestrais, com o *indivíduo* a *humanidade* se afunda um pouco mais na treva espiritual.

Uma simples vista d'olhos ao planisfério nos mostrará a expansão devastadora do materialismo dialético através do mundo. Ora, foi justamente na época exata em que essa doutrina pretendia remediar a fome e a guerra, que esses flagelos acabaram assumindo uma importância cada vez maior!

Ano de 1723: Japes Anderson faz, da Franco-Maçonaria *Operativa,* religiosa e repleta de *Símbolos,* expressos em suas *Ferramentas,* uma Franco-Maçonaria *Especulativa,* agnóstica, onde o simbolismo das *Ferramentas* é abandonado às fantasias de "filósofos" de salão! Quanto ao aspecto metafísico e filosófico da *Geometria,* cara a Platão e seus discípulos, contentam-se em manter sua inicial, a letra *G*. . .

## NOTAS

1. Nessa tradição judaica, a alma dum morto pode inserir-se no corpo de um vivo, e modificar profundamente sua existência, o que explicaria certos casos de crianças prodígio de um ou dois anos.
2. Em grego, "obreiro, operário" diz-se *demiurgos.* E o Demiurgo dos gnósticos não era o Deus Supremo, mas sim o criador do mundo material.
3. A proliferação de seitas de toda espécie é a melhor prova! A ingenuidade de alguns de nossos contemporâneos, nesse terreno, é desesperadora, e só comparável à parvoíce no domínio político, conjugada à elevação do nível geral de ignorância.

# VIII. A DATA SIMBÓLICA DA MORTE DE HIRAM

*Por ordem expressa de Sulimã Ben-Daud, o ilustre Adoniram foi inumado sob o próprio altar do Templo que havia construído. Eis por que Adonai acabou abandonando a arca dos hebreus, e reduziu à servidão os descendentes de Daud.*

GÉRARD DE NERVAL,
*Viagem ao Oriente.*

A lenda ritual da morte de Hiram, psicodrama que serviu de base ao Grau de Mestre da Maçonaria desde o século XVIII, não tem uma data precisa para o seu surgimento, e ignora-se o nome daquele que a elaborou. Pode-se fixar, mais ou menos, o ano de 1723, como data média de sua oficialização no domínio do ritual. E foi apenas em 1730 que Samuel Pritchard a publicou, em seu ensaio *Masonry Dissected.* Nessa obra, o autor conserva todos os grandes temas simbólicos do ritual dos Maçons *Operativos*, anexando-lhes apenas o do papel e da morte de Hiram.

Mas, até uma época mal definida, a nova Maçonaria *Especulativa*, que nasceu em Londres, em 1717, jamais precisou a data do assassinato de Hiram, arquiteto do Templo de Salomão, morto no próprio Templo por três maus companheiros desejosos de aprender a *senha* dos Mestres Maçons, para assim receber o salário.

Ora, no *Cahier* número 3 da *Loja Villard de Honnecourt* (Grande Loja Nacional Francesa), às páginas 100 a 121, há um artigo de Pierre Girard-Augry, intitulado "Les Survivances Opératives en Angleterre et en Écosse" (Ecos Operativos na Inglaterra e na Escócia). Estamos, pois, referindo-nos ao que foi, incontestavelmente, uma conferência de altíssimo nível.[1]

As primeiras divulgações concernentes à existência desses ecos ou sobrevivências operativas, no seio duma organização maçônica desse tipo, foram obra de três maçons ingleses: Clement E. Stretton, Thomas Carr e John Yarker. Os dois primeiros receberam sua formação maçônica em lojas desta natureza, o terceiro foi simplesmente um maçom *especulativo* (não *Operativo*), mas, como os precedentes, foi um maçom de altíssimo nível.

A particularidade dessas divulgações está justamente em nos trazer uma data precisa do assassinato de Hiram pelos três maus Companheiros, a saber, o dia *2 de outubro*. Assim, a cada ano, os membros dessa loja operativa, pródiga em sabedoria ritualística, comemoram essa morte trágica. Essa cerimônia ritual segue-se a outra, em que se comemora a *fundação* do Templo de Jerusalém, por Salomão, filho de Davi. Essa ocorre na época da Páscoa judaica, e, por conseguinte, na primavera. O *Irmão* que desempenha o papel de Capelão na loja lê o primeiro livro de *Reis* (*VI*, 1):

"Foi no ano 480 após a saída dos filhos de Israel do Egito que Salomão construiu a moradia do Eterno, no quarto ano de seu reinado sobre Israel, no mês de Ziv, que é o segundo mês" (*I Reis, VI, 1*).

Veremos, em seguida, que podemos deduzir com exatidão o dia *simbólico* dessa fundação, analisando o da morte de Hiram.

Antes de mais nada, observaremos que a Inglaterra (sem a Suécia, Dinamarca e Suíça) só adotou o calendário gregoriano em 1752, no reinado de George II. Sabe-se que o calendário chamado Juliano, em homenagem a Júlio César, criado em 707 por Socigeno, o Papa Gregório XIII, confiou a missão de restabelecer a ordem a seu astrólogo e astrônomo Lílio. E a quinta-feira, 4 de outubro, foi imediatamente seguida pela sexta-feira, 15 de outubro. Impõe-se, portanto, uma conclusão. A de verificar sobre qual calendário se estabeleceu a data simbólica da morte de Hiram, o que nos permitirá datar o surgimento dessa nova "precisão".

Se o dia 2 de outubro foi escolhido numa época em que ainda estava em vigor o calendário juliano, o grau em que se situa o Sol deve ter um evidente simbolismo astrológico. Pois, a partir de meados do século XVII, a Maçonaria operativa foi permeada por elementos pertencentes ao meio rosacruciano. Entre eles, William Lilly; ele foi o astrólogo de Carlos I, que, apaixonado pelo misticismo, em 1646 enviou à Alemanha Jean Sparow, para aí reunir os ensinamentos de Jacob Boehme, publicando-os a seguir na Inglaterra.

Ora, o dia 2 de outubro, no calendário juliano, corresponde ao oitavo grau do signo zodiacal de Balança. E, na tradição astrológica unânime, esse grau nada tem de especial. Mas, pelo contrário, se tomarmos a mesma data no calendário gregoriano, ela corresponde, na verdade, ao décimo nono grau do signo zodiacal da Balança, onde se situa aquilo que os astrólogos denominam a *queda* do Sol, em oposição ao décimo nono grau do signo de Áries ou Carneiro, local de sua *exaltação.*

Por conseguinte, o fato de fazer coincidir a data de 2 de outubro com o décimo nono grau da Balança demonstra que, na escolha desta data, utilizou-se o calendário gregoriano. E isso se situa, evidentemente, em 1752 (ou mais tarde), época da adoção do citado calendário na Inglaterra.

Impõe-se uma segunda conclusão. A de que, por trás do mito de Hiram, arquiteto do Templo, coloca-se o esquema de um mito solar. O *Templo de Salomão* é, com efeito, a imagem de Deus, do Homem e do Mundo, e "estudar um é estudar o outro...", nos diz J.B. Willermoz. O Templo de Salomão foi destruído ao cabo de trinta e três anos, por Schischak, faraó do Egito (*I Reis, XVI*, 25 e *II Crônicas,* XII, 2). Ora, o ano solar tropical é de trinta e três anos. Nada, pois, de mais natural que Hiram, *arquiteto do Templo,* se identifique com aquele. Não é ele a alma oculta, já que a tradição maçônica, expressa em inúmeros rituais, nos diz que Salomão o fez enterrar no local daquele que deveria tornar-se o *Santo dos Santos*? O artigo de Pierre Girard-Augry, aliás, confirma isso no primeiro parágrafo da página 110 do *Cahier* número 3 da *Loge Villard de Honnecourt.*

Há, todavia, no desenrolar desse ritual descrito pelos três maçons ingleses — Clement E. Stretton, Thomas Carr e John Yarker, um ponto que dá o que pensar. Passamos à citação desse trecho, que começa no final da página 107 do *Cahier* número 3:

"*Comemoração da Fundação do Templo de Jerusalém.*

"(...) No decorrer da cerimônia, um Irmão é escolhido para ser a "vítima humana", pois, nos tempos antigos, "um homem era sacrificado, vigindo a crença de que devia-se colocar um homem sob o centro dos quatro cantos do edifício, sem o que este não se manteria de pé."

"Para ilustrar a cerimônia, reveste-se de branco uma mesa de seis pés de comprimento, para que ela se assemelhe exatamente a um grande bloco de pedra branca, e, no momento da colocação da pedra, seis homens erguem o bloco e baixam-no sobre o "sacrificado", após o que a cerimônia consiste em examinar a pedra com o esquadro, o nível e o fio de prumo, da forma costumeira. É extremamente interessante para o "sacrificado", que, sentado imóvel sob a peça, ouve dizer que o sacrifício de sua vida tornou sólida a construção, de forma a mantê-la eternamente firme.

"Ao fim da cerimônia, no momento em que os Maçons terminam o trabalho e vão se refrescar, o "sacrificado" liberta-se e se recolhe, não devendo, nesse dia, ser visto por mais ninguém." (Cf. Cl. Stretton, *Operative Free Masonry*, pp. 56-57).

Observemos que os carpinteiros navais do mundo antigo possuíam um rito semelhante; por ocasião do lançamento de um navio ao mar, amarrava-se um escravo nu à figura de proa do navio, que devia, a seguir, esmagar o homem contra as pedras do cais. E, ainda no século IV, recomendava-se aos moços e moças que nunca se aproximassem dos canteiros de obras ao cair da noite. Na verdade, se o fizessem, estariam arriscando-se a ser raptados e a servir de vítima sacrificial durante a noite.

Com o abrandamento dos costumes, os mestres-de-obras passaram a contentar-se com o sacrifício de um *galo preto* às entidades subterrâneas, cujo domínios iam violar, rasgando o solo. Uma tradição medieval diz que um bispo alemão do Rhinland, por ter conseguido saber, do filho de um dos Companheiros construtores, o essencial de certos ritos e operações secretas que haviam sido praticados à meia noite, dois dias antes, no canteiro de obras de uma nova catedral que esses mesmos companheiros estavam construindo, foi, o dito bispo, executado horas mais tarde. É de se supor que as bravatas contadas pelo menino tenham posto em perigo a liberdade, e provavelmente até a vida desses Maçons operativos. Em nossa época, e em determinadas províncias, as pessoas providenciam para que, no dia da inauguração de uma ponte, a primeira criatura a passar por ela fosse um gato ou cachorro, que se cuida em assustar. O animal é, assim, dado em oferenda ao Diabo, senhor do solo e do subsolo. O mesmo acontece quando da inauguração de uma casa nova.

Entretanto, um fato chama nossa atenção.

Em seu ensaio *Essais historiques et topographiques sur l'église cathédrale de Strasbourg* (1782), o abade Grandidier narra o drama que se seguiu ao lançamento da *primeira pedra* da torre da catedral, em 1277.

O arcebispo Conrad de Lichtenberg (o castelo do século XIII ainda existe, no norte de Saverne) optara por tal procedimento, e dois Mestres Pedreiros disputaram a honra de cavar o fosso onde se faria assentar a pedra simbólica, diante do arcebispo. A disputa degenerou em briga, e, durante ela, um deles foi mortalmente ferido.

Interrompeu-se todo o trabalho no canteiro durante nove dias, tendo-se procedido então a uma purificação e depois a nova bênção do canteiro.

Faremos, então, uma pergunta: não teria essa briga sido organizada? Será que não se teria decidido, na impossibilidade de proceder ao sacrifício animal costumeiro, voltar a uma vítima humana, mediante o subterfúgio da briga?

Uma coisa é certa: a catedral foi construída torta, e só a torre Norte seria reerguida (em 1395), e posteriormente (em 1439) recebeu a ponteira em que termina graças a Jehan Hültz, de Colônia.

Igualmente curioso é o fato de ter ela sido erigida sobre o local de um antigo templo de Hércules. E, durante seis séculos, empenhamo-nos em reconstruir santuários que o fogo, as tempestades ou as invasões de bárbaros destruíam sem cessar. Em 1015, construiu-se uma igreja em estilo romano, e São Bernardo aí oficiou em 1145. Em cinco diferentes oportunidades, porém, o edifício foi tomado pelo fogo, e foi preciso reconstruí-lo, repará-lo e reconsagrá-lo muitas vezes. . .

Isso faz lembrar as catástrofes sucessivas que destruíram na Itália o mosteiro de Monte Cassino, incessantemente reconstruído no local de um antigo tempo consagrado a Apolo, e destruído por São Benedito no século VI. Sábios eram os *Companheiros*, que sabiam propiciar as forças misteriosas da Natureza. . .

Mas tudo isso nos leva a determinadas hipóteses. Dever-se-ia supor, por trás da morte violenta de Hiram, arquiteto do Templo, mandado enterrar por Salomão no local onde se ergueria mais tarde o Santo dos Santos, esse *sacrifício de fundação* comum a todos os templos do mundo antigo, às muralhas e portas das cidades, à fundação das casas, ao lançamento dos navios? Esse rito, aliás, estendia-se às estátuas dos deuses. Encerrava-se aí um animal, cujo porte dependeria do volume a ser ofertado ao deus. Seu *espírito* serviria de suporte psíquico à animação ritual e votiva que, segundo a crença geral, iria seguir-se ao longo dos dias.

Esse costume ainda é observado na consagração dos altares cristãos: *pedra da ara* da liturgia latina, ou *antemesa* das igrejas orientais, que devem conter uma parcela das cinzas de um santo ou uma santa. E o lugar exato onde essas relíquias são encerradas na pedra do altar ou na antemesa denomina-se, justamente, o *túmulo* (cf. *Liturgia*, do abade Aigrain, Paris, 1947, Bloud et Gay édit.).

O sacrifício humano era ainda praticado em Israel no século XII, época em que Jefté, juiz de Israel, sacrificou sua filha em troca de sua vitória sobre os amonitas (*Juízes*: XI, 29 a 40). Ora, esse episódio antecede em apenas duzentos anos o reinado de Salomão.

## NOTA

1. Os *Cahiers de Villard de Honnecourt* (famosa obra-prima da Idade Média) estão abertos também a autores não-maçons.

# IX. A EXCOMUNHÃO POR CLEMENTE XII

*E que a alegria deles se apague perante os santos Anjos como estes círios se apagam diante de vossos olhos.*
Pontifical romano: *Ritual da Excomunhão maior.*

A mais antiga condenação pronunciada pela Igreja contra as corporações é a do Concílio de Rouen, de 1189, lançada de forma fulminante contra as Confrarias operárias de Pedreiros. O motivo foi (já então!) a existência de *segredos* (de ofício), de *ritos* (tanto de recepção quanto de abertura de canteiros), de *assembléias*, cujas deliberações permaneciam igualmente secretas.

Em 1326, o Concílio de Avignon renovou a condenação anterior e manifestou sua censura contra o costume de certos artesãos (talhadores de pedra, pedreiros) no sentido de usar *palavras secretas* e *signos* igualmente secretos, para reconhecer-se entre si. Nesta condenação incluía-se a *Confraria dos Irmãos Pontífices*, que se dedicavam à construção de estradas, pontes e aquedutos, principalmente em Avignon, Provence, Dauphiné, Lyonnais e no Auvergne.

Veio em seguida a condenação pronunciada pela Sorbonne, a 30 de maio de 1648 e a 14 de março de 1665, em sua faculdade de teologia. Nessas sentenças, a Sorbonne descreve e condena as práticas rituais dos companheiros sapateiros, seleiros, alfaiates, cuteleiros e chapeleiros. Alguns desses ritos tinham lugar em meio ao que se poderia quase chamar uma recepção de calouros, de cunho mais ou menos espiritual, em que se mesclavam práticas vulgares, por vezes obscenas, grosseiras, com paródias de ritos religiosos. Vale dizer que nunca houve termo de comparação entre as confrarias de profissões comuns e as dos *construtores*. A estes, *verdadeiros Franco-Maçons*, a Geometria conferia um indiscutível enobrecimento intelectual, e talvez até espiritual. Mais tarde, teremos oportunidade de conhecer o ritual pelo qual a *Confraria dos Carvoeiros de Franche-Comté* recebia nos três graus de Aprendiz, Companheiro e Mestre um "Primo" carvoeiro. Esses rituais são, em seus aspectos, bastante cristãos; mas, no terceiro grau (Primo Mestre Carvoeiro), o companheiro recipiendário revive toda a Paixão do Cristo. Quem quer matar seu cachorro diz que ele está com raiva! E aquilo que a Igreja perpetua nas ruas de Sevilha, excomunga em Franche-Comté.

Conforme vimos, em 1723 foram publicadas as famosas *Constitutions des Francs-Maçons*, por James Anderson, dedicadas ao Duque de Montagu, Grão-Mestre. Em 1724, um Maçom dissidente revelou, em seu panfleto *The Grand Mystery of Free Masons Discovered*, a introdução de ritos suspeitos. Esse maçom, que se chamava Samuel Pritchard, prestou juramento de sinceridade perante um oficial público. Ora, as *Constitutions* de Anderson são literalmente agnósticas; para elas, a palavra "religião" limita-se à moral universal, "sobre a qual todos os homens estão de acordo." E o Vaticano decidiu intervir, provavelmente alertado por seus núncios e por bispos. A 4 de maio de 1738, o papa Clemente XII promulgou a bula *In eminenti apostolatus specula*.

A bula não visava nenhum fato preciso, e limitava-se a ataques gerais, mas seus termos são excessivamente formais para não ter sido provocados por fatos indiscutivelmente específicos, chocantes para um teólogo católico:

"Tivemos notícia, e o rumor público não nos permite duvidar disso, da formação de uma certa sociedade, assembléia ou associação, sob o nome de franco-maçons ou *Libere Muratori*, ou sob uma designação equivalente, segundo a diversidade das línguas, na qual são admitidas indistintamente pessoas de qualquer religião e qualquer seita, que, sob a afetada aparência duma probidade natural, exigível e suficiente para sua admissão, estabeleceram determinadas leis, certos estatutos que as ligam umas às outras, e que, em particular, obrigam-nas, sob graves penas, em virtude dum juramento prestado sobre as Sagradas Escrituras, a guardar um segredo inviolável sobre tudo o que se passa em suas assembléias."

Por conseguinte, o papa Clemente XII proíbe os fiéis de fazerem parte dessas sociedades, de favorecer seu crescimento, de lhes dar asilo em suas casas ou alhures, sob pena de excomunhão.

Essa interdição foi renovada a 15 de junho de 1751, pelo papa Benedito XIV, que, em sua própria bula, libera em seguida os franco-maçons do juramento pronunciado nessas condições, argumentando: "Como se fosse permitido a qualquer um valer-se duma promessa ou dum juramento para eximir-se de responder ao poder legítimo que procurasse saber se, nessas espécies de assembléias, não se praticasse algo contra o Estado, a religião e as leis."

O fato menos conhecido, com relação à bula de Clemente XII, é que seu texto contém uma frase que não foi reproduzida nas cópias endereçadas às diversas nunciaturas; na verdade, essa bula termina da seguinte maneira, com respeito à enumeração dos motivos dessa condenação: ". . . e por outros motivos só de Nós conhecidos." Pois, se enumerasse essas causas, a saber, práticas mais ou menos ocultas, a condenação surtiria efeito contrário — curiosos sem fé nem lei precipitar-se-iam a entrar na Maçonaria. A época, aliás, era fecunda na perquirição do Oculto. Do regente Filipe d'Orléans (que possuía um gabinete de magia), ao marechal-duque de Richelieu, passando por inúmeros outros figurões, quantos cérebros mal orientados desejaram e tentaram ver o Diabo! Um capítulo não bastaria para abordar o assunto; e o sangrento e sinistro *Caso dos venenos* do reinado anterior estava ainda bem presente em todos os espíritos.

Seja como for, o papa João Paulo II acaba de renovar a condenação formal da Franco-Maçonaria, seja qual for a obediência, regular ou não, mediante declaração datada de 26 de novembro de 1983, da Congregação para a Doutrina da Fé, ratificada por sua assinatura.

Em 1738, o Parlamento recusara-se a registrar a bula de Clemente XII, e os bispos tampouco conseguiram torná-la conhecida dos fiéis. Ao mesmo tempo, inúmeros padres e bispos começavam a entrar para a Maçonaria. O mesmo acontecerá com esta *Declaração,* pois o Vaticano tem cada vez menos poder sobre as almas, em conseqüência da degradação progressiva que corrói a Igreja, quer pelo abandono de suas tradições mais sagradas, quer pelos escândalos que se tornam manifestos, e que hoje não mais podem ser dissimulados como outrora.

No entanto, para sermos pertinentes e justos, devemos fazer compreender a posição dogmática da Igreja, justamente em função do que foi exposto.

1) É absolutamente inadmissível para ela, aceitar que os "batismos" maçônicos da *Água*, do *Ar* e do *Fogo* venham *se sobrepor a* e pretender *completar* os sacramentos de *Batismo*, de *Confirmação* e de *Penitência*, que a Igreja coloca à disposição do fiel para sua purificação pessoal. A *iniciação maçônica* é incompatível com a *vida sacramental*.

2) É absolutamente inconcebível para a Igreja admitir que, tendo chegado a um certo grau apresentado como "crístico", um católico possa afirmar que "É pelo *Fogo* que a Natureza se renova", enquanto que o *Evangelho de João* diz o contrário: *"Se o homem não nascer* da *Água* e do *Espírito*, não pode entrar no reino de Deus" (*João*, III, 5).

3) O Cristianismo prega o perdão das ofensas, e deve-se oferecer a face esquerda, se a direita foi esbofeteada (*Mateus, V*, 39 e *Lucas, VI*, 29). Ora, muito depressa a Franco-Maçonaria do século XVIII elaborou ritos chamados de "vingança", ritos em que as espadas foram substituídas por punhais, os *cordões* e *quadros* ornados de emblemas fúnebres, e onde se prestava juramento de castigar os traidores. Puerilidades, diremos nós, em que pacatos gentil-homens e burgueses opulentos compraziam-se em parecer temíveis, sem no entanto imaginar que viessem um dia a ser chamados a assassinar quem quer que fosse! É verdade, mas endossar esses *ritos de vingança* significava subir de grau, elevar-se acima do modesto maçom dos três primeiros graus, chamados "azuis", por causa da cor de seu quadro; e a vaidade ainda é um dos diversos procedimentos para conduzir os homens.

Além disso, havia, entre esses altos graus, um, cuja divisa era *"Nec plus ultra"*, ou seja, "nada acima". Além do fato de esse grau ser um dos mais elevados dos chamados graus de "vingança", havia ainda o seu ritual: *"Nekam, Adonai*!...", ou seja, em hebraico, "Vingança, Senhor!" E esse grau pretendia assegurar a sucessão oculta dos *Templários*, cujo último Grão-Mestre, Jacques de Molay, condenara o rei Filipe de Bel e o papa Clemente V a morrer, num lapso de tempo bastante curto, o que de fato ocorrera. O papa Clemente XII morreu dois anos após o lançamento de sua bula de excomunhão, e seus sucessores tinham razões para crer que a Franco-Maçonaria fosse detentora de formidáveis segredos...

Isso tudo não contribuiu para esclarecer as coisas, e as relações entre a Igreja Católica e a Franco-Maçonaria não podem, e jamais poderão melhorar, e talvez seja melhor assim para essas duas potências.

# X. O SEGREDO DOS COMPANHEIROS

*A disciplina do segredo, severamente observada, impedia que se falasse dos mistérios sagrados, e o papa Inocêncio I, em sua carta a Decentius, declara não poder revelar, escrevendo-as, as palavras pronunciadas para a Confirmação.*
*Liturgia*, abade R. AIGRAIN.
Imprimatur a 3 de junho de 1930.

O papa Inocêncio I reinou de 402 a 417. Nessa época, o Cristianismo, ou seja, a Igreja já nada mais tem a temer, por ser religião de Estado. No entanto, como nos três primeiros séculos da nova era, a Igreja guarda segredo sobre muitos de seus ritos.

Em nossa época, existe ainda um *juramento de segredo* rigorosamente observado: o do bispo, no dia de sua sagração:

"Quanto ao segredo que eles (os papas) me teriam confirmado, por si mesmos, por seus Núncios, ou por escrito, não o revelarei, conscientemente, a ninguém, em prejuízo deles" (cf. *Sagração do bispo segundo o Pontifical Romano,* com notas e tradução, Desclée et Cie., impressores da Santa-Sé e da Sagrada Congregação dos Ritos, 1933, Impr.).

A palavra está no singular, e trata-se de um segredo: *concilium vero.* Assim, a Igreja tem seu segredo, exatamente como a Franco-Maçonaria, acredita-se, tem o seu. No entanto, será esse caráter secreto dos ensinamentos, ritos e usos dos Maçons *operativos* que os tornará, em diversas ocasiões, objeto de condenação (página 93 desta obra).

É fácil perceber o motivo. Desde sempre, a Igreja quis conhecer a vida interior dos indivíduos, das famílias, das coletividades. Para tanto, organizou, pouco a pouco, a partir do século II, aquilo que hoje denominamos o sacramento da penitência, que se segue a uma confissão oral, feita outrora aos bispos, e depois ao padre comum. Demorou séculos para que esse costume se codificasse de forma ritual. Ora, o juramento de silêncio dos Companheiros contraria vivamente esse desejo de conhecer representantes da Igreja, desejo tanto mais imperioso quanto os inquisidores não ignoravam o fato de possuírem eles *ritos de fundação* que vêm do fundo de eras pagãs. Foi uma frase das *Constitutions* de Anderson que veio, infelizmente, acentuar a suspeita. Trata-se da clausura da assembléia de Grã-Loja anual: "Por fim, *após alguns outros atos que não podem ser relatados em nenhuma língua,* os Irmãos poderão retirar-se ou permanecer mais tempo, como lhes aprouver" (cf. *Constitutions des Francs-Maçons,* Londres, 1723). Trata-se aí do ritual de clausura dessa assembléia, e limita-se a algumas frases pontuadas de gestos simbólicos.

Sem dúvida, os Maçons *operativos* tinham *segredos de ofício,* para usar a terminologia desse meio, *segredos* que chamaríamos de "macetes", que, em sua maior parte, podem ser encontrados nos formulários de vulgarização. Dizemos a maior parte, não todos. Havia, já então, processos que utilizavam a *geometria,* plana ou espacial, e isso já era muito, numa época em que essa ciência era totalmente ignorada pelos padres comuns. Havia a fórmula de fabricação de determinados *cimentos,* e ignoramos a utilizada pelos pedreiros do Império Romano. Havia segredos de manipulação, de transporte, de assentamento da *pedra,* sem falar dos que, por vezes, ligavam-se ao talhamento dela. E, finalmente, havia o segredo dos *ritos de fundação,* atinentes aos alicerces duma construção. Isso era o mais grave, aos olhos dos inquisidores...

Mas, de todos os segredos dos *Maçons operativos,* que hoje denominamos *Maçons aceitos,* esses intelectuais admitidos nas lojas operativas, aqueles não tinham qualquer uso ou necessidade. Foi justamente por esse motivo que não chegaram até nós.

Não, esse *segredo* que a Igreja pretende condenar, por ter conseguido penetrá-lo, o segredo que ela conhece, é aquele que anima, por vezes sem que ela o saiba, a Franco-Maçonaria *especulativa,* que em 1723 acabava de nascer em Londres. E o surgimento do ritual da morte de Hiram e de sua *encarnação no novo Mestre* não melhorou as coisas.

Já não são mais ritos pagãos, mais ou menos permeados duma magia primitiva, que Roma pretende fazer desaparecer, mas sim um clima intelectual que pouco a pouco se desenvolve; clima de livre exame, de questionamento de tudo aquilo que a Igreja acreditava ter estabelecido de uma vez por todas, e que só pode dar origem a uma contestação permanente. E nos contatos desses *Maçons aceitos* com elementos considerados *rosacrucianos,* ou seja, heréticos acima de todos, a Igreja só pode ver uma espécie de infecção espiritual em relação a seus próprios dogmas.

Porque, para falar sem rodeios, fora das combinações políticas de terceira categoria, não existe necessidade alguma dum *segredo* na vida das obediências maçônicas contemporâneas. Nada o justificaria, em seus rituais e em seus costumes. E pode-se a tudo revelar sem qualquer prejuízo para as muralhas do Templo! Aquilo que está fora do Tempo e fora da Materialidade é totalmente estranho ao espírito da maior parte dos franco-maçons contemporâneos. Aqueles que se proclamam altamente *espiritualistas* entregam-se, na verdade, quer à prática limitada duma vida sacramental rotineira numa das religiões clássicas, ou a crenças mais ou menos exóticas, misturas de espiritismo "crístico" (sic), de teosofismo, por vezes de pseudo-sufismo.[1]

Sem dúvida, existem conhecimentos esotéricos libertários. Indubitavelmente, existem processos de ação oculta que permitem colmatar aquilo que René Guénon chamava de "fissuras da Grande Muralha". Mas os homens são tais porque não param de reabri-las! Sob o pretexto da democracia, do igualitarismo, tudo deve ser acessível a todos. A campanha contra os exames e os diplomas universitários, acusados de oficializar desigualdades naturais, é prova disso. Mas é justamente esse o objetivo deles! Fazer uma seleção, entre os que estão aptos a executar. É desse postulado que deriva, em certas obediências maçônicas, o abandono de toda a severidade na progressão hierárquica. Já não se trata mais da construção da *Pirâmide,* mas da construção de um *Platô* banal. O duro é que, do topo da primeira, vê-se bem longe, ao passo que, do segundo, se vêem apenas os vizinhos.

Conforme disse René Guénon: "A raiva do segredo, no fundo, não é senão uma das formas da raiva por tudo o que ultrapassa o nível "médio", e também por tudo que foge dessa uniformidade que se quer impor a todos.[2]" (cf. René Guénon, *Le Règne de la quantité*, XII).

Ainda se quereria que o *segredo* encobrisse uma *realidade*...

NOTAS

1. O *sufismo* não consiste em misturar o Islã, o Cristianismo e o Judaísmo de forma cômoda, invocando Alá, Jesus e Jeová! Alguns chegam a acrescentar a essa lista Buda e Confúcio... *O sufismo é encontrável no seio da religião islâmica*, e implica na conversão, na circuncisão dela decorrente.

2. A inveja suscita o ciúme, que torna a pessoa cheia de ódio. E, por trás dessa caminhada involutiva, encontra-se um único motor, a paixão igualitária.

# XI. OS REIS FRANCO-MAÇONS

*Em conseqüência, o príncipe Edwin convocou todos os Maçons do reino a juntarem-se a ele em York, numa confederação. Eles responderam a seu convite e constituíram uma Loja geral, da qual o príncipe foi Grão-Mestre.*
*Constitutions d'Anderson, 1723.*

O príncipe Edwin, filho caçula do rei Athelstan (neto do rei Alfred o Grande, que viveu de 895 a 941), é citado num documento de 1475, utilizado por James Anderson na *Introdução* de suas *Constitutions*. Parece que existe aí um erro histórico, e alguma confusão em torno de Edwin, príncipe de Northumberland, conhecido por ter construído igrejas em York, de 627 a 633, e por ter reunido, igualmente em York, em 627, um parlamento que redigiu leis e concedeu diplomas.

Mas essa tradição, mesmo com ligeira margem de erro, tem seu valor, pois nos dá um primeiro testemunho sobre esses soberanos que, muito antes dos reis franceses Luís XV, Luís XVI, Luís XVIII e Carlos X, não se furtaram a receber a iniciação maçônica. Voltando à Escócia e à Inglaterra, berço da Franco-Maçonaria atual, é importante estudar rapidamente os reis Stuarts dos séculos XVII e XVIII, sobre os quais se transmitiram muitos erros.

Todos eles descendem de Alan Fitzfiaald, viking que morreu em 1114. Um de seus descendentes tomou o nome de sua função: *Stewart*, que designava então, no seio da nobreza, o cargo de *senescal* (mordomo-mor ou intendente das casas reais). A forma francesa *Stuart* foi fixada em 1562, por Marie Stuart, em sua volta à Escócia. Um descendente de Alan Fitzfiaald, que tomara o nome de seu cargo, e chamava-se pois Walter Stuart, companheiro de armas do rei da Escócia, Robert Bruce, e se distinguira, a 24 de junho de 1314, na batalha de Bannockburn, onde Eduardo II, rei da Inglaterra e genro de Filipe o Belo, foi vencido, desposou, o dito Walter Stuart, no ano seguinte, Marjorie, filha de Robert Bruce. Assim, sucedeu a este último como rei da Escócia. Robert Bruce descendia de um homônimo: Robert de Bruis, aliás Bruce, do nome de uma terra situada perto de Cherbourg; este foi companheiro de Guilherme o Conquistador. Seu bisneto desposara (antes de 1245) Isabel, sobrinha do rei da Escócia, Guilherme o Leão, cujo sobrenome foi perpetuado no brasão da Escócia: "De ouro, com um leão de bocarra escancarada num tesouro do mesmo material." E chegamos agora ao século XVII, mas, antes, devemos assinalar um pequeno fato que pode ter grande importância.

Em 1614, foi impresso um manifesto famoso: a *Fama Fraternitatis,* dos rosacruzes, afirmando-se "Rosa-Cruz". Entre eles um nome: Johannes Valentinus Andrae, nascido em Herrenberg, em 1586, de uma família de pastores protestantes. Ora, Valentin Andrae não é nobre, mas, como qualquer plebeu que, por sua profissão ou por sua cultura, eleva-se acima das massas, ele possui um brasão. E, por armas, leva as dos Stuarts de Lennox: "*De prata, com um cordão de fauces, acompanhado de quatro rosas do mesmo material.*" E os Stuarts de Lennox descendem igualmente dos Plantagenets. Em função de que privilégio pôde Valentin Andrae arvorar esse brasão? O leitor avisado e que pertença à Franco-Maçonaria de tradição não terá deixado de observar que as armas dos Stuarts de Lennox encontram-se no Quadro maçônico dos *Mestres Escoceses* do *Early Grand Scottish Rite* (Rito Escocês Primitivo), e que esse grau tornou-se, a seguir, o de *Cavaleiro Rosa-Cruz*. Enigma dum passado que conserva seu segredo[1]...

Sobre as relações muito estreitas entre os soberanos da casa dos Stuarts e a *Franco-Maçonaria operativa* de sua época, impõe-se aqui uma incidência. Nada mais normal que soberanos tenham sido recebidos e elevados ao cargo supremo de Grão-Mestre. Mas, quando os representantes atuais da Franco-Maçonaria que se diz "escocesa" rechaçam qualquer possibilidade de iniciações femininas, o historiador sincero tem o dever de protestar.

A *Guilda dos Carpinteiros de Norwich,* que data de 1375 — guilda à qual estavam igualmente sujeitos os Pedreiros de York — lembra que: "A cada ano, no sábado depois da Ascensão, os Irmãos e *Irmãs* reunir-se-ão num local determinado para recitar preces em honra da Santíssima Trindade, bem como em prol da Santa Igreja, da paz e da união do país, e pelo repouso das almas dos defuntos, não apenas dos Irmãos e *Irmãs,* mas dos amigos e de todos os cristãos. (. . .) Um membro da Guilda tendo morrido, os Irmãos e suas *Irmãs* devem orar por ele e fazer celebrar uma missa pelo repouso de sua alma."

E não é tudo.

Nos arquivos da *York Lodge* número 236, que pertencera à *Antiga Grã-Loja de toda a Inglaterra,* no oriente de York, e de origem imemorial, há um manuscrito de 1693, transcrito em pergaminho e ligeiramente mutilado. Aprende-se aí um fato interessante, ocorrido por ocasião duma recepção no século XVII: "Um dos antigos toma então o Livro, e aquele *ou aquela* que deve ser feito Maçom coloca as mãos sobre o Livro, e então são dadas as Instruções" (cf. *Revue Hiram,* maio e julho de 1908, artigo de Teder. A cópia recebeu o certificado de aprovação de M. Isaac Brent, Vigilante da mesma Loja de York, William Cowling, Falecido Mestre e Tesoureiro, e Ralph L. Davison, Falecido Mestre, na data de 13 de maio de 1870).

Outro fato vem contradizer a misoginia exagerada de determinadas obediências maçônicas. Há um grande nome feminino entre os dos "Construtores de catedrais", dos quais tanto orgulho temos por ser seus descendentes: o de Sabine de Pierrefonds, filha de Hervé de Pierrefonds, mais conhecido sob a forma germânica de seu nome — Erwin de Steinbach, que lhe foi dado por sua participação na construção da catedral de Estrasburgo. Sabine, também, foi a escultora de algumas das estátuas de Notre-Dame de Paris (foi Charles Gérard quem descobriu o verdadeiro nome dessa família de Maçons.) Sem dúvida, em canteiros que, como os das catedrais, duraram três ou quatro séculos, houve seguramente mais de um mestre-de-obras, e é bastante provável que Sabine de Pierrefonds não tenha sido a única mulher a trabalhar nesses canteiros.

Por outro lado, na menção duma recepção feminina possível, da maneira como nos são narradas pelos velhos *Devoirs* medievais, pode-se ver a menção das esposas dos *Mestres,* pois esses regulamentos invariavelmente mencionam os dois:

"Não revelareis os segredos ou os projetos de vosso Mestre ou de vossa Mestra..." (cf. *Anciennes Constitutions des Maçons Francs et Acceptés, tirées d'un manuscrit écrit il y a cinq cents ans,* por J. Roberts, Warwick-Lane, 1722, Règlement des Apprentis: 1, 4, 5, 7).

Essa publicação é evidentemente anterior à das *Constitutions* de Anderson quanto ao documento reproduzido, à sua antiguidade e à sua unidade. Pois Anderson fez uma síntese de diversos documentos, ao passo que, aqui, estamos em presença de um texto único e completo. E, no que concerne à *Mestra* evocada, pode-se admitir que Sabine de Pierrefonds, escultora de estátuas, tenha, por sua vez, formado Aprendizes e Companheiros. Em breve, veremos que essa iniciação feminina à *Franco-Maçonaria Aceita* talvez tenha se estendido a uma soberana, em lugar dum soberano, e aqui pensamos na rainha Anne Stuart, filha de James II, e que reinou de 1702 a 1714.

Vejamos pois esses reis Franco-Maçons dos séculos XVI e XVII, que reinaram sobre toda a Inglaterra, por terem sido igualmente reis da Escócia e da Irlanda.

James I (James VI da Escócia) nasceu em Edimburgo a 19 de junho de 1566 (30 de junho no estilo gregoriano) e morreu em Theobald Park, a 27 de março de 1625. Era filho de Mary Stuart e de Henry Stuart de Lennox, lord de Darnley seu primo. James I desposara Anne da Dinamarca (18/12/1574 — 2/3/1619), de cuja união nasceu Charles I, que o sucedeu. Subindo ao trono da Inglaterra depois de Elizabeth I, converteu-se ao anglicanismo e perseguiu igualmente católicos e protestantes da seita presbiteriana. Não obstante, dado a um certo esoterismo, favorecia secretamente as assembléias rosacruzes da taverna de "La Sirène", em Londres. Em 1590, embarcou com destino à Escânia, no norte da Suécia, onde entrou em contato com Tycho de Brahé, astrônomo, astrólogo adepto da magia, em seu observatório de Uranienborg. Tycho de Brahé foi também autor de um "Calendário Mágico" que leva seu nome.

Ao voltar de Uranienborg, passou algum tempo com Guilherme IV, o Sábio, senhor de Hesse-Cassel, protetor de Tycho de Brahé e ligado aos rosacruzes da época. De volta à Inglaterra, James I publicou sua obra famosa: *Daemonologiae hoc est adversus incantationem sive magia institutio, auctore serenissime potentissimioque principe.* Por fim, em 1593, constituiu a *Rosa-Cruz Real,* com trinta e dois cavaleiros da *Ordem de Santo André do Cardo,* fundada anteriormente em 1314 por Robert Bruce e reaberta em 1540, pelo pai de James VI, James V.

Subindo ao trono da Inglaterra, com a morte de Elizabeth I, tornou-se em 1603 rei da Inglaterra e da Escócia, sob o nome de James I. Os Maçons operativos escoceses passariam a ter, doravante, o direito de escolher eles próprios seu Grão-Mestre, pois James I tornou-se, por isso mesmo, o Grão-Mestre dos maçons operativos ingleses, sendo sucedido na Escócia por William Sinclair de Roslin à frente das Lojas operativas.

Charles I, seu filho, nasceu em Dumferline, na Escócia, a 19 de novembro de 1600, e morreu em Londres, a 30 de janeiro de 1649. Filho de James I e Ana da Dinamarca, desposou, em 1625, Henriette de France, irmã de Luís XIII e filha de Henrique IV. Grão-senhor liberal, cortês, e oscilando entre o catolicismo militante da esposa e seu papel de chefe da Igreja Anglicana, religião de Estado desde o reinado de Eduardo VIII, foi um místico. Foi sob seu reinado que, em 1645, constituiu-se em Londres o *Invisible College,* surgido em 1610 da *Rosae Crucis,* por obra de Boyle, Locke e Sir Wren. Um ano mais tarde, enviou à Alemanha Jean Sparow, para reunir os ensinamentos de Jacob Boehme, com vistas à sua publicação. O ódio aos presbiterianos o levaria a tramar a revolução de 1649, e Cromwell o faria decapitar.

Foi ainda esse soberano que, em 1633, mandou construir, por seu Mestre-Pedreiro John Milne, com a colaboração de John Bartonn, no jardim do palácio de Holyrod, em Edimburgo, o misterioso *quadrante solar* descrito por Fulcanelli em sua obra *Demeures philosophales* (Omnium littéraire, Paris, 1960, tomo II, página 161).

Na realidade, esse *icosaedro* emblemático da Grande Obra, associado por sua decoração a Charles I, sua esposa Henriette de France e o filhinho deles, futuro Charles II, bem como à *Ordem de Santo André do Cardo,* é simultaneamente revelador da marcha do *Sol dos Sábios,* do *Selo de Sapiência* dos alquimistas (daí seu exoterismo de *quadrante solar*), e daquele que foi, na realidade, o misterioso Baphomet dos Cavaleiros do Templo, que, na Escócia, tornaram-se a *Ordem de Santo André do Cardo* a 24 de junho de 1314, por ocasião da vitória de Bannockburn.

Charles II, seu filho mais velho, tornou-se *rei de direito* no exílio, na França, com sua mãe Henriette de France e sua irmã Henriette da Inglaterra, futura esposa de Filipe de Orléans, irmão de Luís XIV. Em 1658, morreu Cromwell. No ano seguinte, o general Monck, chefe do exército escocês, membro da *Grã-Loja Operativa de Edimburgo* como Maçom Aceito, é feito cavaleiro de Santo André. No seio da Maçonaria operativa anglo-escocesa, constitui-se a *Ordem dos Mestres Escoceses de Santo André,* reunindo os partidários dos Stuarts recebidos como Maçons Aceitos, núcleo que permanecerá na verdade mais ou menos secreto, mas que se tornará a chama de onde irradiarão as lojas militares futuras de Saint-Germain-en-Laye, sob James II. Em 1660, Charles II ascende ao trono da Inglaterra, após o golpe de Estado do general Monck. Em 1662, assegura a publicação das obras de Jacob Boehme, outrora pretendida por seu pai; constitui a *Royal Society,* nascida do *Invisible College.*

James II, seu irmão, antes duque de York (um nome significativo), nasceu em Londres, a 14 de outubro de 1633, e morreu em Saint-Germain-en-Laye, a 5 de setembro de 1701. Em 1673, desposou Maria de Módena. Capturado em 1646 pelas tropas de Cromwell, conseguiu escapar e fugir para a Holanda. De 1648 até a restauração dos Stuarts, em 1660, viveu na França. Nomeado almirante-mor, distinguiu-se na luta contra os holandeses, aos quais tomou a *Nova Amsterdã,* que se tornaria *Nova York,* em lembrança de sua vitória. Convertido ao catolicismo em 1672, um ano antes de seu casamento com Maria de Módena (condição imposta para esse casamento), atraiu a hostilidade dos *whigs,* mas o Parlamento fracassou em suas tentativas para excluí-lo da sucessão ao trono.

Durante seu exílio na França, em Saint-Germain-en-Laye, os regimentos escocês e irlandês, que o haviam seguido fielmente, constituíram, com seus oficiais e suboficiais, as primeiras lojas militares, fonte da Franco-Maçonaria na França. Será a célebre *Maçonaria jacobita,* ou *Maçonaria Stuartista.* Nessa pequena corte, gentis-homens, já filiados à *Ordem dos Mestres Escoceses,* constituída em Londres em 1659 (ver página 151), constituem, *sob o patrocínio real,* a *Ordem dos Mestres Escoceses de Santo André,* exteriorização maçônica da *Ordem de Santo André do Cardo.* O ritual, de duplo sentido, simboliza a reconstrução do Templo de Jerusalém por Zorobabel (*Esdras, II* e *III*), mas também a restauração dos Stuarts.

Anne Stuart, filha de James II e de sua primeira esposa, Anne Hyde (sendo ele então apenas duque de York), nasceu em Londres, a 6 de fevereiro de 1665, e morreu em Londres, a 12 de agosto de 1714. Foi rainha da Grã-Bretanha e da Irlanda de 1702 a 1714. Em 1683, desposara o príncipe George da Dinamarca, que morreu em 1708. Tiveram dois filhos, falecidos, ambos, em tenra idade. Ela teve por sucessor o *rei de fato* Georges I de Hanover (1660-1727), que não se interessava pelos negócios ingleses, ignorou a língua e viveu na Alemanha tanto quanto pôde.

James III Stuart (James-Francis-Edward), apelidado o "Cavaleiro de São Jorge", foi *rei de direito* de 1701 a 1766. Nasceu em Londres, a 10 de junho de 1688, e morreu em Roma, a 2 de janeiro de 1766. Foi reconhecido como rei da Grã-Bretanha por ocasião da morte de seu pai, James II (1701), pelo papa Clemente XI e o rei Luís XIV. Em 1719, desposara em Roma a princesa Sobieska. Excluído do trono pelo ato de estabelecimento, continuou pretendente, com o apoio da França, e participou das fileiras francesas na batalha de Malplaquet. Seus partidários se sublevaram na Escócia, dirigidos pelo conde de Mar. Em 1715, desembarcou em terra escocesa, mas foi rechaçado de volta ao mar. O tratado de Utrecht interditou-lhe a França, e então retirou-se para a Itália, desposando, em 1719, conforme já se disse anteriormente, a bela princesa Sobieska. Abandonou-a, porém, pela condessa de Inverness, escocesa como ele, o que explicaria essa separação. Discípulo de Fénelon, do qual foi amigo, havia herdado de seu avô Charles I a afabilidade e a complacência.

Charles-Edward, Charles III, cognominado o "Pretendente", ou Conde de Albany, nasceu em Roma, a 31 de dezembro de 1720, e morreu na mesma cidade, a 31 de janeiro de 1788. Ainda muito jovem, demonstrou relevantes qualidades militares. Com a ajuda francesa, desembarcou na Escócia em agosto de 1745, obtendo, a 17 de setembro, a vitória sobre as tropas inimigas. Tomou Edimburgo, venceu ainda seus adversários em Prestompans e avançou até Derby, tendo também conseguido vencer em Falkirk, na Escócia, em janeiro de 1746. Foi porém totalmente derrotado em Culloden, pelo duque de Cumberland, a 16 de abril de 1746. Essa derrota deveu-se à indisciplina de algumas de suas tropas. Como a França estava fechada para ele pela pax de Aix-la-Chapelle, exilou-se na Itália, sob o nome de Conde de Albany, e, em 1772, desposou a bela condessa de Stolberg, uma alemã que em breve passou a traí-lo com o poeta Alfieri. Era filha do príncipe Gustavo-Adolfo de Stolberg. Desanimado ante seus fracassos, abatido por seu malogro conjugal, esse príncipe corajoso e cavalheiresco deixou-se vencer pelo alcoolismo.

Façamos agora uma recapitulação, para saber quais são os descendentes de Robert Bruce que, tornados reis da Escócia ou da Inglaterra, pertenceram à *Franco-Maçonaria Operativa* de sua época, como *Maçons Aceitos*; e que, com muita certeza, ocuparam o cargo de

Grão-Mestre, que as lojas lhes conferiam como uma honra, para poder chamar-se (conforme se constatará a seguir) *Loja Real.*

Em 1874, um maçom erudito, M. de Loucelles, publicou uma plaqueta intitulada *Notice historique sur la R.·. L.·. La Bonne Foi, Or.·. de Saint-Germain-en-Laye.* (Desde sua primeira fundação, em 1718, até nossos dias, precedida por um documento importante sobre a Franco-Maçonaria inglesa importada para Saint-Germain-en-Laye por James II em 1689. Saint-Germain, 1874, in-8°.)

Nesse estudo, valendo-se provavelmente de documentos de arquivo e de tradições orais conservadas então *no seio desta loja* que se manteve bastante tradicional apesar de uma filiação obediencial pouco favorável, afirma M. de Loucelles que James I, Charles II e James II tinham sido Grão-Mestres da *Franco-Maçonaria Operativa!*

Observaremos, em favor dessa tradição, os fatos seguintes.

Em 1672, Carlos II promulgou um edito concedendo a *Liberdade de Consciência.* Em 1687, James II assinou a *Declaração dita de Indulgência,* e em 1693, promulgou o *Edito de Tolerância.*

Se nos lembrarmos do interesse de Carlos I pelos místicos heterodoxos, com sua pesquisa sobre as obras de Jacob Boehme, pode-se deduzir como possível sua filiação como Grão-Mestre à própria *Franco-Maçonaria Operativa.* De James III nada sabemos, a não ser que teria proibido seu filho Carlos Eduardo de a ela pertencer. Mas, como pai e filho viviam então em Roma, e como o papa Clemente XII excomungara os franco-maçons, e como seus sucessores davam aos Stuarts no exílio em Roma uma pequena pensão, tal desavença pode ter sido apenas de fachada.

Pois, na Inglaterra, o rival deles, Guilherme d'Orange promulgou, no mês de outubro de 1688, o *Edito de tolerância aos não conformistas* e o *Edito de liberdade de consciência aos católicos.* E, em 1692, assinou a *Declaração de hostilidade a toda perseguição religiosa.*

Não é preciso procurar mais longe: ele também foi membro da *Franco-Maçonaria Operativa.* E essa tradição foi seguida, já que a tradição reza que os soberanos da Grã-Bretanha sejam os Grão-Mestres da *Grã-Loja Unida de Inglaterra.* A rainha Elizabeth II, não podendo ser admitida nessa loja, ferozmente adversária das "recepções" femininas, delegou esse cargo ao Duque de Kent, Eduardo de Windsor, neto do rei George V, nascido em 1935, que assim assumiu o Grão-Mestrado.

Depois dele, será pois o atual príncipe Charles, herdeiro da Coroa britânica, que se tornará Grão-Mestre da Grã-Loja Unida de Inglaterra. Em fevereiro de 1985, porém, como ele ainda não tinha sido iniciado, correram boatos de que não o atraía muito esse cargo, que seu avô, o rei Jorge VI, endossou com zelo e fidelidade.

Talvez o leitor se espante com essas filiações de reis da Escócia e da Inglaterra à Maçonaria Operativa, aliás mista (operativo-especulativa), já que não se observa nada semelhante entre os reis da França.

O que ocorre, aí, é apenas uma ausência de documentação histórica; seja porque o ensino oficial, então mais ou menos marcado pelo clericalismo, tenha voluntariamente ocultado esse detalhe, seja porque os próprios meios maçônicos, passavelmente colocados à esquerda desde o final do século XIX, tenham julgado de bom aviso dissimulá-la. Pois não se têm apresentado os Stuarts como pessoas domesticadas pela Companhia de Jesus?

Seja lá como for, houve reis de França filiados à Maçonaria Especulativa, e até, bem antes deles, aos Companheiros, apesar da condenação da Igreja àquela associação. Na verdade, o rei Francisco I filiou-se à corporação dos Lenhadores e Carvoeiros, isso no século XVI.

No século XVII, que Luís XIV assinalou com seu longo reinado, ele não seguiu os passos de seu cunhado e seu primo, os reis Carlos I e Carlos II. Mas seu neto, o Bem Amado, não desdenhou a possibilidade de ser recebido na Franco-Maçonaria de seu tempo. O historiador Pierre Chevalier[2] encontrou, em nossa época, documentos que o demonstram (cf. *Les ducs sous l'Acacia*). Já bem antes, porém, possuíamos o eco das lojas, que confirmava o fato.

"É singular, escreve G. Bord[3], em seu livro *La Franc-Maçonnerie en France*, constatar por outro lado, a atitude da F.·.-M.·. com relação à pessoa do rei. Pelo que se lê em seus panegíricos, pareceria ter sido a partir destes que ele ganhou o epíteto de Bem Amado. É o melhor, o mais virtuoso dos príncipes; em seu reinado, vê-se renascer a idade de ouro."

É fato que, entre os cantos maçônicos da época, o príncipe é louvado prodigamente:

*"Sob o augusto Luís, cujo amor mais tenro*
*Coroa suas virtudes, que não se poderia esperar?*
*Nele, a humanidade, prodigalizando seus tesouros,*
*Abre, pelo Espírito Santo, a entrada para o século de ouro."*

Essa cantata encontra-se em *Morphée Franc-Maçon*, edições de Jerusalém MDCCLII, à página 91. Esclareçamos, para os antimaçons e para os anti-semitas, que essa *Jerusalém* não é outra senão. . . Paris. A Biblioteca Sainte-Geneviève, ex-Biblioteca dos Cônegos da Ordem de Santa Genoveva, possui os documentos do abade de Pingré, maçom militante (nota 2484). Quando Luís XV depositou a primeira pedra da igreja de Sainte-Geneviève-du-Mont, que se tornou o Panteão, o abade Pingré compôs, em sua honra, esta quadra:

*"Quando, de cetro na mão, Luís dita leis,*
*Por seu mestre um francês bendiz um terno pai;*
*Se, para fundar um templo, toma nas mãos o esquadro,*
*Em seu irmão um Maçom vê o maior dos reis."*

Vem a seguir uma poesia em latim, cuja tradução damos a seguir; ela bem exprime a qualidade maçônica de Luís XV, que o abade Pingré intencionalmente sublinha:

"Ó vós, por quem nossa Arte verdadeiramente Real deve, uma vez dissipadas as trevas, resplandecer numa luz sempre nova sobre a posteridade mais longínqua, que vivais uma vida longa, e que os vossos anos, multiplicados, sejam sempre marcados pela chancela da felicidade. Vivei por vossos povos, que não podem ser felizes sem vós. E, consolidando os tratados duma desejada paz, fazeis florescer as ciências, as artes já não apenas imitando, mas ultrapassando a natureza; o comerciante, em segurança sob vossos auspícios, alça-se sem medo aos confins do universo. Por vós, a religião conserva todo seu esplendor; sob as vossas leis, Têmis restabelece integralmente um equilíbrio estrito e equitativo; a piedade e a fé ousam mostrar sua fronte augusta, e uma justa vingança é o prêmio certo dos crimes. Ó vós, o melhor dos reis, através de quem os franceses vêem renascer o século de ouro, que possais viver feliz durante um número de séculos igual ao dos canhões que os maçons dispararam em vossa honra em toda a extensão do universo, ao dos elogios que merecestes pelo conjunto de todas as virtudes, ao dos cidadãos cuja tranqüilidade está necessariamente ligada à conservação do verdadeiro Pai da Pátria" (*op. cit.*).

Devemos lembrar, aqui, que a expressão "disparar canhões" significa, na linguagem das lojas maçônicas, *herdadas às lojas militares*, erguer brindes em honra duma personalidade, dum Estado, etc.

Esse poema, mais que laudativo, vinha precedido da seguinte dedicatória: *Ludovico dilectissimo lapidem ad norman exigenti,* ou seja: "A Luís, o Bem Amado, Pai angular das Leis."

Também aí a linguagem maçônica de sentidos figurados é evidente.

Albert Lantoine fez jus à afirmação de Bord, que, numa nota atribuída ao Cardeal Fleury, Primeiro-Ministro, e redigida a lápis, julgara ler: "O rei não quer que nos reunamos." Na realidade, analisada por um especialista, a nota revelou-se totalmente destituída de sentido, indecifrável. Em 1737, as suscetibilidades policiais, sublevadas por certos funcionários zelosos, ficaram feridas ante o fato de a Franco-Maçonaria ter, então, como Grão-Mestre, Louis de Pardaillan de Gondrin, duque de Antin. E, quando o tenente de polícia Hérault pretendeu penetrar na loja que funcionava em La Râpée, presidida pelo duque, para proibir a Sessão, o duque de Antin levou a mão à espada, e Hérault bateu em retirada. Conta-se que Luís XV, na ocasião, teria dito: "Se D'Antin se obstinar em manter a loja, eu o mandarei mantê-lo na Bastilha." Pois muito bem, D'Antin obstinou-se, e nada lhe aconteceu! O rei só estava brincando.

Seu sucessor foi Louis de Bourbon-Condé, conde de Clermont, príncipe de sangue, neto de Luís XIV. Com ele, a Franco-Maçonaria Francesa já não tinha o que temer, e a maneira como se desenvolveu bem mostra que, então, não foi tomada contra ela nenhuma medida policial mais séria.

Voltando a Luís XV, podemos precisar que foi recebido nos três graus simbólicos na mesma noite, sem passar, evidentemente, pelas provas rituais, na loja *La Chambre du Roi,* que reunia justamente os gentis-homens encarregados dum cargo, e que constituía o serviço desse nome. E, quando Luís XV conferiu um título de nobreza a Voltaire, nomeando-o "gentil-homem comum da Câmara do Rei", com toda certeza foi essa loja que o filósofo — então já historiógrafo do rei e membro da Academia Francesa — freqüentou, antes da estrepitosa recepção do dia 7 de abril de 1778 na loja *Les Neuf Soeurs,* onde ele apenas recebeu o avental maçônico de Helvétius. Isso bem atesta que não se tratava, então, duma simples e banal *filiação.*

Luís XV foi um rei muito caluniado; os jesuítas, que ele expulsou do reino o eram, na época, por qualquer coisa. Ele era muito liberal, pois enquanto o rei, muito piedoso, jejuava toda sexta-feira, tolerava que, em sua mesa, Madame de Pompadour e o Duque de Choiseul, seu Primeiro-Ministro, comessem carne sem ligar para a Igreja. O filósofo Claude-Adrien Helvétius, tendo atraído a excomunhão da

Igreja por seu livro *De l'Esprit* (1758), teve essa obra queimada em praça pública; mas o rei livrou-o da prisão e das perseguições. Helvétius era maçom, e Luís XV não o ignorava. Mais tarde, em 1766, Jean-François Lefebvre, cavaleiro de La Barre, que tinha então dezessete anos, voltando certo dia bêbado da caça, retalhou o bigode e barba de um Cristo de madeira, colocado à entrada de Abbeville. Por isso, foi condenado pelo tribunal da cidade. A pena imposta previa que o condenado tivesse a mão direita cortada e queimada em fogo de enxofre, sendo-lhe ainda arrancada a língua e submetido ele a tenazes em brasa. Depois, deveria ser queimado vivo, não sem antes ser submetido ao interrogatório ordinário e extraordinário (os borzeguins). Ele apelou ao Parlamento de Paris, mas o rei já havia decidido que fosse previamente decapitado.

Em 1748, Luís XV já havia suprimido as galés, horrorizado por esse regime desumano. Substituíra essa pena pelas prisões portuárias de forçados, onde os condenados levavam apenas a cadeia e a grilheta nos pés, e trabalhavam em obras nos portos e nos arsenais. Os que se distinguissem por boa conduta podiam obter permissão de ir trabalhar na cidade, com a possibilidade de amealhar um pecúlio. O rei também contemplara a meta de tornar todos os franceses iguais perante a legislação tributária. Nesta empreitada, teve contra si todos os setores da opinião pública, desde o campesinato (que se recusava a prestar o serviço militar implícito), até a burguesia, a nobreza e o clero! Não se pode negar, pois, que, se o rei não freqüentou sua loja-mãe, dela recebeu um certo padrão de comportamento.

Esse rei Maçom era muito lúcido. Numa carta endereçada a sua tia, a princesa Palatine, escreveu: "O espírito dos filósofos a tudo desorganiza; lastimo meus sucessores, depois de mim o dilúvio a tudo abarcará."

Era muito humano; na tarde da batalha de Fontenoy, a 11 de maio de 1745, dirigindo-se ao jovem delfim, disse-lhe: "Vê, meu filho, quanto sangue custa uma vitória? O sangue de nossos inimigos é sempre o sangue de homens, e a verdadeira glória está em evitá-lo."

Numa carta datada de 8 de maio de 1763, e dirigida a um de seus agentes secretos, declarava: "Um rei não deve usar a palavra *odiar* em relação a seus súditos" (*Correspondances secrètes*).

Ao marechal de Noailles, em carta datada de 31 de agosto de 1746, fez esta declaração, que não imaginaríamos saída duma pena real da época: "Senhor marechal, a voz do povo é a voz de Deus..."

Como não admitir-se que o espírito da Franco-Maçonaria o tenha impregnado, consciente e inconscientemente, no contato com seus "irmãos", os Oficiais da *Câmara do Rei*?

Bem mais tarde, em 1774, quando Luís XVI subiu ao trono por ocasião da morte de Luís XV, o Grande Oriente de França constituiu, no *oriente da Corte*, segundo a expressão ritual, a loja militar dos *Três Irmãos Unidos*, cujos fogos foram acesos no dia 1.° de agosto de 1775. Esta loja é oficialmente a loja dos guardas pessoais do rei, ou do Senhor Conde de Provence (futuro Luís XVIII), ou do Senhor Conde d'Artois (futuro Charles X), dos oficiais, dos Suíços da guarda, dos amanuenses do ministério da guerra, dos gendarmes do rei e da cavalaria ligeira. Sendo composta exclusivamente por maçons ligados, por suas funções, à família real, precisava ostentar o título que tinham as lojas de Jacques II em Saint-Germain-en-Laye: *Loja Real.* O Grande Oriente recusou, mas não pôde recusar o *oriente da Corte,* já que os Irmãos eram obrigados a segui-la quando ela saiu de Versalhes.

Que Luís XVI tenha sido recebido como Maçom, nessa Oficina, numa cerimônia muito breve realizada numa única Sessão (como Luís XV), justificaria o fato de os convencionais (que eram todos maçons) terem cognominado o jovem delfim, futuro Luís XVII, de "lobacho". Esse termo, que vinha diretamente da antiga Maçonaria Operativa (a *loba* é uma das Ferramentas dos antigos talhadores de pedra), designa os filhos dos Mestres Maçons.

Por outro lado, quando Luís XVI se entregou espontaneamente no Hotel de Ville de Paris, a 17 de julho de 1789, três dias após a tomada da Bastilha, para aí aceitar a roseta tricolor, em lugar da branca habitual, uma cerca viva dupla de gentis-homens o esperava. Eram todos, sem dúvida, Maçons, pois, a um rápido sinal, desembainharam as espadas e formaram a "abóbada de aço", formação essencialmente maçônica, para acolher o soberano. Uma lembrança discreta do grau que ele recebera catorze anos antes, e que lhe impunha deveres, tanto quanto do respeito devido à sua pessoa real, à qual os membros do Tribunal revolucionário concederam, apesar de tudo, o privilégio de dirigir-se *de carruagem* à sua execução, a 21 de janeiro de 1793.

No que concerne a Luís XVIII, ex-conde de Provence, o historiador e maçom F. T. Clavel, em sua *Histoire Pittoresque de la Franc-Maçonnerie* (Paris, 1843), nos diz o seguinte:

"Luís era magnânimo demais para dar ouvidos às calúnias de que a Maçonaria era alvo. Longe disso, ele aplaudia nossos nobres trabalhos, e permitiu que uma medalha registrasse o evento e lhe perpetuasse a memória. *Admitido outrora ao conhecimento de nossos mistérios*, tinha apreciado os meios e o fim" (*op. cit.*).

Tais palavras foram pronunciadas por Clavel a 3 de novembro de 1824, na loja escocesa *Emeth,* por ocasião da Sessão solene durante a qual se pronunciou o elogio fúnebre de Luís XVIII, celebrando-se ainda o advento de Carlos X. Após a *bateria de luto* e o triplo *grito de lamentação* ritual, continuou:

"Carlos X penetrou outrora no santuário de nossos Templos. A luz da iniciação brilhou em seus olhos! O grande e nobre fim que nos une desenrolou-se ante seu espírito; *como, pois, poderia ele deixar de nos proteger*? Já antevejo um futuro muito próximo de nós, sob seu poderoso protetorado, em que a Maçonaria poderá readquirir de repente seu antigo esplendor! Obraria em vão quem pretendesse imputar-lhe o desejo de abolir nossa ordem generosa! Essa mera suposição já é uma injúria... São nossos inimigos, são os maus, que suscitam em nós tais temores. A tentativa deles será em vão..."

Mas, a 13 de março de 1825, o papa Leão XII deu a público a *Constituição Apostólica* "Quo graviora", na qual retoma as precedentes condenações pronunciadas contra todas as sociedades secretas. Dessa vez, a excomunhão teria força total, pois o *Concordat* de 1801, assinado por Napoleão I e o papa Pio VII, deu a Roma plenos poderes sobre a Igreja de França, que não lhe concedera a antiga monarquia. Além disso, se Carlos X havia, no começo de seu reinado, promulgado medidas liberais (abolição da censura aos jornais, principalmente), fora rapidamente excedido pelos *ultras*. Em seu leito de morte, Madame de Polastron, sua amante mais querida, havia-lhe suplicado e *feito prometer* que as loucuras da juventude de ambos lhe fossem perdoadas, por uma vida cristã exemplar. E, sob o efeito dessa promessa pronunciada junto ao leito duma moribunda, Carlos X esquecera o juramento maçônico do conde d'Artois.

Pode-se dizer que esse *encadeamento* que unira de James I da Inglaterra a Carlos X da França todos esse primos de sangue, fazendo ainda *irmãos pelo Compasso e o Esquadro,* rompera-se diante do túmulo de Madame de Polastron.[4]

Não obstante, a Franco-Maçonaria tradicionalista e apolítica (o *Grande Oriente*) daria prosseguimento a seus trabalhos, tendo à frente

UMA LOJA EM PARIS (1740)

Recepção do Aprendiz (Reproduzido de uma gravura da época)

grandes nomes. E a morte do duque de Berry, filho de Carlos X, membro da loja *La Trinité*, assassinado por Louvel, seria pranteada de forma grandiosa por inúmeras lojas do Grande Oriente de França. Sem essa morte, teríamos ainda mais um rei maçom.[5]

## NOTAS

1. O avental dos *Mestres Escoceses de Saint-André* do *Rito Escocês Retificado* (1778) é uma variante não regular.

2. Pierre Chevalier é um historiador católico, mas não antimaçom.

3. Gustave Bord é um historiador católico e antimaçom, mas cortês.

4. Os laços entre França e Escócia remontam a uma época bastante remota, desde a guerra dos Cem Anos. Já Luís XI desposara, em 1436, Margareth de Escócia, filha de James I de Escócia. Ela tinha então apenas onze anos. Totalmente abandonada por Luís, que era então apenas delfim, ela protegeu o poeta Alain Chartier, e morreu silenciosamente aos vinte anos. Em seguida, veremos Luís XIII tornar-se cunhado de Carlos I, Luís XIV primo coirmão de Carlos II e de seu irmão, o futuro James II. Luís XV será, pois, o primo de James III, cognominado o "Cavaleiro de São Jorge". Luís XVI o será de Carlos III, cognominado o "Pretendente", exatamente como Luís XVIII e Carlos X. Seria a ascensão da casa de Hanover ao trono da Inglaterra que viria romper esses laços familiares.

5. Esse assassinato foi motivado pela ligação do duque de Berry com o pseudo Naundorff, na verdade Luís XVII, a quem ele pretendia ceder seu direito de acesso ao trono, e em favor de quem tentou fazer abdicar Luís XVIII. Ver a respeito nossa obra *Crimes et Secrets d'État* (Laffont, Paris, 1979). O assassinato foi organizado magistralmente por Decaze.

# XII. O TABU DO CADÁVER

*Aquele que toca o corpo dum morto e não se purifica, conspurca o Tabernáculo do Eterno. Este será extirpado de Israel.*
Números, XIX. 11.

Essa interdição do Antigo Testamento estende-se a uma *ossada humana* ou a um *sepulcro* (*Números*, XIX, 16). Por isso é que, em Israel, lançava-se cal (poderoso desinfetante) na porta e no umbral dos túmulos; daí, também, o conhecidíssimo insulto "sepulcros caiados", freqüentemente utilizado nos evangelhos (*Mateus*, XXIII, 27).

Assim, pois, é fácil compreender o sobressalto daqueles Maçons ingleses do começo do século XVIII, os quais, à semelhança de Samuel Pritchard, em seu já citado panfleto (supra, página 81), profundamente impregnados por essa Bíblia lida e relida a cada noite em família, segundo o costume da época, recusavam-se a admitir o novo ritual de recepção no grau de Mestre, deitando-se simbolicamente sobre o cadáver de Hiram, para oferecer-lhe sua própria forma carnal como *veículo* psíquico.

P*ouco importa* que aí houvesse um esqueleto completo, num esquife clássico, como o conservam ainda certos templos maçônicos muito antigos (conhecemos um, em Paris). Ou que um simples *crânio* (de verdade), comprado a algum esteologista e figurando geralmente na plataforma do Venerável, no oriente do Templo, fosse, para a ocasião, depositado no lugar da cabeça sobre o simbólico pano preto franjado de prata, onde, dali a pouco, oscilará o novo Mestre. Ou ainda que essas ossadas de verdade fossem substituídas por um Maçom bem vivo, fazendo o papel de Hiram assassinado. Ou que o negro *tapete de loja clássico*, com suas lágrimas de prata, desenrolado sobre o *Quadrado comprido* do Templo, ostente, no ocidente, um crânio e duas tíbias cruzadas, debruadas em prata, como nos apresentam as estampas maçônicas do século XVIII.

*Tudo consiste, na verdade, para o Impetrante, em sua aceitação consciente do Rito*, desde que ele aceite morrer para que a alma de Hiram nele penetre. Eis aí, vale repetir, a tradição judaica do *Dibuck* (supra, página 82). E, ao levantar-se para o jogo ritual assumido pelos nove Mestres, após sua marcha lenta e ritmada ao redor do túmulo, isto se dará, o *espírito de Hiram* nele se integrará. O espírito? Seria um certo exagero. Se recorrermos às tradições do ocultismo judaico, o homem vivo compõe-se de quatro essências sutis: *guf, nefesh, ruah* e *neshamah:*

— *guf:* o sopro das ossadas, o pouco de vida inconsciente que aí permanece em estado de remanescência; o elemento *Terra*;

— *nefesh:* a alma instintiva, a das pulsões vitais, conservadoras, a categoria *hílica* dos gnósticos, a *Água*;

— *ruah:* o espírito, o intelecto, a compreensão e o comportamento racionais, a categoria *psíquica* dos gnósticos, o elemento *Ar*;

— *neshamah:* a alma divina, a centelha superior, a categoria *pneumática* dos gnósticos, o elemento *Fogo.*

Como se vê, poderíamos assimilar o *nefesh* hebraico ao *etimmu* das tradições assírio-babilônicas.

Nesse caso, porém, o que teria sugerido aos pastores James Anderson e Jean-Théophile Désaguliers a substituição da cerimônia de recepção usada até o início do século XVIII, sóbria mas digna, por esse ritual, longo, *ocultamento eficaz*, mas que, em oposição absoluta ao ensinamento bíblico, é, para um fiel de uma das três religiões do tronco abramita (judeu, cristão ou islâmico), incontestavelmente, *terrivelmente negro*?

Resposta: *Um mago judeu de suas relações.* A partir de 1670, constituíra-se em Londres uma colônia judia; diversos rabinos de origem polonesa aí se ocupavam da *cabala prática*, ou seja, de *magia.* Eles souberam "agir" sobre Désaguliers e Anderson, que os haviam contatado, e conseguiram que os judeus fossem recebidos na nova *Grande Loja*. Essa comunidade de magos perpetuou-se, e um deles deveria tornar-se célebre.

Chamava-se Haim-Samuel-Jacob, nascera na Polônia, e tornou-se mais conhecido sob o nome de Falk-Schek. Foi o mestre de ocultismo judaico de maçons ilustres, altos iniciados como Toux de Salverte, Gleichen, Waldenfields, e, quando Savalette de Langes redigiu suas fichas sinaléticas destinadas ao Marquês de Chefdebien, com vistas ao famoso Convento de Wilhelmsbad (1782), a indicação "conhece Falk, trabalhou com Falk, aluno de Falk..." lembrava que Chefdebien se encontraria em presença de um maçom altamente iniciado.

Observar-se-á, nessas fichas, que Savalette de Langes (1746-1797), que foi oficial de honra do *Grande Oriente de França* em 1787, e membro fundador da *Amis Réunis* (Amigos Reunidos), Maçonaria essencialmente iniciática, escreve *Rose-Croix* com U (alusão ao hebraico *rozen*, "príncipe"). Savalette de Langes foi conselheiro no Parlamento de Paris em 1771, adjunto de seu pai (Savalette de Magnanville) como guarda do tesouro real, tesoureiro pagador em 1790, capitão da guarda nacional, ajudante de campo de La Fayette. No que concerne a Falk-Schek, não se deve confundi-lo com Falke, burgomestre da cidade de Hanover, franco-maçom e membro da *Stricte Observance Templière*, homônimo do primeiro. Os ensinamentos de Falk-Schek acham-se condensados no *Calendrier Magique* de Duchanteau, que os recebeu de Salvert de Toux, discípulo direto de Falk... Nós o possuímos, e talvez um dia mandemos publicá-lo.

Bem, naquela época, nos meios maçônicos com tendência para o ocultismo, circulavam rumores da existência de um "rei dos judeus", e, dizia-se mais, tal personagem não seria outro senão Falk, na Inglaterra. Quem era ele?

Além do grão-sacerdote que representava o poder espiritual, existia em Israel, na Diáspora, aquele a quem denominavam o "Príncipe do Exílio", vale dizer, o Exilarca (em grego, *exilarkès*; em aramaico, *resh galutha*), chefe político dos judeus deportados para a Babilônia em 598 a.C. O primeiro deles fora Ioiakim, rei de Judá, deportado por Nabukadnestsaar (*Daniel*, I, 1-2) para a Babilônia. O último dos "Príncipes do Exílio" teria sido, em 1040, um certo Ezequias. É certo, porém, que o título e a função foram perpetuados. Possuímos informações precisas sobre tudo isto, de Nathan da Babilônia, judeu babilônio do século X da nossa era, autor de uma *História do Exilarcado*,

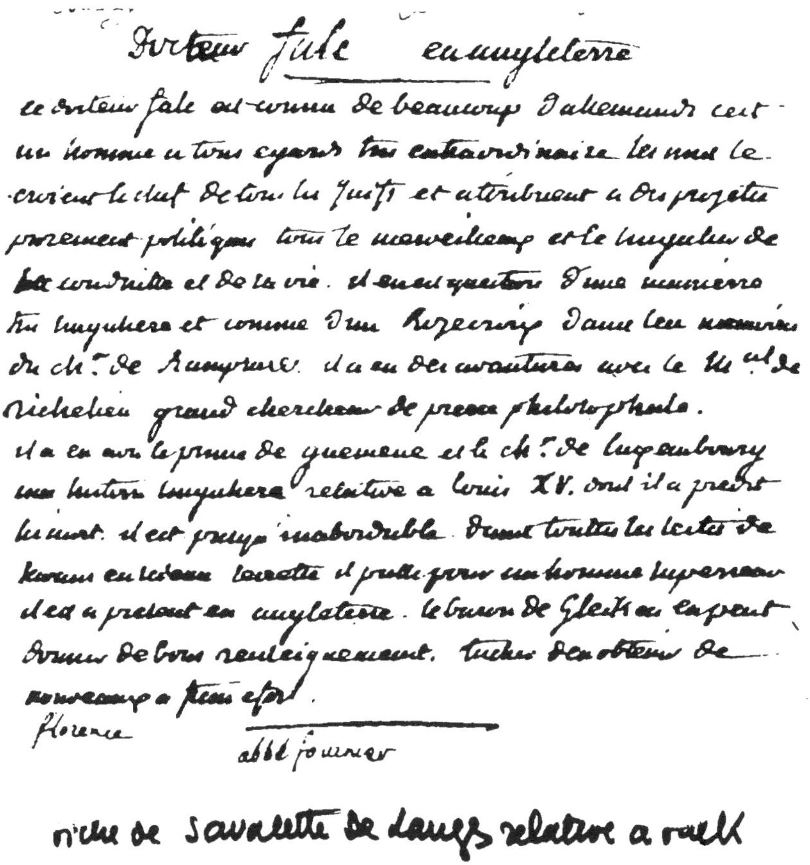

Docteur Falc en angleterre

Ce docteur Falc est connu de beaucoup d'allemands. c'est un homme a tous egards tres extraordinaire. les uns le croient le chef de tous les Juifs et attribuent a des projets purement politiques tout le merveilleux et le singulier de sa conduite et de sa vie. il en est question d'une maniere tres singuliere et comme d'un Rozecroix dans les memoires du chr. de Rampsow. il a eu des avantures avec le Mal. de Richelieu grand chercheur de pierre philosophale. il a eu avec le prince de Guemene et le chr. de Luxembourg une histoire singuliere relative a Louis XV. dont il a predit la mort. il est presque inabordable. dans toutes les sectes de savans en sciences secrettes il passe pour un homme superieur. il est a present en angleterre. le baron de Gleichen en peut donner de bons renseignements. tacher d'en obtenir de nouveaux a Francfort.

Florence

abbé journee

note de Savalette de Langes relative a Falk

Ficha relativa a Falk-Schek, elaborada por Savalette de Langes com vistas ao Convento de Wilhelmsbad, em 1782.

*Transcrição*

"Doutor Falk", na Inglaterra.

"Esse doutor Falk é conhecido por muitos alemães. É um homem, sob todos os aspectos, bastante extraordinário. Alguns acreditam-no o chefe de todos os judeus, e atribuem todo o maravilhoso e a singularidade de sua conduta e de sua vida a *projetos puramente políticos*. Trata-se duma maneira bastante singular, como a de um Rosa-cruz nas memórias do cavaleiro de Rampsow. Teve aventuras com o marechal de Richelieu, grande pesquisador da pedra filosofal. Com o príncipe de Guéméné e o cavaleiro de Luxemburgo, viveu uma história singular, relativa a Luís XV, cuja morte predisse. Ele é quase inabordável. Em todas as seitas de sábios em ciências secretas, têm-no por um homem superior. Encontra-se, no momento, na Inglaterra. O barão de Gleichen pode prestar a respeito boas informações. Procurar obter novas informações em Franckfurt."

obra da qual foram publicados alguns fragmentos, em 1545, por Samuel Schllam, em sua edição do *Yuchasin* de Moïse Zacuto.

Os sucessores do califa Omar e do califa Ali, tendo exumado as leis de perseguição contra os judeus, decretadas por Omar e das quais ele próprio não havia lançado mão, começaram a aplicá-las à infeliz população judaica. Sob o reinado de Almutavaquil, neto de Almamum, em 856, dissolveu-se o grande sinédrio, o *resh galutha* perdeu pouco a pouco privilégios, bem como seu papel, e, já por volta de fim do século IX, os parlamentos de Sura e de Pombadita foram suprimidos. Não obstante, secretamente, o cargo *real* de "Príncipe do Exílio" perpetuou-se, provavelmente combinado com o de "Baal Schem", ou seja, *Mestre do Nome.* Trata-se de uma alusão à pronúncia secreta de Nome Tetragrama de Deus, que só o sumo sacerdote de Israel sabia vocalizar no Santo dos Santos do Templo.

É possível que, no século XVII, esse "Príncipe do Exílio" tenha sido Manassés ben Israel, sábio judeu de origem marrana. Este nasceu em Lisboa, em 1604, e morreu, a 20 de novembro de 1657, em Amsterdã, para onde fora, ainda criança, saindo de sua terra natal, Portugal. Autor de tratados de matemática, de filosofia religiosa, e, principalmente, de apologias do judaísmo, dentre as quais a mais importante se intitula *Vindiciae Judaerum*, publicada em 1656. Consultado por Cromwell sobre os sinais anunciadores da Parusia (o retorno glorioso de Jesus e o Julgamento Final) — o que deve ter causado grande surpresa a Manassés — foi convidado, em 1655, para a Assembléia de Whitehall, que aprovou definitivamente o retorno dos judeus à Inglaterra e sua tolerância religiosa. Eles haviam sido expulsos, em 1210, por João sem Terra, e, em 1290, por Eduardo I.

Foi por ocasião dessa Assembléia de Whitehall que Manassés redigiu seu *Humble addresses to the Lord Protector* (Humildes discursos ao Lorde Protetor), em que solicitava o retorno de seus correligionários à Grã-Bretanha. Cromwell aceitou, mas, em troca, exigiu que os judeus prometessem trabalhar para a grandeza da Inglaterra. Trabalhar, mas de que forma? Só o *resh galutha* podia fazê-lo, de duas maneiras: primeiro, financeira e comercialmente, e depois, através de processos ocultos em que pudessem intervir as práticas religiosas (teurgia), e também a velha magia judaica. Nesse último terreno, o *resh galutha* tinha seu duplo, seu reflexo, cuja identidade era mantida secreta.

Esse era, pois, Falk, o homem venerado pelos maçons realmente iniciados, nesse período do século XVIII. Quase inabordável, proibira a entrada, em sua casa, do duque de Montmorency-Luxembourg, e raros eram os grão-senhores que caíam nas suas graças. O marechal duque de Richelieu tivera sua assistência em certas operações de alquimia, e, ao príncipe de Rohan Guéméné, ele predissera a data exata da morte de Luís XV: 10 de maio de 1774.

Ora, ele mantivera um relacionamento contínuo com Filipe de Orleans, futuro *Égalité*, filho do Regente, que, por ocasião de sua morte, deixara atônita a família, com a descoberta de um verdadeiro laboratório de magia. Seu filho, Filipe de Orleans, passava por entregar-se "a ciências de péssima qualidade" (cf. Kirchberger, *Lettres à L.C. de Saint-Martin*). No decorrer duma evocação mágica, Falk entregara-lhe um colar (ou anel) de ferro, destinado a permitir-lhe a eliminação do ramo mais velho dos Bourbons, para que a coroa de França passasse ao ramo mais novo dos Orleans. O fato é atestado por uma carta, infelizmente parcialmente ilegível, e datada de 6 de julho de 1789, dirigida à marquesa de La Croix, discípula de L.C. de Saint-Martin, e que dera guarida a este último.

É pouco provável que Falk-Schek tenha sido o chefe oculto da Diáspora, pois não se conhecem nem seu antecessor nem seu sucessor.

Aliás, teria ele sido realmente rabino? É muito duvidoso. Pois, para o público europeu ligado na época a essas questões, qualquer mago judeu era designado por esse título, o que os tornava mais sérios perante os clientes! Esquecemo-nos, porém, de que a imensa massa religiosa judia, e todo o seu corpo doutrinal, o *Rabinato*, têm horror a tudo quanto se refira à magia e à adivinhação, sortilégios e feitiçaria. Basta, a este propósito, reler o Antigo Testamento, que dá provas suficientes dessa aversão (*Êxodo, XXII*, 18; *Levítico*, XIX, 31; XX, 6; *Deuteronômio*, XVIII, 10 a 14; *II Crônicas*, XXXIII, 6, etc.).

Pois bem, esse *colar de ferro*, entregue como talismã oculto a Felipe de Orleans, futuro *Égalité*, por Falk-Schek, para permitir-lhe a eliminação de seu primo Luís XVI, rei legítimo e inconteste dos franceses (do qual ele era duplamente invejoso...), esse colar de ferro lhe foi mais maléfico que benéfico!

Sem dúvida, Luís XVI foi realmente eliminado, e *graças ao único sufrágio de Felipe Égalilté*, que, a 19 de janeiro de 1793, fez com que o escrutínio da Convenção se orientasse para a sentença de morte sem direito a sursis. Na véspera, trezentas e oitenta e sete vezes haviam-se pronunciado pela morte sem condições, e trezentas e trinta e quatro pela detenção ou pela morte condicional (com sursis). E, a 22 de janeiro de 1793, Felipe Égalité podia escrever: "O grande porco foi sangrado ontem!"

Mas o *colar de ferro*, metal impuro em todas as tradições, tornou depois a fechar-se sobre seu pescoço, de outra forma. E, como seu primo e seu "irmão", ele foi guilhotinado a 6 de novembro de 1793, apenas dez meses mais tarde. Morreu, é forçoso reconhecê-lo, com desdém pela morte dum grão-senhor do Antigo Regime.

Anteriormente, tendo renegado a Franco-Maçonaria e admitido o princípio de sua interdição, sendo ele Grão-Mestre do *Grande Oriente de França*, em sua carta de 22 de fevereiro de 1793, publicada no *Journal de Paris*, seu gesto será sancionado por outro, mais espetacular. E o presidente da Assembléia extraordinária do *Grande Oriente de França*, Louis Roettiers de Montaleau, partirá solenemente a espada de Grão-Mestre de Felipe Égalité, na presença de todos os maçons presentes.

Felipe de Orleans esquecera-se de que, ao votar pela morte de seu primo Luís XVI, votara igualmente pela morte de seu "irmão", pois não ignorava que aquele, como ele próprio, recebera a iniciação maçônica.

Isso tudo não nos mostra um Falk-Schek que pudesse ser considerado pela massa religiosa judia como um luminar espiritual, por assim dizer. Ele pertence, antes, a esse reduzidíssimo meio que se pode encontrar em todas as épocas, à margem da Diáspora, e que reúne os magos, feiticeiros, necromantes, cabalistas de *esquerda*, e contra os quais o *kahal* duma comunidade israelita nunca hesitou em lançar a maldição do *herem*, a excomunhão judia. Pois, por ter servido a Felipe Égalité, ele certamente recebeu uma polpuda paga. Não nos esqueçamos de que, desde Luís XV, os judeus eram bastante protegidos no reino de França; não teriam, pois, nenhum interesse em derrubar a realeza.

Agora, voltemos ao tabu do cadáver e ao ritual da morte de Hiram. Em 1751, a *Mère-Loge Écossaise*, no oriente de Marselha, utilizava um esquife comum de madeira, recoberto por um pano negro, no qual não havia nem ossadas nem esqueleto, o que teria sido proibido pelas leis da época. Mas, quando o Recipiendário se deitava, coberto pelo pano negro, colocava-se sobre seu rosto um pano branco de linho, levemente *aspergido de sangue*, sangue de animal, evidentemente, que constituía um eficacíssimo pólo de atração, conforme atestam todas as tradições primitivas.

Mas então, que se pode atrair dessa forma? Tudo o que representa, vindo dessa quarta dimensão, esse "mundo paralelo" pelo qual a ciência contemporânea começa a interessar-se discretamente, e que todas as religiões sempre afirmaram. Cumpre dizer também que há a escolha, entre a fauna do Astral interessada na *presença do sangue!* Ouçamos o que tem a dizer o pitagórico Jâmblico, sobre as misteriosas Entidades desse mundo:

"Vivem de vapores e de exalações, e o que neles há de corporal se nutre dessas substâncias, e fortificam-se igualmente das fumaças do sangue e das carnes. Um homem prudente e sábio abster-se-á desses tipos de sacrifícios, que não atrairiam senão esses Espíritos" (cf. Jâmblico, *Da Abstinência da Carne*).

Daí, desses ritos, pode-se originar aquilo que os espíritas chamam uma *incorporação*, e que, há milênios, praticam todas as feiticeiras do Extremo Oriente. Incorporação psíquica, imprevista, não desejada, dum hóspede que se tornará, muitas vezes, problemático. Isso, por vezes, se produz durante uma anestesia um pouco longa. O operado se desdobra, e o invólucro carnal logo é ocupado por um intruso. Em seguida, conforme já se tem visto em operados, outrora adversários ferrenhos do fumo, podem eles tornar-se fumantes inveterados, ou então heterossexuais tornarem-se bissexuais ou homossexuais, ou ainda indivíduos normais tornarem-se presas de comportamento e sentimentos completamente diversos, ou mesmo mudarem de voz ou de postura. *Tais fatos, felizmente, são extremamente raros, mas, pelos dossiês existentes, é impossível negá-los.*[1]

Sem nos referirmos a "possessões" de origem misteriosa, têm-se constatado, muitas vezes, mudanças completas de mentalidade e de moralidade, amplificações exageradas da sexualidade, ocorrendo em seguida a determinadas iniciações, não obstante bastante morais. Mas o conjunto psíquico que constitui o sujeito fora gravemente perturbado, e a ordem dos "personagens interiores" modificou-se gravemente. Uma espécie de revolução subvertera a hierarquia anterior, e um outro personagem, até então relegado ao segundo ou terceiro plano, viera à tona e se instituíra em senhor. Em quase meio século de atividades nesses meios, tivemos várias vezes a oportunidade de constatar isso. E o mesmo, aliás, acontece no contexto das ordenações religiosas e de seus desdobramentos.[2]

No caso de cerimonial da Mestria maçônica, comportando a morte de Hiram, o Recipiendário simplesmente incorpora uma *corrente psíquica*, que, através dos *símbolos*, dos *mitos*, das *lendas*, une-o a um *arquétipo*, a uma *Idéia Eterna*, a da *Revolta Princípio*, como se disse num dos capítulos anteriores.

E se, no decorrer do ritual, não interferirem princípios contrários, o novo Mestre, pouco a pouco e inconscientemente, enveredará pela *senda da esquerda*, a *Prasavya* do hinduísmo, o *Sihr* do Islã, ou o que se pode, conforme René Guénon, chamar de *contra-iniciação*.

Essa é a da Franco-Maçonaria *exclusivamente politizada, sem alma e sem luz*, onde já não se ouve mais a voz secular e seguradora dos velhos Símbolos.

Vê-se então o *Compasso*, símbolo do Espírito, sendo apresentado de cabeça para baixo, dominado pelo *Esquadro*, símbolo da Materialidade, que lhe tomou o lugar ou pelo menos tenta fazê-lo.

## NOTAS

1. Daí a tradição judia (eslava) do *dibuck*, que se constituiu no tema de um filme curioso, em ídiche (supra, p. 82). Aquilo a que chamamos desdobramento da personalidade não é, por vezes, senão uma manifestação intempestiva de um "hóspede" que não fora convidado.

2. Foi, no século XVIII, o caso de Vespasiano Bona, que, entre os monges da Ordem dos Servitas, foi inicialmente cognominado "santinho", *e segundo sua vocação ritual*, tornou-se assassino, libertino, escroque, terminando por suicidar-se.

# XIII. A RUPTURA COM A TRADIÇÃO

*O ambiente moderno, por sua própria natureza, é e sempre será um dos principais obstáculos com que se defrontará, inevitavelmente, qualquer tentativa de restauração tradicional no Ocidente.*
RENÉ GUÉNON,
*Aperçus sur l'Initiation.*

Não é totalmente certo que a fundação da *Grande Loja de Londres,* por Anderson e Désaguliers, tenha sido muito regular, ou mesmo que tenha afinal sido regular! Vejamos o dossiê, como um juiz de instrução.

James Anderson era escocês. Nasceu em Aberdeen, na segunda metade do século XVII, em data que até hoje não foi precisamente estabelecida. Seu batismo ocorreu a 19 de janeiro de 1679. Pouco se sabe sobre sua juventude, a não ser que fez seus estudos na Universidade de sua cidade natal, em particular no *Marischal College,* onde se diplomou em artes.

Em 1710, vamos encontrá-lo em Londres, ministro duma capela presbiteriana escocesa. Parece ter sido obrigado a uma vida insípida e sem relevo. A partir de 1720, conhecem-se alguns de seus protetores de alta estirpe, como o conde escocês David de Buchan, de quem era capelão, e o duque de Montagu, a quem dentro em breve tornaremos. Levando-se em conta o trabalho que isso representa, a redação de seu *Book of Constitutions*, por ele concluído e dado a público no ano de 1721, começara muito antes que o duque de Montagu lhe solicitasse essa obra, a 29 de setembro de 1721. Ele teve, inicialmente, de *reunir* todos os textos antigos possíveis relativos à Maçonaria Operativa, o que lhe deve ter tomado tempo, por ser um trabalho que demandava muita pesquisa e justificação; teve depois de *traduzi-los*, pois o inglês, o irlandês e o escocês dos séculos XV e XVI não eram exatamente os do século XVII, e muito menos os do século XVIII. Assim, de bom grado acreditamos no que diz Begemann em sua obra *Vorgeschichte und Angaenge*, tomo II, página 148, a saber, que Anderson solicitara a redação dessa obra pelo proveito material que deveria dela auferir.

Ora, ignoramos totalmente onde e quando ele tivesse podido receber a iniciação maçônica de formações *operativas*, na qualidade de Maçom Aceito. Mas teria ele sido realmente maçom? Não está provado. Pois ele foi *capelão de loja* na Escócia em 1709, e novamente *capelão de loja* em Londres, em 1710, mais precisamente na loja Saint-Paul, fundada em 1675 para a construção da catedral do mesmo nome, depois do terrível incêndio de 1666, que destruiu quatrocentas ruas, treze mil e duzentas casas e oitenta e nove igrejas. O mestre de obras foi Sir Christopher Wren, então Grão-Mestre das lojas operativas.

O que vem respaldar nossa opinião de que James Anderson jamais recebeu a iniciação ritual, *nas formas*, depois de ter sido sucessivamente recebido como *Aprendiz*, e depois *Companheiro*, é: primeiro, que não se conhece nem o lugar nem a data, e, segundo, que na *Maçonaria Operativa*, nem o médico ligado à loja, nem o capelão encarregado das orações eram obrigados a passar pelas cerimônias habituais, sendo simplesmente autorizados a assistir às reuniões, respeitando determinadas obrigações. Essa tradição subsiste, em menor escala, em certas obediências dependentes da *Grande Loja Unida de Inglaterra* atual, prevalecendo-se da "regularidade" maçônica, segundo a qual qualquer padre ou pastor são recebidos nos três graus simbólicos na mesma sessão, sem o prazo mínimo de dois anos, exigido para se chegar ao grau de Mestre Maçom.

Naquela época, a transmissão da iniciação maçônica estava sujeita às seguintes regras:

— o *Mestre de loja* "recebe" nos graus de *Aprendiz* e de *Companheiro*, e é provável que "instale" seu sucessor segundo um ritual preciso. Pode fazê-lo sem que a loja esteja reunida. Na época, uma loja devia possuir cinco *Companheiros*. Essa tradição perpetuou-se na Franco-Maçonaria, onde se admite (sem aplicá-lo, ou pelo menos em circunstâncias excepcionais) que o Grão-Mestre duma obediência possa transformar um profano em *Aprendiz*, depois em *Companheiro* e depois em Mestre. Da mesma maneira, o Grão-Comandante duma obediência pode conferir, ao Maçom de sua escolha, qualquer dos altos graus.

— Um *Companheiro* que não seja *Mestre de loja* tem permissão para receber um Profano como *Aprendiz*, ou um *Aprendiz* no grau de *Companheiro*. A transmissão é ilícita, mas válida, e o profano é admitido na loja. Mas, em função da sanção implícita, nem o *Companheiro* falível, nem o profano assim recebido poderão mais ascender às funções de *Oficial de loja*, e muito menos à de *Mestre de loja*. É por isso que se estabelecerá um dia em que todo *Companheiro* esteja em condições de apresentar um Certificado atestando a data e as circunstâncias de sua recepção na Maçonaria.

É bastante evidente que o *Médico de loja* só era consultado quando houvesse a candidatura dum profano à qualidade de *Aprendiz*, e que devia então examiná-lo para saber de sua saúde e de suas possibilidades físicas, para expedir em seguida um parecer favorável ou não. Além disso, ele nada tinha a fazer na loja, e continuava a exercer sua atividade profissional em seu consultório.

Paralelamente, o *Capelão de loja* só entrava em ação por ocasião das cerimônias em que entrasse a religião, e onde só ele pudesse oficiar: casamentos, enterros, etc. Ele, tampouco, teria algo a fazer na loja fora dessas circunstâncias específicas, limitando-se a exercer seu ministério regular na paróquia a ele confiada.

De ambos, era exigida tão-somente uma *promessa de discrição*, não havendo portanto nenhum motivo para *iniciá-los nos segredos do ofício* no qual nada tinham a fazer, e muito menos obrigá-los a participar de atividades regulares e freqüentes no seio da loja, desviando-os de seus afazeres.

Ora, as pesquisas e trabalhos de dois Maçons de alto nível, Clémente Edwin Stretton (1850-1915) e Thomas Carr (. . .-1924) fornecem-nos subsídios para justificar nossas suspeitas sobre a ausência de filiação ritual no caso de Anderson.

Em setembro de 1714, em Londres, ele começou a promover reuniões noturnas, para as quais convidava apenas *gentlemen*, e às quais recusava-se a admitir qualquer Maçom operativo. Tinha, evidentemente, bons motivos para isso, já que se permitia iniciar profanos! E, no final de ano de 1714, constituíra sua própria loja, que se compunha de:

— Georges Payne, que em 1720 tornou-se Grão-Mestre da nova *Grande Loja de Londres;*

— Jean-Théophile Désaguliers, pastor protestante francês;

— Anthony Sayer, auxiliar de Sir Wren para os planos;

— O Duque de Montagu, que sucedeu a Payne na qualidade de Grão-Mestre, em 1721;

— Johnson, médico que percebia honorários pelo exame dos *Aprendizes* que se apresentavam às lojas;

— Entick, cavalheiro;

— Stuart, homem da lei, redator de contratos.

Anderson tinha assim sua própria loja, com seus sete personagens promovidos a Maçons não operativos. O que demonstra estarmos aqui em presença dum plano maduramente refletido e posto em prática, o de que, por ocasião da constituição da *Grande Loja de Londres*, dois dentre eles sucederam-se como Grão-Mestres, e que Désaguliers tornou-se aí *Deputado-Grão-Mestre*, ou seja, Grão-Mestre Adjunto. Será ele quem redigirá e assinará a dedicatória das *Constitutions*: "A Sua Graça, o Duque de Montagu", por ordem de Sua Graça, o Duque de Wharton, sucessor do primeiro.

Essas manobras subterrâneas não permaneceram por muito tempo desconhecidas das autoridades maçônicas então oficiais. Em setembro de 1715, Maçons *operativos*, a quem Anderson e seus amigos haviam-se recusado a comunicar a *senha*[1] que lhes permitiria participar dos trabalhos de sua loja na *Taverna do Ganso e da Grelha* (*Goose and Gridiron*) todas as noites de quarta-feira, alertaram a formação operativa da cidade de Londres. Dentro em pouco, esta "interditou" Anderson e os sete pseudo-iniciados. Nossos oito compadres apressaram-se em constituir uma nova loja, que denominaram *Lodge of Antiquity*, no seio da qual constituíram outras lojas que enxamearam por outros bairros de Londres. Logo mais tornaremos a eles.

A essa altura, interveio um velho Maçom autêntico, cujo nome já citamos aqui, e que devia retirar de Anderson e de seus cúmplices involuntários (deveríamos dizer seus patetas) essa regularidade usurpada. Tratava-se de Sir Christopher Wren.

Cavaleiro (ou provavelmente baronete), outrora Mestre em artes do Colégio de Wadham, professor de astronomia em Gresham e de Oxford, doutor em direito civil, presidente da Sociedade Real, arquiteto da Coroa, mestre de obras de inúmeras igrejas de Londres, arquiteto da admirável nova catedral de Saint-Paul, que tentou terminar, inspetor de fundações, foi destituído do cargo pelo rei George I, eleitor de Hanover, que, vivendo no continente, sem conhecer inglês, sequer o conhecia! Mas Sir Christopher Wren era também Grão-Mestre da Antiqüíssima e Honorabilíssima Fraternidade dos Pedreiros Livres e Aceitos, em 1716, e não ignorou as astúcias de Anderson e de Désaguliers. Este último desempenhou, nas combinações do primeiro, um papel mais importante do que se acredita; voltaremos a ele. Wren recusou-se também a manter relações com eles. Foi então que estes últimos resolveram constituir um outro Grão-Mestre, e constituir igualmente uma *Grande Loja de Londres,* o que provocou o sobressalto da loja de York, loja imemorial, que se constituiu em *Grande Loja de Toda a Inglaterra.*

Clement Edwin Stretton afirma, em sua obra, que todos esses acontecimentos foram consignados no *Guild Minute Book* da *Loja de Saint-Paul,* nos arquivos desta, localizados num subsolo de sua sede social. Esses arquivos só eram acessíveis aos detentores do VII grau, no qual Stretton fora recebido a 2 de outubro de 1908, na qualidade de "Terceiro Mestre Maçom da divisão de York", última dignidade da Maçonaria operativa ainda subsistente na época (atestado por J.-M. Hamill, bibliotecário adjunto da *Grande Loja Unida de Inglaterra*).

Além do fato de ter iniciado profanos irregularmente, e de não ser absolutamente *Mestre de loja,* regularmente investido (o que o impedia igualmente de iniciar), não tendo portanto ele próprio recebido a *iniciação ritual,* Anderson era acusado de ter infligido graves alterações às antigas *Constitutions* e aos antigos costumes da Franco-Maçonaria Operativa:

— ter limitado a dois (*Aprendiz* e *Companheiro*) os antigos graus *operativos* dessa Franco-Maçonaria operativa, que possuía sete;

— ter feito um *Aprendiz* numa única sessão, quando, anteriormente, isso se fazia em sete anos, ou no mínimo cinco; além disso, ele passara esse aprendiz ao grau de Companheiro um mês mais tarde;

— ter suprimido dois dos três *Mestres* que dirigiam a loja, contentando-se, para os *Vigilantes,* com simples *Companheiros;*

— ter introduzido esse grau de *Mestre Maçom* no oriente, quando, por tradição, este era colocado no Ocidente; em conseqüência dessa mudança, foram igualmente suprimidos os dois *Vigilantes*[2];

— ter introduzido o grau de *Mestre Maçom,* com o ritual da morte de Hiram, contra o qual verificaram-se imediatamente inúmeros protestos dos maçons tradicionalistas, que viam nesse ritual uma infiltração de magia negra, ou seja, de necromancia;

— ter criado um novo grau maçônico, o de Ex-Mestre, para o Mestre de Loja que cedia o lugar a um sucessor: um grau para o qual não se via um propósito ou utilidade, já que obstruía a autoridade do *Segundo Mestre,* ou seja, o *Primeiro Vigilante.*

Desse extenso requisitório de Clément Edwin Stretton, duplicado a seguir pelos trabalhos de Thomas Carr, outro dignitário da Maçonaria Operativa, parece não haver motivo para desconfiar.

Os primeiros escritos de Carr foram publicados nos *Cahiers de la Loge de recherche* n.º 2429, pertencente à *Grande Loja Unida de Inglaterra.* Fora iniciado a 4 de outubro de 1871, na loja *Saint John's* número 279 dessa mesma obediência, perfeitamente "regular". Foi membro (e até Venerável, em 1877 e 1887) da mesma até sua morte, a 20 de fevereiro de 1915. E, nessa loja, foi seu pai que, na qualidade de Venerável, recebeu-o como Aprendiz, aos 21 anos de idade.

Além de suas diversas pertenças aos altos graus maçônicos, fora ainda, aos 17 anos, recebido como Aprendiz na *Worshipful Society of Free Masons, Rough Masons, Wallers, Slaters, Paviors, Plaisterers* e *Bricklayers,* ou seja, Venerável Sociedade dos Pedreiros Livres, Pedreiros obreiros, edificadores de paredes, ardosieiros, calceteiros, estucadores, ladrilheiros", mais comumente chamados de The Operatives, ou seja, Os Operativos.

Em agosto de 1944, no curso de operações e combates pela libertação de Paris, conhecemos um francês que tivera relações e fora aceito no seio dum Companheiro inglês, em Londres. Esse mesmo Companheirato existia na Alemanha antes do nazismo. Não há, pois, qualquer motivo de dúvida quanto às afirmações de Stretton e de Carr a esse respeito, tanto mais que a *Grande Loja Unida de Inglaterra* chegou a interditar-lhes as publicações. Não obstante, seria conveniente checar a *antigüidade* dessa formação operativa.

Na França, ainda existe o Companheirato, e nunca ninguém pensou em contestá-lo. Nós mesmos fomos recebidos na qualidade de *Companheiro Imagista,* sob o nome de "Parisien-la-Liberté", num domingo, 14 de janeiro de 1945, na *Union Compagnonniques des Compagnons du Tour de France des Devoirs Unis,* na sua velha "cayenne" da Rue Pavée, por seu presidente Parisien-la-Franchise, com a assistência de todos os "pays": Manceau-le-Bien-Décidé, Périgord-Va-De-Bon-Coeur, Bourguignon-l'Ami-de-l'univers, Genevois-la-Libre-Pensée, e de todos os outros cujos nomes me fogem agora, mas que permanecem no meu coração, sendo-me um deles, em particular, especialmente caro — Tourangeau-le-Bien-Aimé...

Assim, saibam todos aqueles que, ao longo da vida, tornaram-se-me devedores de uma *transmissão maçônica,* que mesmo sendo a filiação emanada de *Grande Loja de Inglaterra* mais ou menos suspeita das "iniciativas" de Anderson, aquilo que lhes transmiti repousa, apesar de tudo, no meu próprio compromisso com os velhos *Deveres* medievais, sem esquecer o de 15 de agosto de 1942, na Maçonaria Stuartista de Saint-Germain-en-Laye, cujo certificado igualmente possuo, e o ritual manuscrito da época.

Resta-nos agora analisar o comportamento desse misterioso Jean-Théophile Désaguliers.

Nasceu em La Rochelle, a 13 de março de 1683, filho de Jean Désaguliers, pastor protestante da Congregação d'Aitré, e de Marguerite Thomas. Antes da revogação do Edito de Nantes, o pai fugiu num navio, e, para subtrair o filho às buscas, escondeu-o num tonel. Após breve permanência na ilha de Guernesey, radicou-se em Londres, onde exerceu as funções de ministro da capela protestante francesa de Smallow Street, abrindo depois uma escola em Islington.

Desde os 17 anos, Jean-Théophile partilhou com o pai a direção dessa escola. Por ocasião da morte deste, retirou-se do magistério e entrou para a Universidade de Oxford, onde, em 1709, bacharelou-se. Em 1710, ingressou nas Deacons Orders, substituindo o doutor Keil no cargo de professor de filosofia experimental em Hart Helle. Estabeleceu-se então em Londres, no dia 3 de março de 1712, e, em julho de 1714 foi eleito membro da *Royal Society.*

Pois bem, a Royal Society descende do *Invisible College,* fundado em 1645, em Londres, por Boyle, Locke e Sir Wren, de quem já falamos aqui. E o próprio *Invisible College,* por sua vez, descende da *Rosae Crucis,* nascida em Londres, em 1610. Desde aí, pois, transparece em Désaguliers a influência rosacruciana dos séculos XV e XVI.

Cita-se geralmente a data de 1712 como a de sua recepção na Maçonaria, na loja *L'Antiquity,* que funcionava na *Taverne du*

*Grand Verre et de la Grappe de Raisin.* Não nos esqueçamos, porém, de que ele foi inicialmente pastor, como o pai, depois de ter ingressado na Igreja Anglicana. Isso lhe permitiu tornar-se rapidamente *capelão* do duque de Chandos, em 1713 (descendente de Jean Chandos, lugar-tenente do Príncipe Negro na Aquitânia, e a quem tanto estimava Bertrand Du Guesclin). Posteriormente, Désaguliers tornou-se *capelão* do príncipe de Gales, entre 1709 e 1710, o que não significava nada! Vale dizer que, na loja irregular constituída por James Anderson, ele também não passaria de *capelão*; cargo que também, sem dúvida, teria ocupado na loja *L'Antiquity*, em 1712.

Daí, infere-se o mesmo que se aplica a Anderson: ele teve de fazer a costumeira promessa de discrição, sem contudo ser submetido aos *ritos* da iniciação virtual. Observamos, já, que também essa loja irregular constituída por Anderson possuía um *Médico de Loja*, por nome Johnson, também já citado aqui, embora ele não se nos afigure como alguém que recebesse *Aprendizes Operativos!* Mas *Capelão* e *Médico de loja* tradicionalmente faziam papel de *Oficiantes*, com o *Mestre de loja* e os dois *Vigilantes.*

Désaguliers gozava então do favor real da Casa de Hanover. O príncipe de Gales, que a seguir tornou-se George II, bem como sua esposa, a princesa Caroline, freqüentavam regularmente seus cursos. No entanto, ele deixou a Inglaterra, percorreu a Holanda, e aí ministrou cursos e conferências de grande sucesso. Aí, também, conheceu o astrônomo Huygens, o anatomista Ruysch, o médico Boerhave, e, entre seus ouvintes, teve também o filósofo S'Gravesend.

De volta à Inglaterra, Désaguliers auxiliará Newton, já muito idoso, em suas experiências e demonstrações, e divulgará as teorias newtonianas sobre os movimentos dos astros. Seu espírito inventivo o levará, em 1716, a imaginar um tipo de chaminé provida de um dispositivo que a impedia de soltar fumaça. Em 1717, publicou sua obra principal: *A system of experimental philosophy proved by merchanics, as shown at the public lectures, in a course of exptrimental philosophy,* (Um sistema de filosofia experimental comprovado pela mecânica, conforme o demonstrado em palestras públicas, num curso de filosofia experimental) e, em 1728, um poema didático sobre o sistema de Newton.

Em 1742, voltou à França sob o regime indulgente e bonachão de Luís XV, apesar da guerra pela Sucessão da Áustria, em que a Inglaterra foi inimiga da França, com a Holanda e a Rússia. Désaguliers desembarcou em Bordeaux, onde as influências inglesas permaneceram secretamente vivas desde a Guerra dos Cem Anos e o governo do Príncipe Negro na Aquitânia, e aí publicou uma *Dissertation sur l'électricité des corps.* Mas foi aí, principalmente, que ele entrou em contato com uma loja inglesa composta por comerciantes britânicos, constituída em 1732, e que, posteriormente, passaria a ser conhecida como a Anglaise número 204. De volta à Inglaterra, morreu a 29 de fevereiro de 1744.

Deixou dois filhos:

— Jean-Alexandre Désaguliers, nascido em Londres em 1718;

— Thomas Désaguliers, nascido em 1725 e falecido em 1780; este, ferrenhamente antifrancês como o pai, seria oficial de artilharia do exército inglês, combatendo constantemente contra a França. Esteve em Fontenoy, em 1745, e no cerco de Belle-Isle, em 1761, quando os ingleses tomaram o local. Acabou sendo coronel e escudeiro do rei George III.

Sua viagem a Bordeaux tinha um objetivo secreto, e, bem entendido, político. A loja inglesa aqui citada originara-se duma loja *jacobita* e *stuartista.* E os regimentos que haviam seguido Jacques II à França, quando de seu exílio, haviam-se integrado ao exército francês sob os nomes de seus coronéis, segundo uma antiga prática: Dillon, Walsh, Lally, O'Gilwy, Albany, Drummond, tornando-se *Royal Écossais* (Real Escocês) ou *Gardes Irlandaises* (Guardas Irlandeses). Ora, todos esses regimentos possuíam uma *loja militar,* que reunia os oficiais e suboficiais.

Qual a expectativa de Désaguliers, em 1742, em relação a esses contatos com a loja de Bordeaux, fundada a 27 de abril de 1732, e que, em 1740, transformou-se em *La Française,* ao invés de *l'Anglaise*? Uma ação secreta e interna, no seio das lojas francesas? Talvez, mas que poderia ele, então, esperar disso? Na época era algo impossível...

Mas o que é mesmo certo é que a forte peresonalidade de Jean-Théophile Désaguliers, e sua elevada cultura, permitem considerá-lo como o verdadeiro fundador da Grande Loja de Inglaterra, ao invés de James Anderson, que, nessa loja, foi apenas o Mestre Jacques.

Sem dúvida alguma foi Désaguliers quem abriu as portas das lojas aos israelitas; até então, os *ritos exclusivamente cristãos* dos Maçons Operativos não o permitiam, e os próprios judeus o teriam recusado, em respeito às suas próprias convicções religiosas.

É o que explica o aspecto agnóstico da declaração das *Constitutions* de Anderson quanto a essa religião não definida:

"O Maçom é obrigado, por sua condição, a obedecer à lei moral; e, se entender o exato sentido da arte, jamais será um estúpido ateu, nem um libertino irreligioso. Mas, embora desde tempos remotos os Maçons fossem obrigados, em cada país, a pertencer à religião desse país ou nação, fosse ela qual fosse, considera-se hoje mais pertinente obrigá-los apenas a essa religião com a qual todos os homens concordam, deixando a cada um suas opiniões particulares, ou seja, pessoas de bem e leais, ou, dito de outro modo, homens honrados e probos, sejam quais forem as denominações ou crenças que os possam distinguir" (cf. *Constitutions d'Anderson*, I, *Concernant Dieu et la Religion*).

Eis uma declaração com a qual concordarão todos os homens equilibrados e de bom senso. Mas não parece que a educação dada a seus filhos, e seu comportamento posterior nos induzem a crer que Désaguliers tenha aderido totalmente a ela.

O complô de Roux de Marcilly data de 1668. Previa a invasão da França pela Holanda protestante, a Inglaterra anglicana, a Espanha católica, a Suíça calvinista. O desmembramento dele resultante deixava a França reduzida à condição de um pequeno reino interior, *sem nenhuma saída para o mar*, após o levante das regiões marcadas pelo protestantismo: Dauphiné, Languedoc, Aunis, Saintonge, Aquitânia[3] — anexados ou desmembrados depois em repúblicas.

A revogação do Edito de Nantes, em 1685, dezessete anos mais tarde (o décimo primeiro *edito de pacificação*), continua a ser um enigma quanto a seus verdadeiros motivos. Luís XIV hesitou muito tempo, face aos protestos de grandes nomes da França e face à carta insistente de seu primo Carlos II, esconjurando-o por não revogar esse edito. Deve-se ver, aí, uma chantagem exercida por Roma, ou por seu confessor, o Jesuíta La Chaise, quanto a esse misterioso prisioneiro que entrou para a história com o nome de O Máscara de Ferro, e que seria um irmão mais velho, adulterino como ele? Ou dever-se-ia encará-la como uma medida de precaução contra um vasto complô que ressurgiu, nas antigas regiões do de 1668? O fato é que não houve "dragonnades" senão nessas mesmas regiões, e não nas outras províncias onde eram numerosos os protestantes: Flandres, Alsácia, Provence.[4]

Perdura o enigma. O certo, porém, é que em seu leito de morte, em 1715, dirigindo-se a seu confessor, Luís XIV declarou abertamente que, em todas as ocasiões, limitara-se a seguir instruções e obedecê-las. Estaria ele referindo-se à revogação do Edito de Nantes e às "dragonnades"? Ninguém sabe. Por nosso lado, fiamo-nos na possibilidade da reprise do complô de 1668, em vista do comportamento posterior de Désaguliers e de seu filho Thomas, que nada haviam esquecido.

Infelizmente, a ignorância de sua real importância, ou por manobras ocultas de certos meios, as medidas tomadas pelo poder levaram à tragédia.

## NOTAS

1. Provavelmente não tinham...

2. No ocidente, esse lugar do *Mestre de loja* é assinalado por determinadas estampas antigas, do início do século XVIII (1745), onde se vê aquele, sentado atrás de duas Colunas *Força e Beleza,* situadas sempre no oeste do Templo, a Coluna *Sabedoria* postando-se portanto no oriente, do lado oposto ao do *Mestre de loja.* E o *Couvreur* (pedreiro que faz telhados) mantém-se atrás do *Mestre de loja,* armado de sua espada. Por tradição, ele se coloca no umbral do Templo, no oeste.

3. Ver nossa obra *La Chapelle des Mamnés, la véritable affaire des poisons,* páginas 65 a 85, sobre o Complô de Roux de Marcilly (Saffont, Paris, 1982).

4. Embora a Alsácia se beneficiasse da *capitatio* de 1681, que lhe assegurava a liberdade de culto. Mas 1681 é o ano em que tiveram início as famosíssimas "dragonnades", no Languedoc e na Aquitânia.

# XIV. AS LOJAS MILITARES

*Irmãos d'armas, dizia-se especialmente de dois cavaleiros que, tendo firmado uma* aliança d'armas, *prometeram-se socorrer-se reciprocamente, dando-se mutuamente o nome de irmãos.*[1]

E. LITTRÉ, *Dictionnaire.*

Estamos no último terço do século XVII. O exército de França é um dos mais belos da Europa, por se beneficiar das *Ordonnances* (decretos) eficazes de Luís XIV, aplicadas por Louvois. A infantaria, argumento decisivo da vitória segundo Napoleão, recebeu a baioneta, que associa o fuzil à arma de mão, esta ainda conservada por um terço dos efetivos para deter a cavalaria inimiga. Os suboficiais conservam a alabarda ("Se eu merecer a alabarda", dizia uma marcha do *Royal Barrois*), os oficiais mantêm o "esponton" de meia ponta. Os homens carregam ainda o sabre de infantaria, recurvo e curto, e os suboficiais e oficiais, a espada. O uso do cavalo é proibido à infantaria, mesmo para oficiais generais; todos marcham a pé. Em combate, os oficiais vão à frente, e, por tombarem muitos, há os denominados "à la suite", que esperam a vez de comandar, e também morrer.

O teta grego

Signo do Espírito
Ampliado

Jóias de Mestres Escoceses de Santo André (1778)

Vamos à releitura da carta dirigida pelo abade de Saint-Cyran, em 1640, após o cerco de Arras à mãe de um desses oficiais mortos em combate, e que Pierre Ordioni reproduz em seu livro *Le pouvoir militaire en France*:

"...Nenhuma outra morte poderia tê-lo coberto de uma glória semelhante à que ele teve, pois, por sua condição, ele nascera para morrer essa morte, e portanto pode-se dizer que, assim, consumou-se o fim para o qual nascera." (*Op. cit.*).

O recrutamento é fácil, e, contrariamente à lenda, os recrutadores não descansam. Não há necessidade de embriagar os pobres diabos, com os quais, afinal, não se saberia em seguida o que fazer, já que, sendo a disciplina severa, tem porém suas vantagens. Os uniformes são belíssimos; à chegada, o jovem conscrito aprende três coisas que o elevarão acima de seus hábitos de vilarejo. Aprenderá a esgrima, para fazer-se respeitar; receberá lições de higiene e cuidados pessoais, para garantir sua apresentação; e, por fim, ensinam-lhe a dança, para agradar as moças das localidades onde estiver aquartelado. Assim, quando nosso homem voltar, em licença, ao seu vilarejo, será o tal! (A altura mínima, na infantaria, é de cinco pés e cinco polegadas, ou seja, mais ou menos 1,80m.)

Outrora circunscrita à nobreza (à qual estavam interditas as profissões remuneradoras), a classe dos oficiais agora está ao seu alcance. Ele será primeiro anspeçada, depois cabo, sargento (suboficial), o peito e ombros ornados então dos ornamentos de praxe, indicando-lhe a patente, como recompensa por sua disciplina e por sua coragem. Em uniforme de gala, terá direito ao porte do bastão e meias de seda. No todo, compõe uma figura bastante correta. O decreto de 26 de fevereiro de 1764, assinado por Luís XV, concede a um sargento do Royal-Navarre, engajado aos vinte e quatro anos, em 1744, e que deixou o serviço na idade de quarenta e cinco anos, uma pensão de duzentas libras, renda que deverá ser dobrada, com a "Medalha dos Veteranos"[2], por uma alocação suplementar de cento e quarenta libras, mais o direito de portar *ad vitam* uniforme e espada. E, ainda, o exército real conta em suas fileiras inúmeros oficiais bem postos de nascença. Isso faria eclodir, no reinado de Luís XVI, a revolta moral dos pequenos nobres pobres contra essa "usurpação do espadim", com um conseqüente retorno a formas menos democráticas no interior dos regimentos. E soldados e suboficiais serão menos felizes sob esse pascóvio do Luís XVII do que sob o Bem Amado: demonstram-no as medidas tomadas, pois a rainha custa caro...

Mas não adiantaria muito, pois um elemento maior da evolução das idéias surgiu na França com a chegada do rei Jacques II da Inglaterra, exilado em Saint-Germain-en Laye em 1688. Com ele chegam também os regimentos escocês e irlandês fiéis, e, *com eles, as primeiras lojas maçônicas militares da França.*

Não podemos deixar de fazer uma pergunta importante.

Por que motivo, na origem, oficiais de carreira pertencentes à nobreza da Escócia ou da Irlanda sentiram a necessidade de receber a iniciação maçônica? Os *segredos de ofício* dos Maçons *Operativos* da Grã-Bretanha nada tinham em comum com a arte da guerra daquela época, dirá alguém.

Talvez, respondemos. Pois há um interesse maior em saber construir rapidamente e com segurança um abrigo, um fortim, uma trincheira, uma fortificação de campanha, capaz de resistir a balas de diversos tipos, às bombas e granadas da época. Será que Sébastian Le Prestre, senhor de Vauban, comissário geral das fortificações em 1678, marechal de França em 1703, o homem que semeou por toda a França obras tão variadas — militares, urbanas ou portuárias — não teria recorrido às corporações de talhadores de pedra e carpinteiros?

Os oficiais ingleses não ignoravam essas obras, e pode-se admitir que foi na mesma época em que os civis se fizeram receber nas lojas operativas como Maçons Aceitos, que militares de carreira solicitaram a mesma iniciação. Embora os precedessem grandes nomes, a começar por diversos de seus sucessivos soberanos, conforme já vimos, soberanos que eram ao mesmo tempo chefes militares, coronéis honorários de inúmeros regimentos.

Havia, finalmente, o princípio da *fraternidade maçônica.* Ao tombar em combate, gravemente ferido, reconfortava-o a lembrança de que, fosse qual fosse a diferença de patente, um *irmão* faria todo o possível para tirá-lo de lá. Assim, a *fraternidade das armas* encontrava-se reforçada pela *fraternidade maçônica,* sem detrimento da disciplina e da necessária hierarquia. E aí, também, o ideal maçônico preenchia um vazio que a religião negligenciara há muito.

Um belíssimo exemplo da fraternidade maçônica no seio das fileiras nos foi seguramente legado pelo Duque de Choiseul-Stainville (Claude Antoine), nascido em 1760 e falecido em 1838. Coronel do regimento dos *Royal-Dragons,* cavaleiro de honra de Maria Antonieta, protegeu a fuga de Luís XVI (seu "irmão") em 1791. Ele foi Soberano Grão-Comandante do *Rito Escocês Antigo Aceito* em 1825.

Ora, o marechal Ney, Duque de Elchingen, príncipe da Moscova, fora feito par de França por Luís XVIII. Por ocasião do desembarque de Napoleão I para os Cem Dias, Ney, que na qualidade de par de França prestara juramento de fidelidade ao trono, jurou a Luís XVIII trazer de volta o *Ogre da Córsega*, numa jaula de ferro. E, ao encontrar-se com ele, tomado de assalto pelo passado, cercado pelas tropas, passou-se para o partido do *Usurpador*! Com a queda do Imperador, ele foi preso, compareceu perante a Chambre des Pairs para ser julgado aí por traição. E, para surpresa geral, o duque de Choiseul-Stainville se recusou a condená-lo... Emulado ou intimidado por essa recusa de um par de França em esquecer seu juramento maçônico, Luís XVIII, lembrando-se sem dúvida do seu, não usou de rigor e o duque de Choiseul manteve-se no favor real. Ele fora recebido como Maçom numa loja militar cujo nome não conseguimos descobrir, no reinado de Luís XVI. Ney fora iniciado a 13 de setembro de 1801, na loja *Saint-Jean de Jérusalem*, no oriente de Nancy.

Essas lojas militares não tinham *nomes maçônicos*, como aconteceria a seguir. E a *Bonne Foi*, antiqüíssima loja de Saint-Germain-en-Laye, não foi absolutamente, na origem, a do regimento dos *Guardas Irlandeses*. Seu coronel, na época, o duque de Ormond, permanecera na Inglaterra, ligado ao novo soberano; e esse regimento adotou então o nome do novo coronel, tornando-se assim o regimento de Dorrington, depois o regimento de Dillon, e depois o de Walsh, do nome do terceiro coronel: Walsh-Serrant. Essa família, que se tornou totalmente francesa, a partir dessa época, ainda existe.[3]

Vamos, pois, recorrer à obra de G. Bord, *La Franc-Maçonnerie en France*, para aprofundar nosso conhecimento sobre essas lojas militares. Esse autor, embora adversário (extremamente cortês) da Maçonaria, conseguiu encontrar, em 1908, um expoente da velha aristocracia escocesa. Isso foi antes da publicação de seu livro. Essa pessoa comunicou-lhe grande parte dos ensinamentos que possuía, mas motivos de ordem familiar e de outros tipos impediram-na de revelar tudo a G. Bord, o que, aliás, é profundamente lamentável. Eis as seis lojas militares *jacobitas* dos regimentos que chegaram à França com o rei Jacques II. A cidade de Saint-Germain-en-Laye conservava ainda, por volta de 1920, em seu velho cemitério, alguns túmulos nos quais liam-se os nomes de certos oficiais franco-maçons stuartistas. Jacques II repousou em sua igreja até que a rainha-mãe da Inglaterra o mandasse inumar em Westminster, após a Segunda Guerra Mundial. Na minha juventude, fui amigo de certo André Durney, descendente de um O'Durney vindo da Irlanda, e cuja família morava em Saint-Germain desde o exílio! Ele, também, seguiu a carreira das armas, na África.

É certo que a primeira loja que "bateu o malho" em França foi a "Bonne Foi" no oriente de Saint-Germain-em-Laye; essa porém não era a loja militar dos *Guardas Escoceses* do rei Jacques II, pois, nessa época (1688), as lojas militares não tinham nome convencional, ao contrário do que declara G. Bord em sua obra *La Franc-Maçonnerie en France.* E, se passarmos em revista os nomes de antigos oficiais desse regimento segundo os controles dessa loja *La Bonne Foi,* veremos que esse período se estendeu de 1700 a 1730, sendo admissível que esses oficiais já tivessem, então, se reformado, tendo permanecido em Saint-Germain, perto do soberano no exílio. E a loja militar dos *Guardas Escoceses* seguira o regimento nos diversos locais onde esteve acantonado. Será que ele ainda estava em Saint-Germain em 1730? Certamente não, pois Luís XIV deslocara esses regimentos para a Alsácia.

## *Loja de Dillon*

Lally de Tollendal, tenente-coronel em 25 de julho de 1708; Linche, capitão dos granadeiros em 1705, reformado em 1734; Macdonald, capitão na ativa em 3 de dezembro de 1701, reformado em 1734; Gaydon, ajudante-major em 1701, major em 1.º de janeiro de 1709; Glasco, capitão na ativa em 1709, reformado em 1734; John Blourke, capitão na ativa em 1712, reformado em 1734; MacCarthy, capitão em 1703, reformado em 1734; Lally, ajudante-major em 1728; O'Toole, lugar-tenente dos granadeiros em 1709; Henry Dillon, filho do tenente-general, capitão em 1730; Arthur e Charles Maunery; John Blourke de Glinke; Patrice Heguerty; O'Neil; Edward e Richard Butler; Fitz Gérald; Arthur Dillon; Talbot de Tyrconnel; Bartholomew Radclyffe, Lord Derwenwater, filho de Charles Radclyffe, primeiro Grão-Mestre da Maçonaria stuartista.

De 1780 a 1790, observa-se: o Conde de Dillon, mestre-de-campo e coronel do regimento; cavaleiro Théobald Dillon, coronel ajudante; Barthélemy Dillon, tenente-coronel; capitão Thomas Dillon; lugar-tenentes James e Denis O'Farell; capitão Charles Coghlan; Darcy; Fitz Gérald; Gitz Maurice; Hussey; Mahony; O'Reilly; Plumkett; Sheldon; Thompson; Warren; Worth.

## *Loja de Walsh*

Michel Lesley, Conde de Rooth em 1718; Charles-Edouard Lesley, Conde de Rooth (1727-1733); Arthur Dorringthon, tenente-coronel em 1710, cavaleiro de Saint-Louis; Dassigny, francês, capitão em 1698; Nagle, capitão em 1698; Butler, capitão, cavaleiro de Saint-Louis em 1702; O'Calaghane, capitão, ferido em 1701; Clayon, capitão, 1707; Heasse, capitão em 1707; O'Donoghane, capitão em 1707; Mac Carthy, capitão em 1701; Wyndham, capitão em 1703; Cusarque, capitão reformado em 1709; Dorrington (1714); Weyer (1708); Dunne (1708); Geogheghane (1709); Reyly; Cohelane; Fitz Patrice; Calaghane; Purcell; Cusaque; Hobbes; Martin; O'Ogheren; Tilline; Florence e Guillaume Hurly ou Hurty.

De 1752 a 1777, não se nota o nome de nenhum membro da loja. Mas, em 1777, seu venerável é o capitão d'Arcy, o cavaleiro Walsh, capitão, é seu secretário, e seu deputado ao *Grande Oriente de França* é Woulf, oficial. A loja conta então dezessete membros. Um alvará de 7 de setembro de 1777, datado de Bapaume, contém as assinaturas de John O'Brien, do cavaleiro O'Connor, de Shield, Narey, Swietmann, Mac Carty, Roche, do cavaleiro de Keating, de Nagle, do cavaleiro Walsh, de Plunkett, e de Nugent.

Em 1785, seu venerável é o subtenente Hennery, sendo secretário o primeiro lugar-tenente Begg. Em 1788 e 1789, seu venerável é Walsh, capitão comandante; o secretário é Barbier, sargento-major. Num alvará datado da ilha de Oléron, 1.º de junho de 1787, lemos os nomes de F. Walsh, venerável, Mac Carthy, Bulkeley, O'Brien, Kavanagh, O'Flyn, cavaleiro de Keating, Keating, Tobin, O'Rurday, Gallwey, Barry.

A partir de 1752, a *Loja de Walsh* tornou-se *La Parfaite Égalité.*

Luís XIV colocara, logo depois, os regimentos stuartistas acantonados na Alsácia. Sua finalidade era desligá-los gradualmente da fidelidade aos Stuarts, integrando-os em seus exércitos. Isso levou as lojas regimentares a filiar-se à *Grande Loge de France,* e, posteriormente, ao *Grande Oriente de França,* que a sucedeu. Foi assim que a filiação da Maçonaria stuartista penetrou nessas obediências por intermédio dessas filiações, evitando que incorressem na pseudo filiação maçônica da novíssima *Grande Loge de Londres,* emanada das combinações de Anderson e de Désaguliers.

Antes e depois de Fontenoy (11 de maio de 1745), Luís XV provera a formação de quatro regimentos escoceses ou irlandeses. Essas

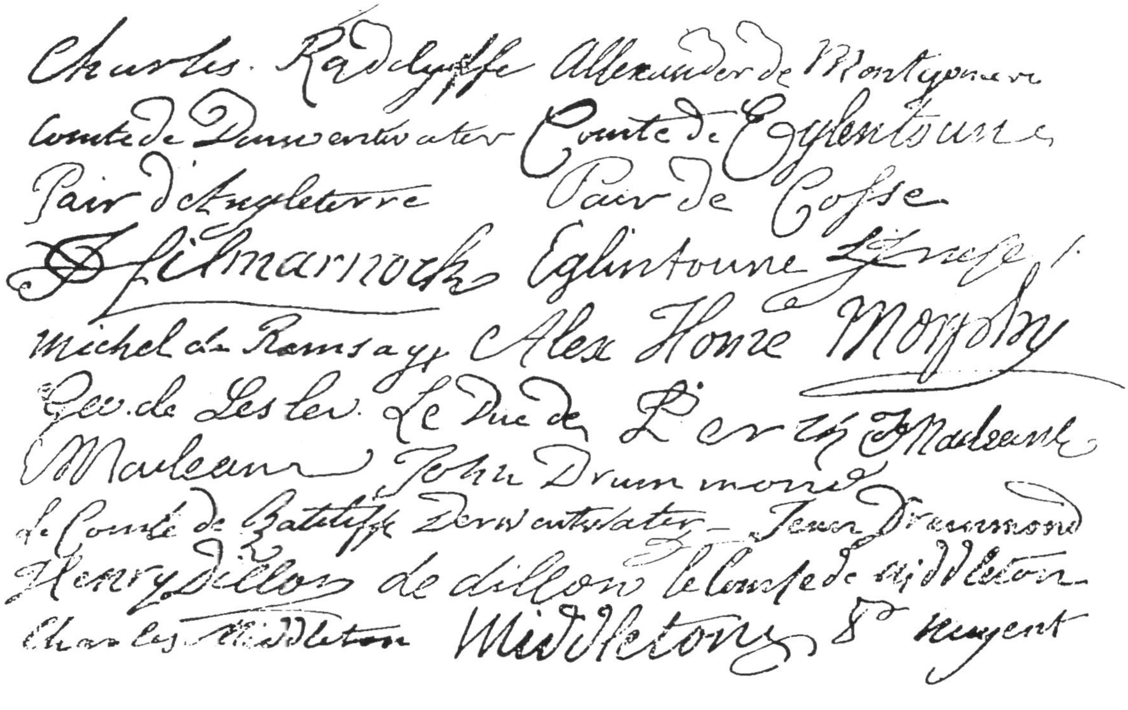

Assinaturas de Maçons escoceses que pertenciam às lojas militares de Saint-Germain-en-Laye em 1688.

unidades, como as outras, tiveram suas lojas, mas a história não conservou suas denominações. Entre os oficiais desses regimentos, de 1745 a 1771, notam-se os nomes de um certo número de franco-maçons da linha jacobita. Eis os quatro regimentos, com os membros da ordem que foi possível identificar.

### *Loja do Royal Écossais*

(regulamento de 3 de dezembro de 1743)

Coronel-conde de Drummond, duque de Perth; Louis Drummond de Melfort; Colbert Casthehiel; Suart; David Nairne; Hale; Macdonald de Glengary; Mac Gregor de Glengile; Macdonald de Clauvonald; Cameron de Locheil; Mac Pherson; Guilaume Douglas; Moore; Perkins; Ostove.

### *Loja do Regimento de Lally*

(regulamento de 1.º de outubro de 1744)

Lallyde Tollendal, coronel; Dillon; Glascoe; Bourke; Ryan; Fitz Gérald; Butler; Michel Lally; Lee; Brown; Fermor; Hugues Heguerty; Wogan; Mac Nemara.

### *Loja do Regimento O'Gilwy*

(regulamento de 28 de janeiro de 1747)

Milorde O'Gilwy, coronel; John Macdonald; David Carnegie; Brown-Buchanan; Thomas de Sotheringham; Duncan Mac Kintosh; John Menziès de Pitfodels; Guillaume e David O'Gilwy.

### *Loja do Regimento de Albany*

(regulamento de 20 de outubro de 1747)

Coronel Barão de Locheil; lugar-tenente-coronel Cluny de Mac Pherson; Archibald O'Gilwy; Cameron de Glenkengy; Frager de Fairfield; Peter Graham; John Alexander de Caueron; Blairfetty; James Cameron; Thomas Nayrne; Robert Graham Garrig; James Sterbury; John Drummond; James Macdonald; Jasques Graham Arth.

## *Loja Mãe Stuartista*

É plausível, como quer M. de Loucelles (que investigou os arquivos da Maçonaria de Saint-Germain), que nessa cidade estivesse instalada a loja-mãe do *Rito Jacobita*, que teve, sucessivamente, por grão-mestres: Jacques II, Jacques III e Charlels-Edouard (anteriormente citado). Entre seus membros mais eminentes, notam-se os nomes do duque de Berwick, filho natural de Jacques II (então Duque de York) e de Arabella Churchill, irmã do Duque de Marlborough. Morreu "ao serviço da França", durante o cerco de Philippsburg. Seguem-se: John Drummond, Duque de Melfort; André Louis-Hector e Louis Drummond, seus filhos; o Conde de Hamilton; os Dillon; o cavaleiro de Ramsay; os Radclyffe; Alexandre de Montgommery, Conde de Eglington; Alexandre, Conde de Home; Georges de Leslie; Richard Talbot, Duque de Tyrconnell; John, Barão de Dartford e Conde de Caryl; Conde de Lally de Tollendal, seu filho Thomas-Arthur; os lordes Bolingbroke, Clancarty, Clare, Greffin, Mac Carthy, Middleton etc.

Podemos admitir, sem provas absolutas mas com razoável margem de possibilidade, que esta *Loja-Mãe Stuartista* de Saint-Germain-en-Laye haja usurpado os poderes da célebre *Loja-Mãe d'Heredom de Kilwining* da Inglaterra, por datarem deste último "oriente" peças que, na verdade, vieram a lume em Saint-Germain-en-Laye.

Absolutamente certo, porém, é que não havia na França, em 1771, dez lojas cujos poderes (e principalmente a filiação!) emanassem regularmente da *Grande Loja de Inglaterra*, e que não existia o *Rito Escocês*, no sentido estrito da expressão, a não ser na França e na Alemanha, onde fora introduzido pelo Barão de Hund.

Esse *Rito Escocês* nada mais era que o que conhecemos pelo nome de *Early Grand Scottish Rite*, ou seja, uma adaptação do ritual dos Maçons *Operativos* às aspirações dos Maçons *Aceitos*.

De qualquer forma, a leitura das listas maçônicas que compõem esta obediência stuartista demonstra, sem margem de dúvida, que a preparação da Revolução de 1789 não lhes deve ser imputada! Esses nobres, que haviam perdido tudo em decorrência da revolução da Inglaterra, certamente não desejariam reencontrar em França uma nova versão...

Não nos deteremos no estudo das *Lojas militares francesas.*

O leitor poderá fazê-lo através da obra de G. Bord, quanto às datas de aparecimento, origem, composição, etc. Da mesma forma, na *Mémoire pour le diplôme d'études supérieures de science politique* (Memória ou dissertação para fins de graduação em Ciência Política), apresentada e defendida por Pierre Commes durante a sessão de outubro de 1972 na Universidade de Paris I, e intitulada: *La Franc-Maçonnerie dans l'armée, de la Monarchie à la fin du Second Empire* (A Franco-Maçonaria no exército, da Monarquia até o fim do Segundo Império). Por fim, poder-se-ia consultar a tese de graduação de Quoy-Bodin: *Les loges militaires au XVIII*[e] *siècle* (As lojas militares no século XVIII), no Instituto de Altos Estudos e Pesquisas Maçônicas, à rua Cadet n.º 16, Paris 9e.

Não obstante, forneceremos alguns detalhes sobre as lojas maçônicas de obediência stuartista, compostas de civis e não de militares. Pois faz-se uma idéia errônea dos maçons, *homens de espada,* para empregar a terminologia da época, "comprometendo-se" com burgueses! Aos olhos de um oficial do *Royal-Écossais,* um sargento de sua companhia era muito superior a um confesso ou a um rendatário, pois estava, ele também, autorizado a usar a espada...

Existe inicialmente, sem qualquer dúvida, *La Bonne Foi,* no oriente de Saint-Germain-en-Laye. É muito possível que membros das lojas militares da guarnição a tenham freqüentado, sem que o contrário seja necessariamente verdade. Fundada, ao que parece, em 1700, notam-se aí inúmeros nomes de maçons militares stuartistas, que, no entanto, constam como "visitantes", pois a filiação inevitavelmente vem deles.

Em 1725, sob a hospitalidade de um estalajadeiro da Rue des Boucheries, por nome Hure, reúne-se a loja *Saint Thomas de Canterbury.* Como o estabelecimento chamava-se *Au louis d'argent* (Ao luís — (moeda) — de prata), essa loja passou, pouco a pouco, a ser conhecida por *Saint Thomas au louis d'argent.* Encontramos aí Charles Radclyffe, conde de Derwentwater, que seria decapitado em Londres, a 8 de dezembro de 1746, por participação numa tentativa de restauração dos Stuarts. Em *Précis du règne de Louis XV,* Voltaire evoca suas últimas palavras, dirigidas ao filho: "Meu filho, deixa-te cobrir de meu sangue, e aprende assim a morrer por teus reis.[4]" Essa loja é composta, em sua maior parte, por exilados jacobitas, que, conseqüentemente, recusam a autoridade da nova *Grande Loge de Londres.* Foi durante essas "sessões" que foram iniciados os primeiros maçons especulativos franceses. Mas, a 3 de abril de 1732, os stuartistas deixaram essa loja, que acabara de colocar-se sob a obediência da *Grande Loge de Londres,* sob o número 90.

Pouco sabemos sobre as atividades desses maçons stuartistas. É bastante provável que as influências vindas de Londres tenham feito por destruir o detalhe de suas assembléias. Houve, depois dessa época, tantas guerras e revoluções, que sem dúvida muitos documentos transformaram-se em cinzas. Não obstante, encontramos os traços duma loja fundada pelo filho natural de Carlos II e Louise de Kéroualle, sua adorada amante, mas também agente do serviço secreto de Louis XIV. Esse filho chama-se Charles Stuart de Lennox, duque de Richmond, e, a partir de 1695, foi Grão-Mestre da Maçonaria jacobita, sendo sua mãe a duquesa de Portsmouth.

E, a 4 de setembro de 1734, o jornal *Saint James Evening Post* publica este trecho, que prova estar Londres bastante a par das atividades dos maçons stuartistas:

"Soubemos que uma loja dos Maçons *livres* foi recentemente constituída em Paris, sob os auspícios de Sua Graça, a duquesa de Portsmouth. Sua Graça o duque de Richmond, assistido por outro nobre inglês, muito distinto, pelo presidente de Montesquieu, pelo brigadeiro Churchill e por E. Yonge, escudeiro, escrivão, da honorabilíssima *Ordre du Bain* (Ordem do Banho) e por Walter Strickland, escudeiro, recebeu diversas pessoas de distinção nessa honorabilíssima e antiquíssima sociedade."

Era essa a *Loge d'Aubigny,* que leva o nome do castelo onde se realizavam as sessões. Tratava-se de uma propriedade legada por Charles II Stuart a Louise de Kéroualle, duquesa de Portsmouth. Ficava na França, no Cher, a vinte quilômetros de Gien, na estrada de Bourges. Em 1423, Charles VII dera esse feudo a John Stuart, seu aliado escocês contra os ingleses, e daí o nome desse ramo: os *Stuarts de Aubigny.* As antiquíssimas famílias de Aubigny-sur-Nère, descendentes dos gentis-homens e artesãos escoceses que para lá acorreram em grande número com John Stuart. O ramo d'Aubigny aí se radicou, a serviço da França, e gerou descendência, pois seus membros desposaram francesas de Touraine.[5]

Foi nessa loja do castelo de Aubigny-sur-Nère que recebeu a iniciação Louis de Pardaillan de Gondrin, duque D'Antin, filho legítimo do marquês e da marquesa de Montespan, futuro Grão-Mestre da primeira *Grande Loja de França*; secundaram-no nas cerimônias o conde de Saint-Florentin, secretário de Estado, e Charles de Montesquieu.

Nos meses seguintes, pouco a pouco, a filiação maçônica stuartista e a filiação maçônica orangista francesas confundiram-se e acabaram por fundir-se. Desapareceram os ritos provenientes dos antigos "deveres", sendo substituídos pela nova orientação decidida por Désaguliers e Anderson.

No fim desta obra, apresentaremos um estudo sobre a perpetuação da Maçonaria stuartista ou jacobita, pelo *Supremo Conselho dos Ritos Confederados*, criado em Edimburgo, em 1845.

## NOTAS

1. As "fraternidades" militares são citadas em Homero, que nos apresenta Nestor pedindo a Agamenon que passe em revista seu exército dividindo-o por clãs e *fraternidades.*

2. A medalha dos Veteranos era concedida ao cabo de vinte e cinco anos de serviço. Os anos de campanha contavam em dobro.

3. O duque de Walsh-Serrant reside no Castelo de Bouillé-Ménard, próximo a Segré, tendo seu filho, o conde de Walsh-Serrant, o nome de Charles-Edouard...

4. Como os maçons convencionais fizeram com que seu "irmão" Luís XVI fosse conduzido em carroça ao patíbulo, os maçons orangistas fizeram o mesmo por Charles Radclyffe, a 8 de dezembro de 1746. Ao morrer, ele se declarou católico, com "sentimentos de respeito, gratidão e amor pelo rei de França, Luís o Bem-Amado", arrependendo-se de todos os seus pecados. E disse ao carrasco: "Sou pobre, mas tome estes dez guinéus. Se mais tivesse, mais lhe daria. Desejo que não lhe suceda o menor mal, por sua ação." Ajoelhou-se então ao pé do cepo e rezou. *Durante um longo momento, a multidão fez o mesmo.* Será que, hoje, veríamos um tal espetáculo? Isso ia desaparecer com as "tricoteuses"* de 1793...

* *tricoteuses* — nome popular e pejorativo das mulheres do povo, que, no período de intensa atividade da guilhotina montada na Place de la Répulique — o chamado "terror" — acorriam diariamente à praça pública, disputando lugares e aí permanecendo por vezes até o dia todo, como num espetáculo público. (N.T.)

5. A família Retz de Serviès de Bressolles descende de Helena Stuart, que no dia 11 de junho de 1477, em Mende, desposou um jovem nobre escocês (arqueiro da guarda escocesa de Luís XI), chamado David Reith (que se pronuncia *Retz*). O filho deles, Antoine Reith, senhor de Cheminades, teve um filho, Guy, que, a 9 de novembro de 1544, em Mende, casou-se com Charlotte Pélissier de Saint-Ferréol, nossa remota antepassada.

# XV. OS MESTRES ESCOCESES

*Não ignoro que corre um vago rumor entre os Franco-Maçons, com respeito a determinada Ordem, por eles denominada Escocesa, superior à dos chamados Franco-Maçons ordinários, e que mantém segredos separados.*

ABADE PÉRAU,
*L'Ordre des Francs-Maçons trahi et leur secret révélé* (1742).

No dia 24 de junho de 1314, na batalha de Bannockburn, Robert Bruce, rei da Escócia, esmagou as tropas de Eduardo II, rei de Inglaterra, genro de Filipe IV o Belo. Para recompor os *Cavaleiros do Templo* de seu reino, que já não podiam usar esse nome em virtude da condenação expedida pelo Papa Clemente V, o rei constituiu-se na Ordem de Saint-André-du-Chardon, ou seja, a Ordem de Santo André do Cardo, sendo esse cardo o emblema da Escócia, e Santo André o apóstolo que, segundo antiga tradição, teria evangelizado essas paragens.

Na verdade, o santo jamais esteve por lá! Segundo a hagiografia tradicional, o apóstolo desse nome recebeu por missão evangelizar a Macedônia, o Epiro, a Grécia e a Trácia. Na cidade de Patras, no noroeste do Peloponeso, ousou afrontar o procônsul Egeu, que mandou atá-lo a uma cruz, na qual permaneceu muitos dias, evangelizando os assistentes. Quando o procônsul deu ordens para que o soltassem, o apóstolo implorou a Deus a graça de morrer em seu patíbulo.[1] Foi impossível, para os soldados, desatarem os laços que o prendiam à cruz. A Igreja Católica fixou o dia 30 de novembro como a festa desse santo, pelo calendário da época, o Juliano. Mas, se avançarmos em onze dias essa data, para situá-la no calendário Gregoriano (exato), a tradição astrológica tebana confere a esse dia (vigésimo primeiro grau do Sagitário) um símbolo: "Um mago, de tiara na testa e um cetro na mão direita." E a tradição alquimista ressalta a importância desse grau para suas operações.

Mas, nos Evangelhos, quem é Santo André? Um personagem bastante vago (citado em Mateus, IV, 18 e X, 2; Marcos, L, 29; III, 18; XIII, 3; João, I, 41; VI, 9; XII, 22; Atos, I, 13). É, principalmente, aquele que devemos encontrar antes de chegar ao próprio Jesus; é o *Introdutor.*

Esse nome, André, não é um prenome judeu de circuncisão. Deriva do grego *Andros* ("homem"), e, mais exatamente, de *Alexandros* (homem vingador"). Ora, esse prenome grego não seria, em realidade, no dizer de Dom J. Dupont, O.S.B., professor da abadia de Saint-André e tradutor dos *Atos dos Apóstolos* para a *Bíblia de Jerusalém,* senão a forma helenizada de Eleazar (cf. *Atos dos Apóstolos*, Ed. du Cerf, Paris, 1964, página 58, nota a propósito de IV, 17). E Dom J. Dupont, um beneditino, é alguém em quem se pode confiar! *Alexandros* em grego deu *Andreas* em latim, e *Alexis* e *Alex* em diversas línguas eslavas, permanecendo o grego *Andreas.*

Ora, *Eleazar* sempre se nos apresenta, no Novo Testamento, sob a forma contraída de *Lázaro,* aquele que Jesus teria ressuscitado, muitos dias após sua inumação, e cujo cadáver "já exalava mau odor..." (*João*, XI, 39). Segundo esse evangelho, o único que narra o prodígio, Jesus ordena ao morto que saia de seu túmulo. O surpreendente, nisto tudo, é que "o morto saiu, de pés e mãos ainda atados por faixas, e o rosto recoberto por um pano branco. E disse-lhes Jesus: Livrai-o das faixas e deixai-o ir" (*João*, XI, 44). E ele saiu saltitante, sem nada ver...

Conseqüentemente, primeira constatação, o misterioso André, por trás do qual se esconde um nome hebraico de circuncisão, outro não é senão Lázaro, aliás Eleazar, o ressuscitado. Daí sua participação no *corpus* dos alquimistas, onde se encontram símbolos como a *Fênix,* que renasce das próprias cinzas, e, como por acaso, sobre uma fogueira formada unicamente por duas ou quatro achas de madeira, dispostas em *cruz de Santo André.* Essa é também o X, imagem do *desconhecido* num problema a ser resolvido. A Epístola de Clemente de Roma (um dos quatro *Padres apostólicos,* com Ignácio, Barnabé e Hermas), menciona aliás a lenda da Fênix para simbolizar a *ressurreição* (cf. Clemente de Roma, *Epístola aos Coríntios,* XXV).

A Fênix sobre a sua pira

Assim, por ocasião da redação da *Epístola* (século I), não se ignorava serem André e Lázaro uma só e mesma personagem, sendo a Fênix a chave da lenda. Não vamos nos deter aqui no parentesco familiar do apóstolo Simão-Pedro com Jesus; remetemos o leitor a nossa obra *Les Lourds Secrets du Golgotha,* às páginas 92 e seguintes, chegamos então a esse papel curioso que se vai atribuir a André, pseudo-apóstolo da Escócia (onde, de resto, jamais esteve), nos meios maçônicos, com o grau desde há muito secreto: *Mestre Escocês de Santo André.*

Desde o século XVII, ele existe na maçonaria jacobita, ou seja, stuartista. É único, sucedendo ao Mestre Maçom comum. Mas, no século XVIII, encontramo-lo associado ao novo grau chamado *Rosa-Cruz,* que comporta diversas designações: "Cavaleiro Rosa-Cruz, aliás o título que melhor lhe assenta; cavaleiro da Águia, cavaleiro do Pelicano, Maçom de Heredom, cavaleiro de Santo André" (cf. *Instruction générale du grade de Chevalier Roze-Croix*, manuscrito de Devaux d'Hugueville, datado de 1746).

Em sua *Introdução*, Devaux d'Hugueville lembra que o *bijou* (jóia) habitual do grau, representando o santo em sua cruz típica, é eventualmente substituído, em certos Estados, por "uma medalha da Ressurreição". A jóia maçônica que orna a ponta do cordão de seda vermelho, distintivo desse grau, representa aliás um compasso *coroado*, apoiado sobre um quarto de círculo, numa de cujas faces há um *pelicano* alimentando a ninhada, e, na outra, uma *fênix* sobre sua fogueira de ressurreição.

No manuscrito, grafa-se *Roze-Croix* com *z*, e não *Rose-Croix* com s. *Uma discreta* reminiscência da verdadeira origem do termo. Na verdade, o hebraico *rosen koroz* significa "príncipe arauto", sendo que *rôz* (rosah) quer dizer "secreto", e *Koroz* significa "arauto", formando, pois, "arauto secreto" ou "arauto do segredo". Eis a origem do nome do personagem, puramente imaginário, denominado *Rozenkreutz* ou *Rosenkreutz*, batizado Christian para parecer menos semita.

Em 1593, Jacques VI da Escócia constitui a *Rose-Croix Royale*, com trinta e dois Cavaleiros de *Santo-André-do-Cardo*. Na época, ele era Grão-Mestre dos Maçons Operativos de Escócia. Tendo caído no esquecimento, por falta de recrutamento legal, ou rarefeita no segredo, a *Ordem de Santo André* foi reinstaurada em 1687, antes de seu exílio em França, pelo rei Jacques II. E aí veremos aparecer, um dia, essa *Ordem maçônica* fundada em 1659 (provavelmente pelo general Monck, maçom *Aceito*), que a denomina a partir de então *Ordem dos Mestres Escoceses de Santo André*, nome que a ordem jamais abandonará. O ritual, de duplo sentido, evoca a reconstrução do Templo de Jerusalém por Zorobabel e seus companheiros, à volta do exílio na Babilônia. Em segredo, evoca-se aí o retorno à Grã-Bretanha, após o exílio em França, com a restauração dos Stuarts.

Mas, se a *Grande Loge de France* da época reconhece profundamente o valor e a regularidade da Franco-Maçonaria *jacobita* (faria mal se os negasse, pois não possui outra filiação maçônica!), ela, por outro lado, não quer admitir a existência desse quarto grau, superior aos de *Aprendiz, Companheiro* e *Mestre*, os únicos por ela reconhecidos em 1743.

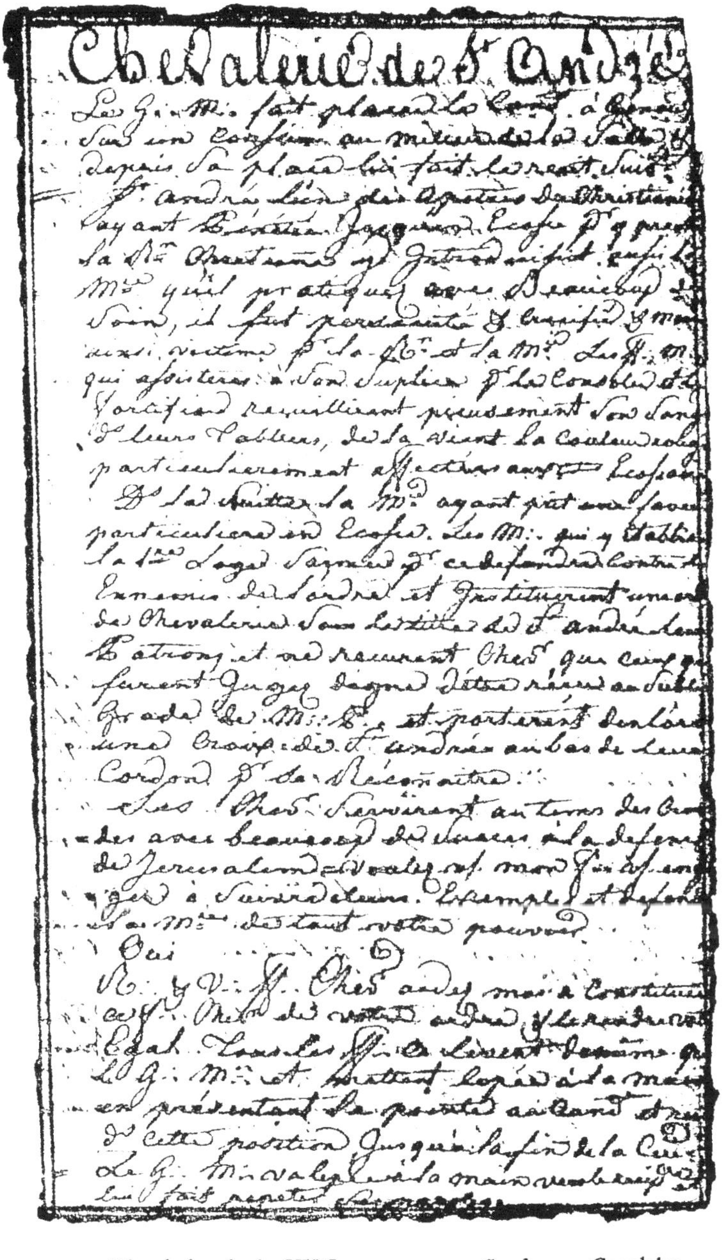
Chevalerie de St André

Ritual do século XVII para a recepção de um Cavaleiro de Santo André (1688)

Assim, lemos nos seus *Regulamentos Gerais* de 1743, esta declaração categórica que terá força de lei durante dez ou doze anos, ou mais:

"Ciente, desde há pouco, que alguns Irmãos apresentam-se sob o título de *Mestres Escoceses*, reivindicando em certas lojas direitos e privilégios dos quais não existe traço algum nos arquivos e costumes de todas as lojas estabelecidas sobre a superfície do globo, a *Grande Loge*, com o fito de manter a harmonia e a união que devem reinar entre todos os Franco-Maçons, decidiu que todos esses *Mestres Escoceses*, não sendo eles oficiais da *Grande Loge* ou de qualquer outra loja específica, devem ser considerados pelos Irmãos como outros *Aprendizes* ou *Companheiros*, cujos hábitos e costumes deverão eles observar sem qualquer sinal de distinção."

Já citamos o abade Calabre-Pérau, em epígrafe, neste capítulo, com sua *Ordem dos Franco-Maçons traídos e seu segredo revelado*, datada de Amsterdã, 1744, obra aliás bastante favorável à Maçonaria. À nossa citação, o abade acrescenta:

"Não decidirei sobre a realidade dessa Ordem[2], preferindo concordar com o fato de que ignoro seus mistérios, ao invés de falar mal deles. O que posso garantir francamente é que se possuem algum segredo particular, são dele extremamente ciosos, pois que o ocultam até dos próprios *Mestres* da Maçonaria" (*op. cit.*).

Eis, portanto, dois testemunhos de relevância sobre a existência duma *Ordem dos Mestres Escoceses*, espécie de Maçonaria superior, e que não revela seus objetivos nem suas origens. A explicação é bastante simples. *A Grande Loge de France* mantinha, já então, relações que não poderiam ser mais amistosas e fraternais com a *Grande Loja de Londres*, posteriormente transforamada em *Grande Loja de Inglaterra*. Conhecia esta última apenas três graus, os três da antiga Maçonaria Operativa, que pouco depois se transformaria em especulativa. Ora, os *Mestres Escoceses* outros não são que os *Cavaleiros de Santo André*, ou seja, partidários dos Stuarts, dissimulando essa raiz para melhor penetrar na Maçonaria francesa.

Esta é de filiação jacobita, conforme já vimos, com as lojas de Saint-Germain-en-Laye. E ela aspira ao ecumenismo maçônico, donde sua recusa em reconhecer esses *Mestres Escoceses*. Bem mais tarde, quando os altos graus do *Escocismo*, integrado na França, passarem à Maçonaria inglesa, poder-se-á dizer que a Inglaterra não foi a mãe do *Escocismo, mas sim a França*. Isto, porém, seria um jogo de palavras, já que o *Escocismo* veio realmente da Escócia, com as primeiras lojas militares jacobitas!

Seja como for, eis-nos chegados ao ano de 1755. No dia 4 de julho, o Conde de Clermont, nascido Louis de Bourbon-Condé, príncipe de sangue, sucessor do duque d'Antin como Grão-Mestre na França, e que governa a loja *Saint-Jean-de-Jérusalem*, em Paris, assina os *Estatutos*, compreendendo quarenta e quatro artigos que deverão servir de regulamento a todas as lojas do reino de França. Reconhecem, esses Estatutos, o novo grau de *Mestre Escocês*: estabelecem que só os *Mestres de loja* e os *Mestres Escoceses* terão, no futuro, direito de permanecer cobertos em loja. Os Mestres Escoceses, porém, terão precedência sobre os primeiros, portadores que serão da missão de inspecionar os trabalhos das lojas, restabelecendo a ordem quando necessário. Este uso tornar-se-á privilégio dos detentores dos graus de *Mestre Escocês de Santo André* ou de *Cavaleiro Rosa-Cruz*, no Rito Escocês Retificado ou no Rito de Mênfis-Misraim, que conservaram esse antiqüíssimo costume.

Coloca-se, aqui, o problema de saber-se se essa classe de Mestres Escoceses conservara determinados conhecimentos esotéricos que outrora haviam constituído o essencial da corrente rosacruciana, da qual ela emanara, já que a *Rose-Croix Royale*, fundada em 1593 por James VI da Escócia, nascera com trinta e dois *Cavaleiros de Santo André do Cardo.*

Em verdade, a resposta é não. O essencial dessa tradição rosacruciana consistia em dados alquimistas. Não se tratava exclusivamente de transmutações metálicas, mas duma filosofia que visava à unidade da Matéria, e a possibilidade de transmudar o Homem e o Cosmos, que essa tradição considerava decaídos. Robert Fludd estendeu-se bastante, em suas obras, sobre essa *Gnose alquimista*, que vai muito além do que imagina o vulgo.

Pois muito bem, a partir de 1751, a Loja-Mãe de Marselha, fundada pelo "Irmão" maçom jacobita Georges de Walnon, inicialmente com o nome de *Saint-Jean d'Ecosse*, aboliu esse grau, que permaneceria realmente iniciático, entre outros de espírito bastante diverso:

— *Mestre Eleito*, dito *dos Nove*. Vinga-se aqui a morte de Hiram.

— *Verdadeiro Escocês de Escócia.* Reconstrói-se o Templo de Salomão, e, nas ruínas, descobre-se o Nome Divino.

— *Cavaleiro do Oriente.* Celebra-se o retorno do Cativeiro em Babilônia, e trabalha-se na reconstrução do Templo.

— *Cavaleiro Rosa-Cruz.* Aprende a praticar a Fé, a Esperança e a Caridade; é levado a encontrar um novo Nome Divino (evocando a Nova Aliança), e mostra-se-lhe o Inferno!

Não nos causa espanto: a Maçonaria francesa da época é de obediência católica. Um dos artigos dos Estatutos elaborados em 1755 pela *Grande Loge de France* impõe às lojas assistir a uma missa após as eleições anuais da Saint-Jean d'Été. Noutro artigo, ordena-se ao novo Venerável que faça celebrar, no dia seguinte ao de sua eleição, um serviço fúnebre pelo repouso da alma dos Irmãos falecidos. E que viria fazer aqui uma tradição *alquimista* cujo objetivo é a transmutação do homem e do Cosmos? Existe, para tanto, a via sacramental: batismo, matrimônio, morte: tudo é previsto. E, no conjunto, exceção feita a alguns pequenos cenáculos de orientação esotérica, a grande massa dos Franco-Maçons ocupa-se da beneficência e de discussões tão vazias quanto ligeiras sobre temas à la Jean-Jacques Rousseau.

Por isso, não surpreende que o *bijou* (a jóia) maçônico, emblemática do grau de *Mestre Escocês de Santo André,* não seja mais o mesmo, uma vez integrada no *Rito Francês,* esse recém-nascido que suplantou o *Rito Escocês Primitivo,* trazido à França pelas lojas militares stuartistas.

Daí por diante, o *bijou,* termo que designa o emblema metálico do grau praticado, atado à ponta do Cordão ou do *Sautoir* usado pelo maçom que detém esse grau, representa um Compasso coroado, aberto em um quarto de círculo (90 graus), e tendo, entre os braços, um sol raiado. Pode-se ver aí o que se quiser.

Bem mais esotérico é o que seria adotado em 1778 pelo Convento de Lyon, constitutivo do *Rito Escocês Retificado.* Pelo avesso, é uma coroa real recoberta pela Cruz *gamada* (*ao Templo?*), que encerra um selo de Salomão (estrela de seis pontas) flamejante. No centro, a letra maiúscula *H,* entre o Compasso, o Esquadro, o Prumo e a Perpendicular. No avesso aparece Santo André em sua cruz em X.

A letra *H* pode significar *Hiram,* ou *Heredom,* a mística Cidade da Maçonaria escocesa. Observamos, porém, que a Estrela Flamejante tinha, primitivamente, seis, e não cinco pontas. Na lenda, ela simboliza o poder conferido por Deus a Salomão sobre o mundo invisível. É também a imagem duma *cristalização mineral,* e, quando coroado, esse Selo de Salomão é, em inúmeros manuscritos alquimistas, a imagem da *Grande Obra realizada.*

Seu flamejar exprime a *eclosão duma força contida.* E hoje sabemos, por experiência, que o átomo encerra em seu núcleo uma potência *ao mesmo tempo destruidora e criadora.* O universo nasceu da explosão dum átomo inicial, na seqüência de uma hiperdensificação, que deu origem a uma hipotermia. Daí o crescimento desse Universo, a que alude o abade Lemaître. Tempo virá em que, na esteira duma implosão, reconstituir-se-á o átomo inicial. Assim, pois, é como afirmava Orígenes, no século II: universos sucedem universos, e a Criação divina é eterna, como seu Autor.

Mas essa letra *H* encerrada no centro do hexagrama salomônico é igualmente símbolo do *espírito,* prisioneiro da *matéria.* Grafada à moda da letra grega *teta* (ver ilustração), significativa, nas listas dos legionários romanos, e para o nome que acompanhava, que seu portador morrera em combate. Já, pelo contrário, noutros documentos relativos ao hermetismo, quando a barra horizontal desse mesmo *H* transpunha os limites do círculo que a continha (como no *teta* grego), exprimia o espírito ampliado, ou seja, *liberto.* Esse termo provém do vocabulário empregado nos tribunais inquisitoriais, onde a prisão se apresentava sob o aspecto de "parede larga", "parede estreita", "parede muito estreita", implicando em prisões cada vez mais penosas. Sair equivalia ao *alargamento da parede* para o prisioneiro.

O caráter alquímico, mais que qualquer outro, desse *bijou* de Ordem é ainda ressaltado por um detalhe de certa importância. A letra *H,* no centro do *Selo de Salomão,* aparece emoldurada por quatro *bijoux* de loja:

— o *Compasso,* acima da letra, simboliza *Fogo,*

— o *Esquadro,* abaixo dela, simboliza *Terra,*

— o *Nível,* à esquerda, simboliza *Água,*

— a *Perpendicular,* à direita da letra, simboliza *Ar.*

Muito bem, esses quatro *Elementos* estão dispostos segundo as normas da tradição hermética; o *Fogo* opõe-se à *Terra;* o *Ar* se opõe à *Água,* e vice-versa, divisão esta que encontramos na tradição geomântica, pois o contrário causaria espécie.

Não resta dúvida que existia, nessa *jóia* maçônica, um ensinamento esotérico de outra envergadura além daquela que o novo *Rito Francês* conferiu ao mesmo grau, logo depois.[3]

Eis por que, diz-nos o manuscrito de 1762, de Devaux d'Hugueville, ao transmitir-nos o Código dos *Rosa-Cruzes Jacobitas,* às vezes usava-se, à guisa de *jóia,* uma simples medalha da *Ressurreição.*

Pois é aí que vemos aparecer, com a lenda de *Lázaro,* disfarçada pela de *André apóstolo,* a existência duma *pneumatologia,* evocada pelo grande iniciado que foi o marquês de Chefde-bien de Saint-Amand (*Eques a Capite Galeato* na *Stricte Observance Templière*), em sua obra *Esquisse d'Architecture pour le Rite Primitif,* importada de Praga por seu pai:

"O quarto e último Capítulo dos *Irmãos Rosa-Cruzes do Grande Rosário* estuda assiduamente conhecimentos específicos de ontologia, psicologia e pneumatologia; em suma, todas as ciências que denominamos ocultas ou secretas. . ." (*op. cit.*).

Na verdade, por trás desse misterioso *André apóstolo* que nunca foi à Escócia o que não ignoravam os Maçons cultos), existe o *Lázaro ressuscitado dentre os mortos,* diante de Jesus, e isso nos orienta para um domínio particular dessa *pneumatologia* que tanto interessava aos Rosa-Cruzes do Grande Rosário!

Afinal, que é um *rosário*? Um grande terço, um conjunto de contas semelhantes, montadas num cordão ou num fio. É uma *cadeia de união,* no sentido maçônico do termo. E, por trás da banal tradição da sigla I.N.R.I., conservada pelos Maçons comuns, ou seja, *Igne Natura Renovatur Integra* (É pelo Fogo que a Natureza se renova), há o significado oculto, conhecido pelos verdadeiros iniciados. Convidamos o leitor que não haja esquecido totalmente o latim de sua juventude a construir uma frase com essas quatro palavras, mas declinando-as de diversas maneiras: IN ("em"), NOVALE ("a terra"), RENASCOR ("renascer"), INTEGER ("intacto, puro"). O leitor compreenderá muitas coisas.

Reportemo-nos à lenda de Hiram (ver página 41). Constataremos achar-nos em presença de duas tradições opostas. Uma, a tradição *Samaeliana,* é a do *Fogo*; outra, a tradição *Adonaítica,* é a da *Terra.* A primeira conclui pela cremação funerária, enquanto que a segunda se inclina pela inumação na terra. Por isso, a filiação rosacruciana que se manteve no seio da primeira corrente, na maioria dos Ritos praticados, e no décimo oitavo grau (Cavaleiro Rosa-Cruz), perdeu rapidamente qualquer *espiritualidade* verdadeira, perdendo-se em divagações mais ou menos "crísticas" e sem qualquer profundidade.

Conhecemos um "Cavaleiro Rosa-Cruz" militante marxista e sectário de Moscou, no seio duma grande obediência francesa! Depois dessa. . ." Mas voltemos ao INRI.

Esta frase lança luz sobre a divisa gravada no *anel* dos *Mestres Escoceses,* mencionada no ritual do século XVII, que um dia publi-

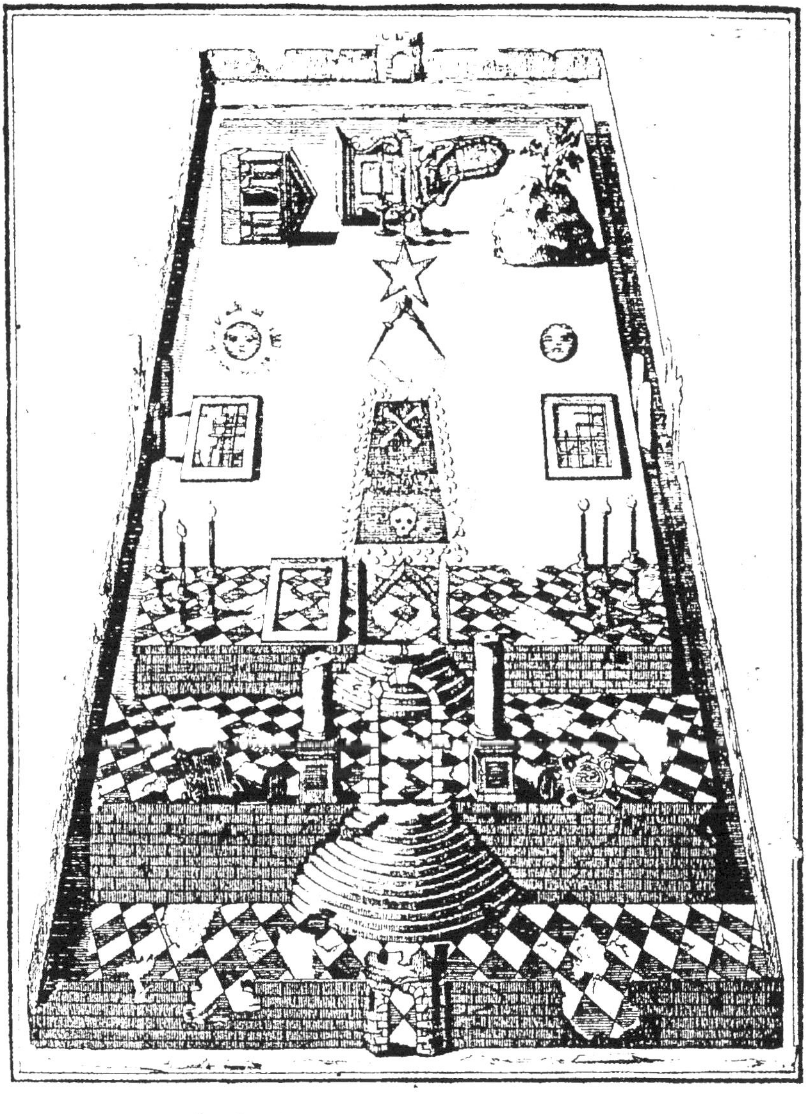

Quadro da Loja de Mestre Escocês (1688)

caremos. Essa *aliança* (palavra que exprime junção, emparelhamento) foi conservada pelo *Rito Escocês Antigo Aceito,* para o seu décimo quarto grau: *Grão Escocês da Abóbada Sagrada de Jaques VI.* É outorgada (em princípio!) a cada Recipiendário, e traz gravado, em seu interior: "La vertu unit ce que la mort ne peu séparer.[4]" (A virtude une o que a morte não pode separar).

Esta pneumatologia tem seu lado bom e seu lado mau. Deste último, temos uma aplicação no rito da morte de Hiram, no grau da atual *Mestria,* e já o analisamos (ver página 75). É uma aplicação infeliz, e que revela, antes de tudo, "fissuras da Grande Muralha" de René Guénon, mais do que a iniciação da *mão direita*...

Esse papel do *mundo dos mortos* em toda *iniciação* é hoje universalmente conhecido. Num próximo capítulo, nós o abordaremos.

Concluiremos, porém, simplesmente, citando um Maçom de alto nível, Marius Lepage, que durante muito tempo foi venerável da *Loge Volney,* no oriente de Laval, tendo dirigido a excelente revista *Le Symbolisme,* após a morte de Oswald Wirth, seu fundador. Foi secretário de Stanislas de Guaita, o que, por si só, já é uma excelente referência, e terminou a carreira como membro do Conselho Supremo do *Rito Escocês Antigo Aceito.* Escreveu Marius Lepage:

"Pretender separar a Franco-Maçonaria do Ocultismo é algo impossível e vão. Pretender compreendê-la à luz do Ocultismo corresponde a rebaixá-la ao nível duma sociedade filantrópica ou política" (cf. M. Lepage, *Le Symbolisme,* 1930).

NOTAS

1. São Pedro Crisólogo atesta, em seu Centésimo Trigésimo Terceiro Sermão, que ele foi pendurado numa árvore. Bispo de Ravena no século V, ele provavelmente tem razão, pois a Igreja fez, de Santo André, o patrono dos *cordoeiros,* sem outro patronato...

2. Trata-se aqui da *Ordem dos Mestres Escoceses,* e não da *Ordem Maçônica.*

3. Infelizmente, a confecção dessas *jóias* maçônicas foi, por vezes, obra artesanal de fornecedores, ignorantes ou desejosos de economizar na mão-de-obra. Assim, o simbolismo encontra-se reduzido ou deformado.

4. O *anel* dos *Mestres Escoceses jacobitas* trazia esta inscrição em inglês: "Virtue unites what death cannot separate", com igual significado, ou ainda, em latim: "Fidelis ad mortem", com o mesmo sentido.

Confirmaram-me que o *Rito Escocês Antigo Aceito* havia substituído o rito da entrega dessa *aliança.* É provável que isso tenha sido decidido na época em que já não se compreendia seu significado. Ora, esta obediência sempre recusou, indemovivelmente, a criação de lojas de Mestres Escoceses de Santo André acima de suas oficinas "escocesas retificadas", aceitando apenas Capítulos de Cavaleiros Rosa-Cruz. Eis mais um exemplo do papel importante da incompreensão e da ignorância na degradação do mundo do Sagrado, tanto na Maçonaria quanto na Igreja Católica, pois a segunda, nesse domínio, nada fica a dever à primeira!

# XVI. UM RITUAL DE MESTRE IGNORADO

*Desci à mansão dos mortos, e aí*
*encontrei-me com Abraão, Isaque e*
*Jacó, com vossos pais, os profetas,*
*e lhes anunciei o repouso nos lugares*
*altos, para onde irão.*[1]
Testamento em galileu
de N.S.J.C.

Há uma tradição universal no domínio da iniciação, segundo a qual todo rito que exprima esta passagem de alguém do mundo *profano* ao mundo do *sagrado* comporta diversas seqüências:

— um *despojamento*, físico (vestes) e moral (renúncia);

— um *trespasse* aceito (morte aparente), implicando:

— jazimento direto no solo, em que a terra estabelece o contato com:

— o mundo dos mortos, onde o postulante vai ser sacralizado, seguindo-se

— ascensão ao mundos dos vivos (ressurreição).

Em quase toda parte, esse mundo dos mortos é também o dos ancestrais, geneticamente em correspondência com o postulante. Esse mundo, porém, é regido por uma espécie de *triunvirato*, no qual encontramos:

— as três Parcas, Cloto, Laquesis e Átropos;
— as três Górgonas: Esteno, Euríale e Medusa;
— as três Gréias: Ênio, Pefredo e Dino;
— as três Fúrias. Alecto, Megera e Tsífone;
— os três Juizes: Minos, Éaco e Radamanto;
— um Cérbero triplo;
— uma Hécate tripla;
— os três Patriarcas de Israel: Abrão, Isaque e Jacó.[2]

Muito bem, na tradição maçônica, o mito da construção do Templo de Jerusalém (cidade sagrada) coloca em cena três personagens principais:

— Salomão, rei, detentor da missão de construir o Templo segundo determinadas especificações, comunicadas por Deus ao profeta Natã. No ternário maçônico, ele corresponde à *Sabedoria*, que Deus lhe outorgou (I *Reis*, IV, 29-30);

— Hiram, rei de Tiro, que forneceu a Salomão as matérias-primas necessárias, e as massas obreiras aptas a essa realização. Corresponde à *Força* (I *Reis*, V, 6-18);

— Hiram Abif, fundidor e ferreiro, que se encarregaria de tudo o que concerne às artes metálicas. Corresponde à *Beleza* (I *Reis*, VII, 13-51).

Mas, nos graus de Cordões negros, ou seja, de "vingança", encontramos apenas Salomão e Hiram, rei de Tiro, pois Hiram estaria morto, e devia-se castigar seus assassinos. Aqui, o ternário completa-se por um misterioso "Mestre Íntimo". Ora, o latim *intimus* designa "o que há de mais profundo, de mais recôndito numa coisa" (E. Littré, *Dictionaire*). Nenhuma tradição maçônica confere um nome ao misterioso personagem, daí o papel será encarnado por um *Mestre Maçom* nesse novo psicodrama ritual.

Muito bem, existia, nas lojas *jacobitas*, um ritual de iniciação à *Mestria*, totalmente diferente desse que surgiu em 1723 e se baseia na morte violenta de Hiram Abif — e que, muito provavelmente, foi comunicado a Désaguliers ou Anderson, por um rabino desconhecido, tendo por fundamento esse antiqüíssimo manuscrito do qual já falamos aqui (ver página 63). Desse ritual *jacobita*, muito diverso e infinitamente mais próximo dos princípios iniciáticos a que nos referimos anteriormente, possuímos uma reminiscência num documento da *Grande Loge de France* da época, que não poderia ser mais significativo, e emanado do dossiê de sua pesquisa sobre Martinez de Pasqually.

Parece extremamente útil falar um pouco sobre este último.

Nasceu, acredita-se, em Grenoble, no ano de 1727, de pais absolutamente comuns, muito provavelmente judeus convertidos; e morreu em Port-au-Prince, no ano de 1779. Fundador duma organização maçônica muito especial, por ele denominada *Ordre des Chevaliers Maçon Élus Cohen de l'Univers*, e da qual se proclamou "Grão-Soberano", constituiu lojas em Bordeaux, Toulouse e Marselha. Sua doutrina, ele a expôs na obra *Traité de la Réintégration des êtres* (Tratado da Reintegração dos Seres), e nas cartas por ele dirigidas a seus discípulos. Entre estes, os principais foram Louis-Claude de Saint-Martin e Jean-Baptiste Willermoz.

Martinez de Pasqually (ou Martinez Pasqualis) fazia-se chamar *Jacques de Livron de La Tour de La Case Martinez de Pasqually,* numa época em que os maiores nomes de França se assinavam *Noailles, Montmorency* ou *Choiseul*! Na verdade, a família de Livron, barões de Vars, de Objat, de La Rivière, marquês de Bourbonne, soberanos de Vauvilliers, extinguiu-se a 13 de março de 1728! Pertencentes à nobreza do Dauphiné, Angoumois, Limousin, Lorraine, Franche-Comté, Bassigny, tinha interesses nas Antilhas. Grenoble en Dauphiné, Antilhas (Martinez de Pasqually morreu em Port-au-Prince, aonde fora receber uma herança (?), são nomes que encontramos em sua vida. Embora domiciliados posteriormente em Bordeaux (rue Juiverie), não pôde, por muito tempo, fazer-se passar por nobre, e, por duas vezes, pagou multa por usurpação da nobreza (a fiscalização não era a mesma). Nem ele nem o pai foram jamais *escudeiros* (primeiro grau da nobreza), *e por isso nunca tiveram brasão.*

A pesquisa de Van Rijnberk (cf. *Un thaumaturge au XVIII*[e] *siècle Martinez de Pasqually,* Paris, 1935), revelou que ele nunca foi oficial dos *Gardes Vallones* na Espanha, nunca serviu nesse regimento, jamais matou alguém em duelo. A patente maçônica, da qual ele nunca apresentou outra prova senão uma tradução de sua própria lavra (nunca se viu o original desse documento), era uma falsificação grosseira, contendo inúmeros erros de ordem cronológica e nominativa. Contrariamente ao que apregoava, não possuía arquivos familiares, já que compunha seus rituais operativos na estrita medida das necessidades e reclamos de seus discípulos. Os *repertórios* de identificação das entidades evocadas, comunicadas aos discípulos, estavam cheios de erros grosseiros, que só poderiam mesmo iludir a ignorância destes em matéria de caracteres antigos, como o manuscrito de Grenoble de Prunel de Lierres. Seus conhecimentos maçônicos, afinal, limitavam-se a indiscrições recolhidas aqui e acolá, pois ele jamais pertenceu à Grande Loja stuartistas, nem tampouco à Grande Loja orangista. Depois da pesquisa, também, a *Grande Loge de France,* que de início reconhecera a legitimidade das lojas por ele fundadas, decidiu inseri-las, no índice, com todos os seus membros.

Dessa pesquisa, possuímos em nossos arquivos uma cópia. Compreende trinta e oito folhas encadernadas, com inúmeros esquemas esotéricos emanados de documentos do próprio punho de Martinez. Esta cópia veio dos arquivos da *Grande Loge d'Ukraine,* e nos foi entregue em Paris, em 1964, por um de seus antigos membros. Reproduziremos aqui o trecho relativo a uma entrevista de Martinez de Pasqually com os pesquisadores da *Grande Loge de France,* entrevista esta que ocorreu a 23 de julho de 1766, "entre 5 e 6 horas, no terceiro banco da aléia à direita, vindo do Castelo" (Jardins das Tulherias), entre Martinez de Pasqually e os representantes da *Grande Loge de France,* por nomes Baudfon, Deschamps, Desala e Zambaud. Evoca-se aí uma sessão maçônica que deveria ocorrer no dia seguinte, 24 de julho de 1766, em casa de Saint-Martin, e à qual deveria estar presente um *Mestre Escocês de Santo André,* que Martinez de Pasqually prometia embaraçar com sua ciência maçônica! A seqüência do relato demonstra simplesmente a verbosidade de Martinez nesse terreno. Não obstante, há que se reconhecer nele um perfeito conhecimento da magia, da tradição esotérica judaica dos *Jubilados,* e de perfumes *alucinógenos,* que convenceriam seus discípulos de seu valor teúrgico...

No decorrer dessa entrevista nas Tulherias com os representantes da *Grande Loge de France*, Martinez de Pasqually lhes disse:

"Meus Irmãos, dar-vos-ei uma recepção de Mestre! Possuo uma grande sepultura, sobre a qual se coloca um lençol. Joga-se o recipiendário, que cai na sepultura. Por vezes, jogam-se dois, um após outro. Que achais do embaraço daquele que fica por baixo?... Possuo um grande túmulo no qual há três tamboretes em triângulo, com três crânios de pessoas mortas por morte natural, que mandei buscar no hospital, onde conheço o cirurgião. Esses três crânios encontram-se cobertos por um véu de cânhamo, e ali existe apenas uma luz, que dá a impressão, sempre, de que vai se apagar, e faz "piche, piche, piche".

"No sepulcro há três Irmãos, ocultos; tem, cada um, um fio preso aos dois cantos e ao meio do pano ou linho que recobre os crânios. Ao recipiendário, quando entra, ordena-se-lhe: faça suas reflexões, e ele normalmente permanece uma hora e meia aí. Ao cabo de algum tempo, puxa-se um fio duma ponta, e aparece um crânio descoberto! Meu homem sente medo, e fica sem saber o que pensar. Puxa-se então o fio da outra ponta, e depois todo o linho duma vez. Observai, porém, que isso tudo se passa muito suavemente, e que, sob o cânhamo, existe um bocado de pão e de água numa cuia ou pote de arenito. Os três Irmãos ocultos falam então, cada qual numa língua estrangeira, e censuram-se mutuamente por sua indiscrição.

"Você sabe a história de Caim e daquele que o matou! Acho que foi Malael, caçando num bosque.[3] Ele disse a Deus: "Senhor, matei meu irmão na caça, sem querer. . ." E Deus lhe disse: "Aquele que te matará, seja quem for, será maldito setenta vezes sete vezes. ."

"Pense bem nas sete vezes, nas setenta vezes, e que tudo caia em sete. Meus Irmãos, conhecem a divisão por seis?" Chega então o Irmão Deschamps. Por algum tempo, falamos de coisas indiferentes" (*op. cit.*).

Qualquer leitor, tendo já lido algumas obras sobre a Franco-Maçonaria (são numerosas entre o público culto) terá identificado uma evocação tosca do *Gabinete de Reflexão*, inserida num ritual preparatório à *Cerimônia de Recepção* de um profano ao grau de *Aprendiz.* Pois, disso tudo, nada é exato: Martinez de Pasqually simplesmente leu algumas obras do século XVIII que relatavam o essencial das cerimônias maçônicas; provavelmente conheceu um membro qualquer da Maçonaria stuartista; e, a partir disso tudo, construiu seu próprio sistema. Pois a história dos três crânios, no fundo dum sepulcro, evoca curiosamente um ritual de recepção ao grau de *Mestre,* elaborado na primeira metade do século XVIII por determinadas lojas independentes e de obediência ainda jacobita, que recusavam o rito da morte de Hiram como certos maçons ingleses (ver página 61) e que não foi mais praticado, eclipsado pelo outro, tendo permanecido apenas no manuscrito.

Nesse ritual, o Companheiro que passa ao grau de *Mestre* supostamente desceria ao reino dos mortos, como o Cristo.[4] Comparece perante Salomão (a Sabedoria), Hiram rei de Tiro (a Força) e Hiram arquiteto (a Beleza), que lhe comunicam seus próprios conhecimentos expressos nas três Virtudes teologais: *Fé, Esperança, Caridade.* Encontramos aqui a influência rosacruciana dos *Mestres Escoceses de Santo André*, com a divisa do décimo terceiro grau do *Escocismo Antigo Aceito*, emanado do *Rito de Perfeição* de 1758: "*Inveni verbum in ore labor*", ou seja: "A Palavra (perdida) encontra-se na prece e no trabalho."

## NOTAS

1. Apócrifo etíope. Os evangelhos canônicos não falam da descida de Jesus aos Infernos.

2. Jacques de Molay, Philipe IV o Belo, Clemente V, indubitavelmente alto graduado da Franco-Maçonaria.

3. No *Gênese* (V, 12 a 17), Maalalel é filho de Quenam, e da linhagem emanada de Adão e Eva. Mas em parte alguma se nos diz que ele vingou seu tio Abel, matando Caim. Martinez se abebera aqui numa fonte específica do Judaísmo, justificando assim sua origem judaica.

4. A *mestria*, entre os *Carvoeiros* e *Fundidores*, repousava na Paixão de Jesus, reproduzida (ritualmente) pelo recipiendário (ver pág. 94).

# XVII. FRANCO-MAÇONARIA E ESPIRITUALISMO

*Poder Eterno e Soberano invocado sob cem diferentes nomes, Arquiteto Supremo, Ordenador de todos os Mundos, a Ti somente, neste Templo, se elevam nossos corações e sua fidelidade...*

Rito de Menfis-Misraim.

O espiritualismo é uma doutrina filosófica que admite a existência do *espírito* como realidade substancial, aí implícita a existência da *alma*, ou seja, de certos *desdobramentos* desse princípio, subentendendo-se entre ambos uma certa independência. Assim, sob este segundo aspecto, o homem poderia ser, em realidade, um conjunto de "pessoas" (do latim *personna*: "máscara", "aparência") duma espiritualidade cada vez mais sutil.

A imortalidade dessa alma não é demonstrada, mas, uma vez admitida sua existência, impõe-se inevitavelmente uma certa perenidade póstuma. Na mesma ordem de idéias, a existência de um *Deus criador* se impõe, sem que o homem possa concluir por sua imanência ou sua transcendência. É esse *Deus criador* que a Franco-Maçonaria de tradição denomina *Grande Arquiteto do Universo*, provavelmente sob a influência do pastorado protestante:

"A cidade da qual é Deus o arquiteto e construtor..." (*Epístola aos Hebreus,* XI, 10).

"Lancei-lhe os fundamentos como um sábio arquiteto..." (*I Epístola aos Coríntios,* III, 10).

Os antigos *deveres* da Maçonaria Operativa dos séculos anteriores, em suas raras invocações rituais, mostram-se de raízes nitidamente católicas ou anglicanas. Trata-se de *Deus,* ao qual por vezes se associam o *Filho* e o *Espírito Santo,* ou da *Santíssima Trindade,* simplesmente.

Ora, qualquer referência obediencial a uma divindade implica inevitavelmente em práticas cultuais mais ou menos importantes. Daí a presença, nos rituais das obediências maçônicas espiritualistas, de invocação de forma religiosa, que nuuca deixam de chocar o Maçom visitante que pertença a uma obediência racionalista, ou seja, ateísta militante. Aliás, é curioso observar que nunca se dá o contrário! *Inconscientemente,* o Maçom espiritualista, em visita a uma obediência dessa natureza, percebe-se beneficiário dum enriquecimento que lhe impõe uma fraterna indulgência.

Seria impróprio falar de *religião* em Maçonaria. No entanto, faz-se necessário lembrar que essa palavra vem do latim *religare*: "religar". A *Maçonaria espiritualista,* já por isso mesmo, é uma *religião,* e se baseia a si mesma, de vez que possui seus *ritos,* e princípios expressos em *símbolos,* e que colocam em ação essas espécies de sacerdotes que são os *oficiais de loja.* E, da mesma forma que todos os poderes religiosos emanavam do Faraó do Egito ou do César romano, *todos os poderes maçônicos derivam do Grão-Mestre da obediência.* O fato de algumas delas, em nossa época, haverem constituído uma espécie de "presidente", sob o pretexto da democratização, em nada diminui *o poder da tradição maçônica inicial.* Também em Roma, embora *eleito* por uma assembléia, o Conclave, o *papa reinante* recebe esses poderes e os conserva até a morte, *em sua plenitude.*

Na Maçonaria, o sentido do divino exprime-se principalmente pela seriedade com que o Maçom segue e observa os ritos, cerimônias sacralizadoras, etc. Mas também, fora de sua loja, por sua própria atividade espiritual.

Quer vivencie ele uma religião exotérica de sua escolha: judaísmo, cristianismo, islamismo, etc., quer se limite a uma simples filosofia religiosa extraída de suas leituras, em suma, quer seja banalmente *deísta*, ele nunca poderá furtar-se duma inevitável *prática*, se quiser realmente permanecer em determinado plano. E essa prática, exprime-a uma palavra extremamente banalizada: "prece", cujo equivalente latino, *precarius*, significa igualmente "obter".

Ora, a *prece*, como o sentido do *sagrado* que ela exprime, é, por todas as evidências, um fenômeno espiritual. E, conforme observou judiciosamente o doutor Carrel, num pequeno opúsculo sobre o assunto, o *mundo espiritual* encontra-se fora do alcance de nossas técnicas experimentais modernas. Como, pois, adquirir um conhecimento positivo da prece? O domínio científico compreende, felizmente, a totalidade do observável. E esse domínio pode, por intermédio da fisiologia, estender-se às manifestações do espiritual. É, pois, pela observação sistemática do *homo oratoris* que aprendemos em que consiste o fenômeno da prece, a técnica de sua produção e de seus efeitos.

A prece, em verdade, representa o esforço do homem para se comunicar com toda entidade incorpórea ou metafísica (*Idéias Eternas* de Platão), ancestrais, guias, santos, deuses, etc., e, principalmente, com a Causa Primeira, ponto culminante da pirâmide precedente. Longe de consistir numa monótona e vã recitação de fórmulas, a verdadeira prece representa um estado místico para o homem, um estado onde a consciência dele aborda o Absoluto. Bem por isso, esse estado permanece inacessível tanto quanto incompreensível ao filósofo racionalista e ao sábio comum. Para orar, é preciso fazer o esforço de se dirigir à Divindade. "Pensa em Deus com mais freqüência do que respiras...", nos diz Epiteto. E brevíssimas, porém muito freqüentes invocações mentais podem manter o homem na presença desse Absoluto.

Aliás, essa é outra das funções da prece, sua função construtiva, que atua em "regiões espirituais" que permanecem desconhecidas ou inexploradas. "*Or et labor*...", "Ora e trabalha", reza a antiga divisa hermética. Ao que anui o adágio popular: "Trabalhar é rezar..." Vamos concluir que talvez, também na mesma ordem de idéias, *orar equivalha a trabalhar*, ou seja, *obrar*. Pois que nos diz São Paulo: "A fé é a substância das coisas esperadas..." (*Epístola aos Hebreus*, XI, 1).

Tudo depende daquilo que se entende por essa palavra. Talvez o homem que reza, o *orante*, construa para si, num outro mundo, essa forma gloriosa, esse "corpo de luz" de que falam os maniqueus, e que é sua *Jerusalém celestial*, sua própria *cidade celestial*, nascida de seu templo interior que foi o berço, o protótipo inicial. Permutam-se influxos celestiais originais, por uma espécie de reversibilidade, de projeção da obra terrestre no plano celestial.

A partir daí, pode-se admitir que o homem que não ora, não teça sua própria imortalidade; ele se priva, assim, dum precioso tesouro. Nesse caso, cada um de nós encontrará, além da morte corporal, aquilo que ele tiver, em sua vida física, esperado encontrar lá. O ateu dirige-se para o nada que desejou, e o crente, para uma outra vida.

Psicologicamente, o sentido do *divino* parece ser um impulso proveniente do mais profundo da natureza humana, uma atividade fundamental, que se constata bem claramente entre os primitivos, muito mais que entre os civilizados. E suas variações estão ligadas a diversas outras atividades fundamentais: senso moral, senso estético, vontade pessoal, notadamente.

O inverso é igualmente verdadeiro. E, como observou o doutor Carrel, a história mostra que a perda do senso moral e do sagrado, na maioria dos elementos constitutivos duma nação, acarreta-lhe a desgraça e sua escravização rápida aos povos vizinhos que hajam conservado aquilo que a nação escravizada muitas vezes perdeu por culpa sua. Grécia e Roma são tristes exemplos. Os franceses do período que vai de 1924 a 1939 haviam sido literalmente desvirilizados (com exceção duma minoria que constitui a Resistência e a França livre), por uma propaganda incessante em prol da objeção de consciência, do desarmamento unilateral e do pacifismo a qualquer preço. Conhecemos o resultado: trinta e oito milhões de mortos.[1]

Por outro lado, devemos ter igualmente presente que o sentido do divino, quando levado ao estágio da intolerância e do fanatismo, leva aos mesmos e tristes resultados, por caminhos simplesmente inversos.

Nossa existência própria está ligada a uma relação regular com o universo contingente. Seria desarrazoado supor-nos igualmente mergulhados num "universo espiritual", pelo próprio fato de nossa consciência — esta sim — ter acesso a dois diferentes universos (universos esses entre os quais não nos podemos mover à vontade, assim como nosso corpo de carne não pode ausentar-se do universo material do qual retira os elementos necessários à sua conservação: oxigênio, azoto, hidrogênio, carbono, os quais ele aure através das funções nutritivas e respiratórias)? Esse universo espiritual, em que nossa consciência encontraria os mesmos princípios de sua conservação e de sua evolução post-mortem, seria lícito supô-lo o Ser Imanente, a Causa Primeira, que as religiões comuns denominam Deus? Em caso afirmativo, a prece poderia então ser considerada como o agente das relações naturais entre nossa consciência e seu meio próprio, tal como a respiração e a nutrição o são para o corpo físico. O grande psicanalista Jung afirmou: "Muitas neuroses decorrem do fato de muitas pessoas insistirem em permanecer cegas quanto a suas próprias aspirações religiosas, por uma paixão infantil pelas luzes da razão. . ."

É que existe uma verdadeira *alquimia espiritual*. . .

O primeiro a abordá-la foi Thomas Weilley, em 1688, ao traduzir um texto grego até então em mãos de Henri Kunrath, autor de *La Clé mystérieuse de La Sagesse éternelle chrétienne et kabbalistique, divine et magique* (1609), do *Véritable traité de l'Athanor philosophique* (1783), antecedidos ambos, em 1609, pelo famoso *Amphithéâtre christiano-kabbalistique de l'Éternelle Sapience.* Esse texto grego, manuscrito, já era uma cópia de um tratado redigido por Raymoñd Lulle, parte integrante, em manuscrito, do célebre *Testamentum Raymundi Lulli, philosophi doctissimi,* tendo este sido, lembremo-nos, mártir e iluminado.

Louis-Claude de Saint-Martin, por outros caminhos, analisou em detalhes algumas dessas práticas, tendo-as transmitido àqueles que considerava seus "íntimos", um pequeno grupo de maçons de Estrasburgo, após abandonar a via operativa de seu primeiro mestre, Martinez de Pasqually, e a Maçonaria escocesa retificada de seu "irmão" eleito cohen Jean-Baptiste Willermoz, em Lyon.

Pois, tal como existe uma técnica da *alquimia material,* existe uma técnica da *alquimia espiritual.* Essa existência bastante real de um processo para se chegar à iluminação interior tradicional, ensinavam-na todos os antigos mestres de outrora. É uma verdadeira técnica, não uma banal sensibilidade; é uma mística sábia, não uma mística estática. E nada tem a ver com as elucubrações das seitas atuais, fundadas por mitômanos, megalômanos, impostores conscientes ou inconscientes. *É um caminho individual, solitàrio, sem filiação a qualquer grupo, o que seguramente é uma garantia.* No mais, é acessível a qualquer um, seja qual for sua religião original.

Pode-se afirmar que se trata do verdadeiro "martinismo de São Martin", que o reservou a alguns discípulos seguros. Nada tem a ver com o *martinézisme,* nem com o *martinismo* de Papus, e muito menos com o *filipismo* que veio depois dele, em 1952! Nesse último aspecto, reside toda a diferença entre a teologia de um beneditino e a cadeireira de aldeia.[2]

Esse caminho nada mais é que o aspecto superior daquilo que apresentamos na *Scala philosophorum*, ou a *simbologia maçônica das Ferramentas*; obra adaptada à mentalidade racional dos maçons de nossa época.

## NOTAS

1. A esse propósito, lembremo-nos dos descaminhos de Léon Blum. Ele escreveu, a 25 de abril de 1932, no *Populaire*, órgão do Partido Socialista: "E o desarmamento seria ainda mais necessário se amanhã o racismo hitleriano chegasse ao poder..." Em dezembro de 1932, o próprio declarou perante a Câmara: "Hitler está para sempre afastado do poder!" E Hitler tornou-se chanceler do Reich a 30 de janeiro de 1933... Seria de crer que Léon Blum descesse da trípode, não? Grande erro, pois continuou a vaticinar. Em maio de 1934, opôs-se a Gaston Doumergue, presidente do Conselho, que pretendia, ante a ascensão de Hitler, aumentar o orçamento das Forças Armadas. E Léon Blum não hesitou em pronunciar, perante o Parlamento todo reunido, estas palavras delirantes, que nos levam a duvidar de seu bom senso: "Afirmo que Hitler não deseja a guerra..." Partidário ardente do erro de Munique, Hitler levou isso em conta. Entregue pelo governo de Vichy aos alemães, Léon Blum foi internado, com a esposa e outros antigos ministros, na Alemanha, numa vila, recebendo tratamento correto. Não conheceu os horrores experimentados por esses desditosos judeus anônimos, nos campos de extermínio criados por Hitler em *abril de 1933*, época de suas primeiras divagações. Eis por que, como no caso de Daladier, Herriot e Weygand, lhe foi recusada a qualificação de "deportado da Resistência" ou de "deportado de honra". Infelizmente, esse modo de pensar execrável não se extinguiu de todo, pois os franceses "têm a memória curta", como diria Pétain...

2. R. Ambelain, *L'Alchimie spirituelle, technique de la voie intérieure* (La Difusion scientifique, ed. Paris, 3.ª edição).

# XVIII. O OSTRACISMO DA LETRA B

*O Aprendiz deve ser também um jovem perfeito, sem mutilação, sem vício corporal, nascido de pais honestos.*
Constitutions d'Anderson, IV.

As diversas religiões — judaísmo, cristianismo, islamismo, budismo, lamaísmo — exigem de seus postulantes perfeita integridade física. E Orígenes, grande doutor do século III, foi despojado do episcopado, por se ter feito castrar para tornar-se eunuco, conforme o conselho dos evangelhos. No século XVIII, a *Sagrada Congregação dos Ritos*, em Roma, teve de intervir para que os Padres da *Companhia de Jesus* pudessem continuar a rezar missa. Os índios Iroquis, em diversas sessões de tortura, haviam-lhes arrancado as unhas.

Ora, a Franco-Maçonaria de então havia instituído o *ostracismo da letra B*, cuja aplicação permanece em nossa época perfeitamente justificável, embora certas obediências não a levem em conta, em virtude de um certo laicismo decorrente de sua orientação política e de seu total desdém pelos rituais.[1] Mas, em que consiste essa rejeição de certos postulantes, e onde entra, aí, a Astrologia?

Refere-se a sete categorias de pessoas não passíveis de iniciação. Uma delas, em nossos dias, evidentemente já não se justifica, conforme se verá. Eis as sete interdições para que alguém se torne

Franco-Maçom, com seus fatores astrológicos, tão em moda atualmente...

1) *Gago* (em francês, *Bègue*). É evidente que não poderia haver efeito mais infeliz que o dum conferencista ou Oficial de loja gaguejando em sua leitura. Essa enfermidade, geralmente, é causada pela conjunção de Mercúrio e Saturno, ou de Mercúrio e a Lua. Confere a seu portador um espírito superficial, instável, fanfarrão, desconfiado, negligente, melancólico ,crítico, amargo, malicioso, com alguma inconsistência mental.

2) *Bastardo.* Isso nunca foi realmente levado em conta entre a nobreza! A legislação francesa atual tampouco o considera. Existem, também na Maçonaria, muitos e muitos bastardos. A Igreja, porém, recusava-os para o sacerdócio, e manteve oficialmente essa posição no século XVIII. Este caso específico decorreria da conjunção do Mestre do Ascendente com o Mestre da VI Casa, ou em presença de Marte na V Casa. Tais posições astrológicas confeririam, como característica, a falta de ambição, levando ainda ao ciúme sentimental, aos excessos sexuais, decorrentes duma hereditariedade sexuada ao máximo.

3) *Caolho* (Deficiência visual — em francês, *Borgne,* portador de *borgnesse*). O essencial da iniciação do *Aprendiz* reside no choque, ao mesmo tempo físico e psíquico, causado pela súbita retirada do pano que lhe cobre os olhos, com um jato brutal de luz atingindo-os de repente. O cego não percebe, portanto, senão parte dessa confrontação. Tal enfermidade seria causada pelo Sol ou pela Lua, feridos por Saturno ou Marte; a Lua na I ou VII Casa, num mau aspecto do Sol ou pelo Sol em oposição à Lua, com a conjunção de Saturno ou de Marte. Isso torna o sujeito egoísta, arredio, rebelde à autoridade, autoritário, instável, inepto, frio.

4) *Estrábico* (do francês *Bigle,* estrábico). O estrabismo seria análogo, em seus inconvenientes, à condição anterior. O *Aprendiz* portador desse defeito perceberia uma luz oblíqua; ora, os olhos são, segundo a tradição hermética, janelas que se abrem sobre os dois cérebros. As mesmas posições planetárias que para o *borgne* seriam causa dessa enfermidade, à qual porém se acrescenta toda esta desafortunada situação causada pela Lua. Observaremos que existem estrabismos de nascença, que atingem a criança até idades variáveis, e que atualmente curam-se muito bem. Todavia, no caso da Maçonaria feminina, notaremos que a mulher portadora deste inconveniente é suscetível de atrair para sua loja um problema qual-

quer, pois o estrabismo é invariavelmente indicador de um temperamento generoso.

5) *Manco* (do francês *Boiteux*). Evidentemente, a entrada na loja, ao som da *marcha ritual* própria do grau praticado, será sempre mal desempenhada pelo infeliz afligido por tal enfermidade. Aliás, não se pode imaginar um Oficial de loja claudicando em seu ofício Mestre-de-Cerimônias, Especialista, Guardião). Essa tara seria causada pela Lua infeliz, Marte ao Fundo do Céu, em quadratura com o Ascendente; o Sol e a Lua em mau aspecto de Saturno ou de Marte; os Nós lunares (um e outro) no Ascendente, em mau aspecto de Saturno ou de Marte; Saturno e Marte no Meio do Céu, ou ainda Marte em conjunção com o Nó Descendente da Lua, na Casa IV. Esses diversos aspectos tornam seu portador pouco sociável, egoísta, frio, avaro, autoritário, suscetível e colérico.

6) *Corcunda* (em francês *Bossu*). As atitudes de alguém portador desta enfermidade seriam prejudiciais à harmonia duma função ritual, e, no curso de um tradicional "arco de aço", ele inevitavelmente se haveria incorretamente no porte do glaivo maçônico. Seriam causa desta anomalia: a Lua infeliz, um dos Nós lunares no Ascendente, aliado a Saturno ou Marte em mau aspecto; Saturno e Marte no Meio do Céu; Marte no Fundo do Céu, em conjuntura com o Nó Descendente; Saturno e Marte em ângulo, agredindo o Ascendente, a VI ou a XII Casa. O sujeito torna-se pouco sociável, malicioso, ambicioso, amante de contradições.

7) *Libertino, devasso* (do francês *Bougre*). Faz parte de todos os rituais tradicionais, por ocasião da recepção de um *Aprendiz,* que sua aceitação se deva basicamente ao fato de ser ele "livre e de bons hábitos". Em princípio, pois, não se recebem na Maçonaria homossexuais. Pessoas que, por infelicidade, sejam vítimas desse desvio hormonal, correm realmente o risco de ver, mais cedo ou mais tarde, sua reputação esvair-se num escândalo. O elemento masculino, em particular, fica perigosamente exposto a isso; a tendência à pedofilia pode surgir com a idade, com todos os riscos judiciais aí implícitos, por vezes de natureza criminal, e invariavelmente infamante. Acrescente-se a isso, por vezes, uma tendência ao suicídio, e o risco dos "crimes rosa", bem conhecidos da polícia.

Se o homossexual é versado em Ocultismo, tenderá a cair no Satanismo ou, pelo menos, na Magia inferior. A Organização Mundial da Saúde classifica o homossexualismo entre as doenças, com os riscos que essa condição implica, do ponto de vista psicológico, principalmente entre os pacientes masculinos.[2] Astrologicamente, é causado pela conjunção de Vênus e Saturno em oposição a Netuno, ou a conjunção de Vênus com Netuno em oposição a Saturno, ou a conjunção de Saturno com o Sol e a Lua, e um dos Nós lunares. O bissexualismo, ao que parece, não se insere nessa categoria. O homossexual é instável, indeciso, egoísta, avaro, intransigente, orgulhoso, ciumento embora infiel, ingrato.

Bem entendido, as pessoas "normais" não estão isentas de tais defeitos...

Todas essas enfermidades, porém, não devem ser levadas em conta senão quando congênitas (de nascença); as de caráter acidental não são passíveis de restrição. Como a Astrologia era regularmente aceita e considerada na Maçonaria dos séculos XVII e XVIII, achamos de bom alvitre mencionar aqui os aforismos que justificam tais anomalias. Esses ostracismos já davam margem, naquela época, a um processo de seleção. Não havia problema para os cegos, os aleijados, os homens-troncos, os iletrados, os "de raciocínio lento". Mas, em nossa época profundamente liberal, alguns poderiam levantá-lo...

## NOTAS

1. Em abril de 1939, num templo situado na Avenida Trudaine, e onde se reuniam os membros da *Age Nouveau* (Rito de Mênfis-Misraim), vimos entrar um Maçom, visitante doutra obediência, perfeitamente "decorado" (Avental, Cordão, Luvas brancas). Esse infeliz Irmão era corcunda, manco e andava com dificuldade. Adivinhem como era sua marcha ritual.

2. Isto se aplica especialmente no caso do novo vírus, causador da terrível AIDS. Sem esquecer as clássicas doenças venéreas, que se encontram em fase de recrudescência, já que as prostitutas e prostitutos não têm a devida higiene!

# XIX. MARXISMO, DITADURAS E FRANCO-MAÇONARIA

*Os partidos comunistas nacionais devem se adaptar às diretrizes da III Internacional, aceitar a mais centralizada das organizações e uma disciplina de ferro que se aproxima da disciplina militar.*

GREGORI ZINOVIEV,
presidente do Komintern
de 1919 a 1926.

O conjunto dos membros da Ordem Maçônica faz sua definição: "O Maçom livre, na loja livre." E é fato notório que nenhuma crença ou filiação política constitui obstáculo à entrada de alguém na Maçonaria. Tudo isso depende única e exclusivamente das ponderações do postulante. Cabe a ele, unicamente, julgar se sua consciência continua em paz com essa afiliação.

É também fato notório que, na atual Europa Ocidental, a Franco-Maçonaria jamais sofreu qualquer perseguição por parte das oito monarquias que ainda subsistem no Continente.[1] No caso de duas delas, o próprio soberano é o Grão-Mestre local, e, na Espanha, foi também o soberano quem reabriu as lojas maçônicas após o fim da ditadura do general Franco. E o mesmo acontece, por motivos ainda mais fortes, nas sete repúblicas atuais.

A coisa, porém, muda radicalmente de aspecto quando se atravessa a Cortina de Ferro. Na Europa Oriental, Rússia soviética, Hungria, Bulgária, Romênia, Tchecoslováquia, Iugoslávia, Albânia, Alemanha democrática, não existe qualquer possibilidade de existência para as lojas maçônicas. E, em 1927, a União Soviética, quando da descoberta da última loja pela GPU (polícia política do Estado, a qual sucedeu à Tcheka no dia 6 de fevereiro de 1922, e que era então dirigida por Menjinski, até 1934), o presidente da loja foi fuzilado, tendo seus membros sido enviados para a Sibéria setentrional. E nunca mais se ouviu falar de Maçonaria no país.

É por isso que, ao ouvirmos membros do Partido Comunista afirmar a existência de lojas, por serem toleradas, não acreditamos numa palavra. O fato de maçons pertencentes a obediências maçônicas situadas à esquerda da política francesa manterem esse ponto de vista faz parte de seu papel, na qualidade de membros ativos do Partido Comunista. Fazem, assim, seu trabalho de infiltração, havendo mesmo os que se colocam em níveis altíssimos, no seio dessas obediências. O Partido Socialista, aliás, também está completamente infiltrado, e em níveis igualmente elevados. Mas isto não é problema nosso! Neste capítulo, vamos tentar demonstrar que a filiação a um deles, o PCF — Partido Comunista Francês, é algo impossível, a menos que a pessoa desempenhe um papel de informante e de desagregador. Ora, tal papel é invariavelmente desempenhado com um único sentido, um militante comunista convicto poderá ser um agente de recrutamento bem-sucedido no seio duma loja de composição favorável, mas um maçom convicto perderia seu tempo no seio duma célula comunista!

O II Congresso da Internacional Comunista de 1922 encarregou o comitê diretivo do Partido Comunista Francês de liquidar, antes de 1.º de janeiro de 1923, as filiações de alguns de seus membros à Franco-Maçonaria e à Liga dos Direitos Humanos. Esses mesmos membros foram antecipadamente excluídos de qualquer cargo de responsabilidade, ou de representação de idéias do Partido, pela palavra ou pela pena. Tratava-se de "pegar ou largar", e, no primeiro caso, isso implicava na aceitação da qualificação de "corrupto".

De 1922 a 1945, permaneceu inalterada a campanha antimaçônica.

Mas algumas obediências da França, Itália, Grécia, etc., já que aí o recrutamento é mais amplo, mais popular, e estando elas mais orientadas por suas atividades na política, pelo que haviam abandonado quase totalmente o caráter *iniciatório* da Franco-Maçonaria *tradicional*, começaram a interessar a seus partidos comunistas nacionais. Estes, finalmente, concluíram pela necessidade de agir sub-repticiamente. Colocava-se então em ação um membro infiltrado, cuja missão era retomar "inocentemente" o diálogo. E isso chegou à França, nesta troca de correspondência:

## CARTA DO SECRETARIADO DO GRANDE ORIENTE DE FRANÇA AO PARTIDO COMUNISTA

Grande Oriente de França
16, rue Cadet, Paris.

Paris, 21 de novembro de 1945.
Senhor Secretário Geral do
Partido Comunista Francês
44, rue de Peletier, 44
PARIS-9e

Senhor,

Temos em nosso poder uma carta dando-nos ciência de que, em resposta a uma pergunta feita por um de nossos amigos ao Sr. Marcel Cachin, respondeu-lhe aquele por escrito:

"Que o Birô Político do Partido Comunista, em sua sessão de 4 de outubro, decidiu aceitar em sua organização Franco-Maçons."

Ficaríamos extremamente agradecidos se nos dissesse V.S. se tal informação é exata.

Acredite, Caro Senhor, na afirmação de nossos mais elevados sentimentos.

O Chefe do Secretariado do Grande Oriente de França,

Jean S...

## RESPOSTA DO SECRETARIADO DO PARTIDO COMUNISTA FRANCÊS AO GRANDE ORIENTE DE FRANÇA

Partido Comunista Francês
44, rue de Peletier,

Ref. ORG.LM/HF

Paris, 27 de novembro de 1945.

Senhor Chefe do Secretariado
do Grande Oriente de França

Em resposta à Sua carta de 21 do corrente, vimos informar-lhe que o Birô Político decidiu admitir Franco-Maçons que venham a solicitar sua adesão ao Partido Comunista Francês, declarando aceitar sua doutrina e desejosos de se adaptar às regras de ação, às formas de organização e aos estatutos do Partido; que apliquem sua política com disciplina e em quaisquer circunstâncias e lugares.

Rogamos-lhe aceitar, Senhor Chefe do Secretariado,

Nossas mais elevadas saudações.

Pelo Secretariado:
(a) Léon MAUVAIS;

E o Grão-Mestre da época apressou-se em comunicar esta resposta aos membros de sua obediência, no dia 27 de dezembro de 1945, nestes termos:

"Conforme os senhores poderão constatar pela resposta do Secretariado do PCF, já não existe obstáculo à adesão dos Franco-Maçons ao Partido Comunista, sob condição de observância das disposições estatutárias desse partido."[2]

Tal ingenuidade era bastante desculpável. O Partido Comunista ia então de vento em popa, com 25% dos sufrágios e 145 deputados ao Parlamento. Os franceses, de memória sempre tão curta, já haviam esquecido as sabotagens de 1939 a 1940, suscitadas pela assinatura do pacto de não-agressão entre Stálin e Hitler. Haviam-se esquecido da célebre manchete de *L'Humanité*, então clandestino:

"Hitler vai chegar para pôr ordem na França..." Esqueciam-se de que, em meio às manhas da guerra, Stálin fornecia a Hitler trigo e matérias essenciais. Mas os comunistas franceses haviam finalmente se ligado à Resistência... Ora, nessa resposta de Léon Mauvais, o Partido Comunista não renunciava a nada. Embora aceitando receber Franco-Maçons, fazia-o unicamente em função da abjuração deles aos ideais maçônicos. Voltemos aos termos da carta de Léon Mauvais:

"... declarando aceitar sua doutrtina, e desejosos de se adaptar às *regras de ação*, às formas de organização e aos estatutos do Partido, *aplicando sua política com disciplina, em quaisquer circunstâncias e em todos os lugares.*"

É difícil imaginar o que possa sobrar dum Franco-Maçom, num tal contexto! Examinemos atentamente o problema.

Qualquer que seja a autoridade de que se revista um Grão-Mestre, ou da qual se invista um Conselho Supremo, um e outro deverão observar, "sem escapatória possível", os princípios da Franco-Maçonaria Universal, o primeiro dos quais é a *tolerância, o respeito às opiniões de outrem, a suas crenças e a sua pessoa.*

Já os comunistas, pelo contrário, têm como ponto pacífico, desde o início, que um pequeno grupo de homens reunidos num Comitê Central, emanado de eleições sucessivas e crescentes, têm assim o direito de dispor do pensamento dos outros sem consultá-los. Num regime comunista, aquele que ousar levantar-se contra a decisão onipotente do Comitê Central se expõe à deportação, ao internamento psiquiátrico, dos quais raramente se retorna. Não apenas o indivíduo já não é livre para agir segundo sua consciência, como também se lhe proíbe pensar de outra maneira que não a regra ditada pelo Comitê Central. Se por acaso esta vier a mudar, o indivíduo, então, deverá modificar sua maneira de ver, pois o que ontem era lícito torna-se hoje ilícito.

Essa autoridade ditatorial estende-se a todos os domínios; a pintura, a dança, a música, o vestir, o corte dos cabelos, a vida sexual; tudo deve ser de acordo com as orientações do Partido. Quem não as observa incorre numa transgressão "burguesa", com as sanções disciplinares que isso implica. Assim, beber Coca-Cola, dançar swing ou rock'n roll, significa vender-se aos Estados Unidos.

Pois o marxismo é, antes de tudo, a *ditadura do proletariado*. E em que consiste isso? Vou dizer-lhe, leitor.

Em 1945, eu mantinha relações profissionais com um russo emigrado com os pais aos quinze anos (1917). Perguntei-lhe, com uma surpresa um tanto irônica, confesso, para quem ele mandava roupas.

— Para o meu irmão, que ficou em Moscou.

— Mas, não há calças, na Rússia?

— Há, sim, mas ele precisa de calças boas.

— E não as consegue, lá?

— Consegue, sim, mas só uma por ano; só que ele usa mais!

— E por que não pede mais?

— Isso é impossível: ele não é membro do Partido...

— E por que não se filia a ele?

— Ele não pode, seria recusado...

— Por quê?

— Porque papai era engenheiro ferroviário, antes da revolução de 1917. Por isso, também, meus sobrinhos não poderão entrar na Universidade; não são de origem proletária.

Essa eliminação dos elementos escolares considerados indesejáveis por sua origem familiar, alguns membros do ensino oficial, pertencentes ao Partido Comunista ou ao Partido Socialista, já a praticam desde 1982, quando passaram à condição de examinadores em nível de bacharelado. E o candidato ou candidata que venha dum colégio particular, religioso ou não, verá sua nota normal reduzida em 5 a 6 pontos, por crime de não-laicismo! Nem todos os examinadores, porém, são tão sectários assim, diga-se de passagem; mas bem uma quarta parte deles, talvez até bem um terço... Isso nos leva a supor que, se desafortunadamente tal situação se prolongar, o futuro das elites intelectuais ou tecnológicas francesas é sombrio.

Nicolas Baudy, um dos combatentes da revolução húngara de novembro de 1956 esmagada pelos tanques soviéticos, em seu livro *Jeunesse d'Octobre* (edição *La Table Ronde*, Paris, 1957), nos dá o organograma dessa ditadura do proletariado, e basta seu enunciado para arrepiar:

"Todo húngaro tinha um *kader*, um dossiê cuja finalidade principal era revelar a origem social. Tornara-se uma obsessão de toda a população, desde a entrada nas classes infantis até a possibilidade de exercer uma profissão, que fosse esta a de motorneiro de bonde ou cantor de ópera.

"No topo da pirâmide vem o M-1 (de *munkas*, "operário"). São os filhos de mineiros, metalúrgicos, altos funcionários do Partido ou membros da polícia secreta, a A.V.H. Nenhum título de nobreza comprado ao velho Francisco José jamais assegurou um privilégio semelhante ao que o M-1 do *kader* garante, em questão de estudos!

"Depois vem o M-2, que se refere aos descendentes de operários menos "aristocráticos." Seguem-se os P1, P2, P3 (P1, camponeses, *paraszt*, "pobre"; *P2*, "médio", e, atenção: P3, "camponês rico", estigmatizado assim pela infâmia).

"Cai-se, à seguir, nas categorias declaradamente ruins: Ê (com acento): "intelectual", "profissões liberais"; e, por fim, o desprezível E (sem acento), da palavra *egyeb*, ou seja, "etcétera", "aquilo que nem conta", "gente que não passa de lixo" (*egyeb*).

"A classificação termina por X, designando os inimigos congênitos: filhos de oficiais, de nobres, ou de altos funcionários dos regimes depostos."

Um exemplo célebre ilustra esse estado de coisas. Yuri Gagarin, o astronauta soviético que foi o primeiro homem a realizar um vôo no espaço interplanetário, a bordo do *Vostok I*, no dia 12 de abril de 1961. *Filho de carpinteiro*, ingressou aos vinte e um anos na Escola de Aeronáutica Militar de Orenburg, onde se fez coronel do exército vermelho, e, aos vinte e sete anos, titular de diversas condecorações! Quando ele saiu do *Vostok*, aureolado por esse feito, o governo soviético entregou-lhe a *carta de membro do Partido*... Da mesma forma que Luís XIV entregava títulos de nobreza a seus capitães corsários! Essa demora provavelmente decorreu de alguma desconfiança suscitada por ter ele um pai que não pertencesse ao Partido, ou talvez uma mãe que se tenha mantido crente, ou, quem sabe, por se chamar ele Gagarin, nome duma antiga família de príncipes da Rússia czarista. Gagarin morreria aos trinta e quatro anos, num acidente aviatório. Vê-se, por este exemplo, que o Partido Comunista russo se constitui assim numa nova aristocracia, de filiação hereditária, a famosa *Nomenklatura*.

Esse é um fato permanente, e que ocorre de uma ponta a outra do império comunista. A "revolução cultural" da China popular, decidida por Mao Tsé-Tung, enfraquecido pela influência da esposa e de três depravados, conselheiros dela, fez milhões de mortos. Foram seus executores uma massa de gaiatos fanatizados, dirigidos por adolescentes sádicos. As vítimas: milhões de chineses pertencentes a todas as classes, *exceto à da infância*.

No Cambodja, os kmers vermelhos também eram gaiatos cruéis e fanatizados, comandados por adolescentes formados pela China maoísta. Depois de aniquilar a população agrícola das regiões por ela originalmente ocupadas, já que constituída de não-combatentes, eles aniquilaram oito milhões de seus compatriotas, ocupando o território que havia resistido. Menos de uma hora depois da ocupação de Phnom-Pen, começaram a abater todos os que usavam óculos, sinal evidente de intelectualismo. Seu chefe, o ditador Pol-Pot, havia-se formado em Pequim, onde se lançava o anátema sobre a Rússia soviética, definida como "revisionista".

A *"cidade marxista"* é um inferno, onde os círculos descendentes levam ao infinito, em meio a trevas intermináveis e cada vez mais densas. Já a *loja maçônica*, pelo contrário, dá a ilusão do paraíso... Mesmo com as inevitáveis imperfeições humanas. Ali, retoma-se o gosto pela vida!

Assim, torna-se cada vez mais importante não receber, na loja, um militante político, seja ele de que lado for, já que é próprio dum militante fazer militância! E seria difícil imaginar um militante comunista que se esquecesse das determinações imperativas de seu Partido. O ostracismo, aliás, é igual ao de outras facções extremistas, conforme veremos a seu tempo.

Na verdade, as *Constitutions* de Anderson são bastante explícitas a esse respeito:

"Nenhuma discórdia ou querela de ordem particular deverá produzir-se no seio da loja, e menos ainda qualquer discussão sobre Religião, Nações ou política do Estado.

"Pois, enquanto maçons, não pertencentes senão à *Religião Universal* de que já se falou anteriormente, da mesma forma que pertencemos a todas as Nações, a todas as línguas, a toda parentela e a todo dialeto. Somos igualmente contra toda e qualquer política, já que a política nunca contribuiu nem contribuirá jamais para a prosperidade da loja. Essa obrigação sempre foi estritamente acatada e observada, mas em particular desde a introdução da Reforma na Grã-Bretanha, desde que suas nações têm opinião diferente da da Comunidade de Roma, e dela se separaram." (cf. *Constitution d'Anderson*: VI, 2).

No texto original, em inglês, está escrito: *Catholic Religion*, que em francês se traduziu por *Religion Universelle* (religião universal), pois a palavra *catholic*, do inglês, tem também o significado de "liberal", "o que tem vistas amplas". Na verdade, São Jerônimo precisou que católico era apenas aquele que crera, *em todos os tempos e em todos os lugares, por todos*. E, efetivamente, a palavra vem do grego *katholikos*, significando "universal".

Nós, porém, acreditamos que Désaguliers e Anderson tinham em mente outra coisa além duma mera alusão à religião cristã no sentido mais banal, tal como a via Albert Lantoine, e ainda Paul Naudon. Pois tal já está presente naquele que segue o „princípio geral do *Internacionalismo*. E, se levarmos em consideração que todas as religiões se equivalem, achamo-nos bem próximos de acreditar que nenhuma delas tem valor! O que já é indício de uma certa sabedoria.

E, efetivamente, a Franco-Maçonaria de *tradição*, ou seja, *espiritualista e deísta*, já é, por si mesma, uma *religião*, prudente, liberal, tolerante, sábia, *por ser adogmática*.

O que não é próprio do Marxismo, ele mesmo uma religião, com seus próprios santos, mártires, e até seus inquisidores.

Mas, dirá alguém, existem regimes totalitários, nos quais o indivíduo não tem mais espaço do que no formigueiro comunista; e então, o que pensar?

Evidentemente a mesma censura se impõe. Ainda que seja concedida ao indivíduo uma certa personalidade! Pois se Hitler não perseguira a Franco-Maçonaria, limitando-se aos judeus, ciganos, ocultistas etc., ainda assim seu regime era desumano, e tinha de desaparecer, pela honra da Humanidade!

Não obstante, o historiador deve distinguir as motivações, muito diferentes, que caracterizam os regimes chamados *fascista, nacional socialista* e *franquista.*

O mais antigo deles, o *fascismo italiano*, foi engendrado pela anarquia na qual a Itália se debatia após a guerra de 1914-1918. Seu chefe, Benito Mussolini, fora anteriormente um ferrenho militante socialista. Criado no culto dos revolucinários do século XIX, por seu pai, um modesto camponês da Romanha, teve uma infância miserável. Formado professor, refugiou-se na Suíça, e aí entrou em contato com revolucionários russos. Aí também se formou sua mentalidade política definitiva, uma mistura de Marx, Proudhon, Georges Sorel, Nietzsche e Vilfredo Pareto. *Já então adversário da Maçonaria, anticlerical*, isso iria levá-lo à concepção duma cidade de tipo antigo, idealização da Roma original, *elitista* desde a origem, em que a severidade platônica, submetendo o indivíduo à cidade, era no entanto obtemperado por um sentimento de *fraternidade nacional*: "A guerra está para o homem como a maternidade está para a mulher...", diria Mussolini um dia. Suas primeiras centúrias de camisas negras eram formadas, na maior parte, por camponeses e operários, aos quais horrorizava a desordem da época. Anti-alemão na sua origem, ele permaneceu aliado dos franceses e dos ingleses. E, quando Hitler invadiu a Áustria, ele colocou suas tropas no Brenner, prontas para entrar na Alemanha. Bravos! Será ele o único a reagir. Só que, então, saiu do clã dos aliados de ontem, e aproximou-se de Hitler. Todavia, nunca houve campos de extermínio na Itália, e os judeus só foram perseguidos pela Gestapo, quando a Itália foi ocupada pela Alemanha. Já os franco-maçons, ao contrário, socialistas e comunistas, viram seus chefes deportados para as ilhas Lipari, dissolvidas as organizações e saqueadas suas sedes pelos camisas negras. E acabou acontecendo que a morte política fosse utilizada por seus subordinados no estrangeiro. Sabe-se como terminou o Duce.

Para o *nacional-socialismo* alemão, foi bastante diferente. O orgulho teuto saiu arranhado da derrota de 1918, recusando-se a se reconhecer vencido. A ruína financeira do Estado, o desemprego, o desaparecimento da classe militarista, humilhada ao extremo, tudo isso criou um clima favorável à eclosão de um turbilhão anti-semita de inusitadas proporções, e que dera origem a um panfleto delirante: *Mein Kampf*, isto é, *Minha Luta*. O autor, Adolf Hitler, era tão somente o *médium*, o porta-voz duma sociedade secreta cujo chefe público era o ex-marechal Ludendorff, e cujo objetivo era dar à raça germânica o governo da Europa, por ser essa raça uma "raça de sensores". Todos conhecemos o que veio em seguida: trinta e oito milhões de mortos. Mas, *durante treze anos, esse louco delirante fora um deus* para 95% dos alemães, e é preciso numa esquecer isso... É preciso também não esquecer do que aconteceria em seguida à França, caso a Alemanha fosse vitoriosa: "Metade hortas, metade terrenos cercados", repetia-se além do Reno. Dedicado aos que ainda acham que a "Waffen SS" podia ser dissociada da SS *Totenkopfverbünde* ("SS-Cabeça-de-Morte"), ou da *SS Verfügungstruppe* ("Guarda do Führer"). Pois, no conjunto, a SS foi condenada como organização "criminosa de guerra" pelo tribunal de Nuremberg, em 1946.

Resta aquilo a que se convencionou chamar *franquismo*.

Eleições municipais, em 1931, deram a vitória à esquerda. Sem abdicar, o rei Alfonso XIII decidiu abandonar o poder e deixou a Espanha, vindo instalar-se em Paris. Então, proclamou-se a república. Logo se abateu sobre a Espanha uma onda de violência: igrejas e conventos incendiados, cadáveres de religiosos e religiosas desenterrados e expostos, de pé, ao longo de suas muralhas em ruínas, etc. Novas eleições legislativas deram então novos mandatos à esquerda, e os moderados se retiraram diante dos socialistas. E, durante três anos, a desordem se acelerou. Os comunistas opuseram-se aos socialistas, os anarquistas aos comunistas. Houve até três dias de combate, nas ruas de Barcelona, entre comunistas e anarquistas. A disciplina dos primeiros triunfou sobre a indisciplina dos segundos! Mas esse clima reuniu pouco a pouco a Espanha moderada, até republicanos, na esperança de um retorno à ordem *pelas mãos dos militares*, o que é preciso ter bem claro. Um de nossos amigos e irmãos, o Doutor Giffreda, de Barcelona, tendo certa manhã saído para visitar seus pacientes, foi detido por uma patrulha anarquista e ameaçado de execução. Motivo: estava de chapéu e gravata, o que, evidentemente, classificava-o entre os elementos reacionários da cidade, sendo que a medicina não é uma ocupação proletária. Ele só foi liberado à noite, com a chegada do "coronel" comandante da unidade anarquista. E... com a condição de não andar mais de chapéu nem de gravata, quando em visitas médicas. O que, evidentemente, ele fez...

E o que já era previsível aconteceu. No dia 18 de julho de 1936, as tropas do Marrocos, comandadas por Franco, desembarcaram na península. Imediatamente, nesse mesmo dia (sinal combinado), todas as guarnições se sublevaram; Sevilha, Córdoba, Granada, Cádiz, a Galícia, a maior parte de Leon, as Astúrias, a Navarra, a Velha Castela uniram-se à rebelião nacionalista. E começou a guerra civil. Os dois campos receberam logo ajuda do estrangeiro, experimentaram-se aí homens e material! Alemanha e Itália ajudaram Franco, a Rússia soviética dava ajuda aos republicanos. A França e a Grã-Bretanha adotaram uma política de não-intervenção. Finalmente, o exército republicano foi derrotado, como sempre o será um exército em que se escolhem oficiais e suboficiais, onde a tropa discute as ordens, contradizendo-as em nome da democracia! Essa guerra civil já fizera quase seiscentos mil mortos. Cometeram-se, de ambos os lados, as piores atrocidades: massacre de prisioneiros, tortura dos chefes.

E então instaurou-se o regime franquista. Sob a monarquia de Alfonso XIII, todas as liberdades eram respeitadas: franco-maçonaria, martinismo, teosofia, etc., nenhuma ideologia era molestada. Houvera franco-maçons entre os oficiais que seguiram Franco, e até generais. Com a vitória, porém, ressurgiu a Igreja! Com sete polícias diferentes acima do exército, o regime franquista tentou fazer-lhes frente, mas cedeu sem maior dificuldade às injunções dos bispos espanhóis. E abateu-se sobre o país uma capa de ferro. A tal ponto que, após a queda da Alemanha nazista, quando os Estados Unidos conseguiram obter a abertura de templos protestantes *discretos* nas grandes cidades, bastou ao arcebispo de Toledo, primaz de Espanha,[3] dar a ordem, para que os militantes católicos os incendiassem na mesma noite! Abolida a lei do divórcio, os divorciados que haviam contraído novo casamento e tido filhos dessas novas uniões acharam-se de repente casados com o antigo par, com o qual acontecera o mesmo! Surgiram assim adúlteros e bastardos, graças à Igreja de Espanha...

## NOTAS

1. Exceto em Portugal e Espanha, até o século XIX. Mas, no século XX, não havia mais problemas.

2. *Cf.* Guy Vinatrel, *Communisme et Franc-Maçonnerie,* Les Presses Continentales édit., Paris, 1961.

3. Foi esse bispo que deixou estupefata a imprensa internacional ao declarar que lamentava não ser o "grande inquisidor de Espanha", como na Idade Média, para fazer queimar os heréticos. O último Auto de Fé na Espanha tivera lugar em 1804, ano da coroação de Napoleão I.

# XX. OS ANTIGOS DEVERES DA FRANCO-MAÇONARIA

*Foi uma época em que os grão-senhores tinham muitos filhos, aos quais não podiam dotar. E também os dirigiam para os Mestres da digna ciência da Geometria.*[1]
Le Poème maçonnique
(*manuscrito de 1430*).

Conforme já vimos num dos primeiros capítulos, a tarefa do pastor James Anderson consistiu em "examinar, corrigir e redigir, segundo um método novo e melhor, a história, as obrigações e os regulamentos da antiga Confraria". São estes os próprios termos da *Aprovação* das célebres *Constitutions* de Anderson de 1723, à página 73 da edição original.

Observe-se a confissão; tratava-se (provavelmente segundo as instruções de Désaguliers) de *corrigir,* para a seguir *redigir segundo um método novo e melhor,* os antigos *Deveres* que haviam regido a existência da antiga Maçonaria Operativa, e que tinham sido conservados após a aceitação de Membros Aceitos.

Mas, quais eram essas antigas Obrigações? Anderson não o explicita, limitando-se a declarar: "O autor desta obra examinou inúmeras cópias provenientes da Itália, Escócia e de diversas partes da Inglaterra, e, embora fossem errôneas em muitos pontos, delas o autor extraiu, bem como de diversos outros documentos maçônicos, estas novas "Constitutions" (*op. cit.*).

Ele não nos diz em que estavam erradas as antigas, o que é lamentável! Pode-se supor que o clima religioso então reinante, católico na Irlanda, anglicano na Inglaterra, presbiteriano na Escócia, não era muito favorável à laicização pretendida.

Pesquisas efetuadas por sábios historiadores da Ordem, como Hughan, Baxter, Begemann, Speth, colocam-nos em presença de oitenta e sete manuscritos. Destes, apenas sobre uns dez deles carecemos de conhecimentos suficientes ou precisos. Os outros setenta e sete podem ser reduzidos a uns dez, aos quais pode-se associar uma edição impressa anteriormente à de Anderson. E são esses manuscritos que, agora, vamos passar em revista.

## 1) *Ordenações dos Maçons de York*

Os mais antigos entre esses regulamentos parecem ser as Ordenações impostas aos artesãos empregados na construção da catedral de São Pedro, na própria York. Elas visam não apenas os maçons (talhadores de pedra), mas ainda os carpinteiros e outros operários. Existem três redações manuscritas, datando de 1352, 1370 e 1409. Vamos examiná-las segundo sua data própria.

*1352.* Em latim, intitulada *Ordenatio facta pro cementaris et ceteris operariis fabricae.* É extremamente breve, e emanada do próprio capítulo da catedral. Dispõe que os antigos costumes em uso entre os artesãos da construção devem continuar sendo respeitados. E também que os *Mestres* deverão jurar, perante o capítulo, velar por sua estrita aplicação. Lê-se aí, também, uma regulamentação do trabalho para os dias de verão e os dias de inverno.

*1370.* Em inglês arcaico, já sendo, porém, obra do capítulo da catedral de São Pedro. Dá uma regulamentação do trabalho. Estabelece-se aí que nenhum Maçom será definitivamente admitido a tomar parte na construção da catedral, se não tiver dado, durante uma semana, provas de habilidade suficiente, e se não tiver se comprometido, *na fé do juramento*, a submeter-se às injunções da Ordenação. Ele só poderá, aliás dar baixa com o consentimento do *Mestre.*

*1409*. Nesse ano, entraram em vigor novas *Ordinationes*, em latim como as primeiras, de 1352, e confirmando os regulamentos anteriores. No mais, instituem um Inspetor do trabalho (*Supervisor*) e estabelecem detalhadamente a disciplina. Assim, percebemos um laço incontestável entre o *capítulo* da catedral e a *loja*, pois, segundo a nova versão, a ninguém é permitido penetrar na *Loja dos trabalhos* (canteiro) sem a permissão dos cônegos e do *Mestre* da loja. O *Mestre Maçom* (ou Mestre Pedreiro), os *Vigilantes*, assim como os *antigos Maçons*, prestam juramento de lealdade e de assiduidade, e os Maçons ordinários são obrigados a respeitar fielmente os artigos da Ordenação.

## *2) Ordenações dos Maçons de Londres*

Os regulamentos maçônicos conhecidos pelo nome de *Artigos de Londres* são quatro anos posteriores às primeiras Ordenações de Maçons da Loja de York; foram promulgados a 2 de fevereiro de 1356 (o 13 em estilo gregoriano), por ocasião de uma desavença que eclodiu entre dois grupos de obreiros. O lord-prefeito de Londres os instituiu após terem sido elaborados por um Conselho de dezessete membros, fazendo-os assinar pelas duas partes.

Esses regulamentos compõem-se de oito artigos. Estão redigidos em francês, pois encontramo-nos, então, sob o reinado de "reis franceses", segundo a expressão inglesa. O rei da Inglaterra é Eduardo III, neto de Filipe IV o Belo por parte de sua mãe Isabele, ou seja, é um Plantagenêt. Ele será o primeiro a reivindicar a coroa de França, segundo a velha tradição feudal que ignorava a pseudolei sálica, e a proclamar-se "rei de França e Inglaterra". Esses regulamentos vêm, porém, precedidos por uma *Introduction* em latim, na qual expõem-se os motivos de sua redação. Aplicam-se pois a casos particulares, implicando porém o respeito às tradições gerais. Eis um resumo de seus oito artigos:

1), 2), 3) Da capacidade dos artesãos. Os trabalhadores não devem empreender um trabalho senão quando estejam (sejam) aptos a levá-lo a bom termo. Sua habilidade será controlada por um exame preliminar.

4) Os *Aprendizes* e os *Companheiros* não participarão efetivamente da obra, senão tendo recebido instrução profissional completa.

5) Nenhum *Aprendiz* será aceito por um período de aprendizado inferior a sete anos.

6) Os *Mestres* velarão pela justa e exata repartição dos salários.

7) Todo *Aprendiz* ou *Companheiro*, indisciplinado ou rebelde, será levado perante um conselho disciplinar, presidido pelo lord-prefeito de Londres, e poderá ser condenado a penas variáveis, até à de prisão.

8) Os *Aprendizes* e os *Companheiros* nunca devem fazer pouco caso de sua colaboração com o *Mestre*, enquanto permanecer válido o seu contrato.

## *3) Ordenação da guilda dos Carpinteiros de Norwich*

Datada de 1375, regeu igualmente os pedreiros, trabalhadores de pedra, etc. Essa corporação colocava-se sob os auspícios da *Santíssima Trindade*, manifestando assim seu resepito pelo Ternário Maçônico. Esses regulamentos começam pois por uma invocação ao Pai, ao Filho e ao Espírito Santo, à Virgem e a todos os santos.

Os artigos aí contidos são do mesmo teor dos Regulamentos de York, precedidos porém de prescrições que apresentamos a seguir, as quais em nada interessam ao trabalho, mas de natureza essencialmente religiosa e social.

A cada ano, no sábado após a festa da ascensão, diz-se:

"*Os Irmãos e as Irmãs* deverão reunir-se em local determinado para recitar em comum preces em honra da Santíssima Trindade, bem como pela Santa Igreja, pela paz e a concórdia no país, pelo repouso da alma dos defuntos, e não apenas as dos *Irmãos e Irmãs*, mas pelas de seus amigos e de todos os cristãos.

"No dia seguinte, que será domingo, organizarão eles uma procissão, à qual se seguirá uma missa cantada e uma oferenda. Se vier a morrer um membro da guilda, *seus Irmãos e suas Irmãs* deverão rezar por ele e farão celebrar uma missa pelo repouso de sua alma. Encontrando-se um Irmão em necessidade, os outros deverão vir em seu auxílio mediante socorro hebdomadário."

Por fim, declara-se aí que os membros da guilda, quando de seu ingresso, devem jurar fidelidade ao rei, comprometendo-se a respeitar essa lei comum.

As *Irmãs*, às quais se faz alusão no texto, são artistas ocupadas da decoração do edifício: pintoras, escultoras, bordadeiras etc. São filhas de *Mestres*, e, por isso mesmo, "associadas" à corporação. Esse foi o papel de Sabine de Perrefonds, que realizou algumas das estátuas de Notre-Dame de Paris e da catedral de Estrasburgo (a *Fé* e a *Sinagoga*) no século XIII, sendo filha do mestre-de-obras Hervé de Pierrefonds.[2]

## 4) O Manuscrito Real ou Poema maçônico

Esse documento manuscrito data do fim do século XIV, ou do início do XV, e encontra-se no British Museum. Compõe-se de sessenta e quatro folhas de pergaminho fino, sobre as quais foram magnificamente transcritos setecentos e noventa e quatro versos em inglês arcaico. Desconhece-se a identidade do autor; pode-se admitir, também neste caso, que se trate de um padre do oeste da Inglaterra. O manuscrito pertenceu outrora aos soberanos da Grã-Bretanha, donde ter sido chamado de "manuscrito real". Seu título exato, em latim, é: *Hic incipiunt constitutiones artis geometriae secundum Euclyde*, e está dividido em nove seções (três vezes três).

A primeira parte (oitenta e seis versos) apresenta um resumo da história da Maçonaria desde Euclides, mas, aqui, citaremos um trecho interessante:

"A Maçonaria é a arte derivada da Geometria, e é a mais nobre das artes. Foi ensinada por sábios mestres aos filhos de famílias ilustres, que, com o encargo de muitos filhos, encontravam-se impossibilitadas de assegurar-lhes a existência. O aprendizado dessa arte, entre pessoas dessa qualidade, fazia-se em comum, e os que a estudavam chamavam-se entre si pelo nome de *Companheiro*, ou ainda de *Caro Irmão*, reservando a designação de *Mestre* a seu professor."

A segunda parte (cento e setenta e três versos) compreende quinze artigos:

1) O *Mestre Maçom* deve ser firme, consciencioso e de boa fé; dará prova de honestidade na distribuição dos salários, e de imparcialidade ao atuar como juiz.

2) Salvo em caso de força maior, o *Mestre Maçom* é obrigado a assistir às assembléias gerais.

3) Nenhum *Aprendiz* será aceito se não se submeter a um período mínimo de sete anos de aprendizado.

4) Nenhum *servo* pode ser admitido como *Aprendiz*, mas exclusivamente jovens de condição superior, de *sangue nobre, como manda a Tradição.*[3]

5) Os *Aprendizes* devem ser de boa constituição física.

6) Os *Aprendizes* receberão um salário especial, naturalmente inferior ao dos *Companheiros*, mas que crescerá com os anos de aprendizado.

7) Nenhum *Mestre* deverá ir em auxílio de qualquer ladrão, assassino ou malfeitor de qualquer espécie.[4]

8) Se um membro da corporação não possuir as qualidades exigidas, o *Mestre* o substituirá por um mais capacitado.

9) O *Mestre* deve ser hábil e dedicado, para cumprir o trabalho da melhor maneira possível em prol do renome da corporação e dos interesses do senhor.[5]

10) Os *Mestres* tratar-se-ão entre si de forma fraternal; não deverão fazer concorrência uns aos outros e tampouco deverão medir-se mutuamente, sob pena de repreensão.

11) O trabalho noturno é interdito aos Maçons (pedreiros).

12) Os Maçons (pedreiros) respeitarão reciprocamente sua honra; não se medirão entre si, mas, antes ao contrário, recomendar-se-ão de forma honrosa.

13) O *Mestre* deve fornecer ao *Aprendiz* um ensino completo e inteligente.

14) O *Mestre*, além disso, avaliará, por diversos parâmetros, as capacidades do *Aprendiz*.

15) O *Mestre* deve, sempre, agir com total honestidade e perfeita lisura em relação aos *Companheiros*.

A terceira parte (duzentos e nove versos) compõe-se igualmente de quinze artigos; esses últimos regulamentam o trabalho considerado sob seu aspecto moral e religioso, segundo o velho axioma: "Trabalhar é orar". Eis as *Constitutions* propriamente ditas, e daí o título em latim *Plures constitutiones:*

1) Todo Maçom deve amar a Deus, à Santa Igreja e a seu Mestre e Companheiros.

2) Ele trabalhará convenientemente nos *dias úteis*, para assegurar um salário que lhe permita atender, a qualquer tempo, suas necessidades, incluindo-se aí os feriados.[6]

3) O *Aprendiz* deve observar fielmente os segredos de seu *Mestre* e de seus *Companheiros*. Não deve contar, aos de fora, nada do que se passa na Loja ou na residência.

4) Cada um dos membros será verdadeiro no que se relaciona à corporação. Não tolerará os erros propalados a seu respeito, e não acarretará nenhum dano ou prejuízo a seu *Mestre* ou *Companheiros*.

5) O Maçom receberá seu salário de forma amistosa, e o *Mestre* deverá adverti-lo, em tempo hábil, caso já não o queira empregar nas mesmas condições de antes.

6) Quando necessário um interrogatório, em conseqüência duma briga, este só poderá ter lugar após o trabalho, ou em dias feriados.

7) O *Aprendiz* não manterá relações espúrias com a esposa de seu *Mestre* ou de um *Companheiro.*

8) Ele deverá cumprir fielmente seus deveres, e manterá relações leais com seu *Mestre* ou seus *Companheiros.*

9) As relações entre *Companheiros* fundar-se-ão na honestidade; não viverão às expensas uns dos outros, e se regerão pela lealdade suas contas recíprocas.[7]

10) Se um Maçom faltar a seus deveres, sejam eles de qualquer ordem, social ou profissional, será obrigado a comparecer perante a assembléia geral da corporação; e, se a tal se recusar, será excluído da confraria.

11) Um Maçom (pedreiro) hábil, ao ver um de seus Companheiros prestes a cometer um deslize profissional, deve fornecer-lhe as indicações necessárias para que o trabalho seja efetuado sem prejuízo.

12) As assembléias gerais devem contar com a presença de: os *Mestres* e os *Companheiros,* o xerife do distrito, o lord-prefeito da cidade, os cavaleiros e os nobres locais. Os regulamentos decretados devem ser escrupulosamente respeitados.[8]

13) Cada Maçom deve comprometer-se, sob juramento, a não roubar, não prestar ajuda a ladrões, e não se prestará a receptador.[9]

14) Aquele que desejar filiar-se à corporação deve prestar, perante o *Mestre da loja* e os *Companheiros,* juramento de submeter-se de modo geral a todos os regulamentos, de ser fiel ao rei, e, em caso de transgressão, declará-la perante toda a Assembléia.

15) Aquele que cometer qualquer infração aos *Ordenamentos* e a seus respectivos artigos, em não desejando comparecer perante a Assembléia, deve abandonar a corporação. Se a tal se recusar, o xerife o fará prender, sendo-lhe confiscados os bens e assim permanecendo durante tanto tempo quanto aprouver ao rei.

A quarta parte (vinte e cinco versos) leva o título bastante vago de *Alia ordinatio geometrie.* Trata-se da Assembléia geral. Esta se reúne anualmente e decide sobre as modificações eventuais que se façam necessárias nos *Ordenamentos* e decretos relativos à vida da corporação. A data e local são especificados em cada caso. Na sessão de abertura, os presentes juram respeitar as *Constitutions.*

A quinta parte (trinta e sete versos) intitula-se *Ars Quatuor Coronatorum,* título derivado do nome dos Maçons que se recusaram a erigir templos aos ídolos, sendo por isso martirizados. Comemora-se sua festa no oitavo dia após o Dia de Todos os Santos. Nesta parte do manuscrito, narra-se resumidamente sua lenda. Por isso, os Maçons oram ao "Deus Todo-Poderoso", e a "Sua Doce Mãe Maria", pedindo-lhes que lhes concedam a força espiritual para respeitar os artigos e pontos específifcos das *Constitutions,* conforme fizeram os quatro Maçons mártires, honra da confraria.

A sexta parte (vinte e cinco versos) reporta-se à lenda da Franco-Maçonaria desde os tempos bíblicos. Aprendemos aí que o rei Nabucodonosor fez construir a torre de Babel "para proteger os homens de um novo Dilúvio". Na época, a história não dispunha de nenhum meio de verificação da veracidade dessa afirmação.

A sétima parte (vinte e nove versos) reporta-se aos primórdios, fazendo-nos saber que, com as sete *Artes liberais* (gramática, dialética, retórica, música, astronomia, aritmética, geometria), pode-se obter o Céu, desde que delas nos sirvamos para bons propósitos, para o Bem.

A oitava parte (cento e onze versos) é uma vaga dissertação que nada tem a ver com a arte da construção. Calcula-se que tenha sido tomada de empréstimo a um poema do século XIV, intitulado *Instructions for Parish Priest* (Instruções para uso de Párocos).

A nona e última parte (cento e um versos) é um sumário de normas de civilidade e bem viver. Algo como um daqueles *Tractatus urbanitatis,* comuns na Grã-Bretanha durante os séculos XIV, XV e XVI. Os artigos referem-se à polidez, à educação, à distinção de maneiras, aos bons costumes[10] e ao domínio de si mesmo.

Conforme se terá deduzido da leitura desse código corporativo, os Maçons dessas épocas sabiam aliar, à habilidade profissional, uma conduta cheia de elegância e de dignidade. A um membro do *Companhonato,* será permitido dizer que, no seio deste, ele ainda é dono de si no seio do Companhonato! Todos os "compatriotas" que pude conhecer nesse domínio haviam conservado essa nobreza de comportamento que os torna tão diferentes dos "sindicalistas" de botequim!

## *5) O manuscrito Cooke*

É possível datar-se esse manuscrito do período 1430-1440 mais ou menos, e compõe-se de quarenta folhas de pergaminho, compreendendo novecentas e sessenta linhas de prosa em inglês antigo, e pertence ao British Museum. O autor parece versado no conhecimento da *Bíblia* e do latim, sendo originário do centro-oeste da Inglaterra. O manuscrito, ele próprio, é cópia de outro mais antigo. E foi a fonte principal de Anderson.

A primeira parte é uma história mais ou menos "lendária" da Maçonaria e da Geometria. Começa por uma ação de graças à Divindade: "Graças sejam dadas a Deus, nosso glorioso pai, autor e criador do Céu e da Terra e de tudo o que aí está contido." O autor exalta, aí, a importância da Geometria, o que bem parece insinuar o seguinte: *por trás do enunciado de fórmulas banalmente práticas, esboça-se uma metafísica latente.*

A segunda parte constitui o *Livro dos Deveres.* Trata-se de um conjunto mais antigo, que o autor acrescentou à parte que lhe é própria. Temos aí as mesmas prescrições que no código precedente, com o mesmo espírito de retidão e elevada moralidade.

## *6) O manuscrito William Watson*

Descoberto em 1890 por aquele em Newcastle-upon-Tyne, no norte da Inglaterra, passou a fazer parte da biblioteca da Grande Loja Provincial do West-Yorkshire. Está datado de 1687, sendo porém a cópia bastante exata de um documento mais antigo, do último terço do século XV, redigido em inglês comum. *Em conseqüência, em 1687, época da Maçonaria jacobita,* já permeada de Maçons Aceitos (não operativos), a Franco-Maçonaria stuartista conservava os costumes da Maçonaria Operativa dos tempos antigos. É importante assinalar isso.

O manuscrito divide-se em duas partes, uma tratando da história da Maçonaria, e a segunda constituindo-se numa exposição dos deveres dos Maçons, absolutamente nos moldes dos anteriores. Assim, ao longo dos séculos, constituía-se numa doutrina tradicional, transmitida por seus afiliados sem qualquer modificação quanto ao teor.

## *7) O manuscrito Tew*

Deu entrada, em 1888, na biblioteca maçônica do West Yorkshire, por doação de J. William Cocking, recebendo o nome de antigo governador da província, Maçom e benfeitor dessa biblioteca.

Data de aproximadamente 1680, foi redigido em inglês, e comporta duzentas e oitenta linhas, transcritas em pergaminho. Na forma, é idêntico aos anteriores, *e aí também se nos demonstra que a Franco-Maçonaria jacobita vivia sua vida ritual segundo os antigos Deveres, inalterados havia séculos.*

## *8) Versões impressas do século XVII*

Além dos manuscritos que acabamos de analisar rapidamente, houve, no século XVII, edições impressas. Um historiador maçom belga, Adolphe Peeters-Baertsoen (Gand, 2/3/1826-Nápoles, 8/12/1875), autor duma importantíssima *Bibliographie Occultiste et Maçonnique*, menciona:

1.º *The Constitutions of the Fraterniti* (sic) *of the Free and Accepted Masonry*, Londres, 1689, in-4.º.

2.º Mesmo título (*Constitutions de la Confrérie de la Maçonnerie libre et acceptée*), Londres, 1701, in-8.º.

Outro erudito bibliógrafo da Maçonaria, G. Kloss, não tendo conseguido descobrir essas edições, postulou sua inexistência. Isso nos parece bastante imprudente, pois uma outra tornou-se tão rara que, durante muito e muito tempo, duvidou-se de sua existência.

Tratava-se das "*Anciennes Constitutions concernant l'antique et honorable Société des Maçons francs et acceptés*. Extraídas dum manuscrito escrito há quinhentos anos, em Londres, impresso e vendido por J. Roberts, em Warwick-Lane, 1722."

Ora, dessa edição existia apenas um único exemplar, totalmente ignorado. Foi descoberto por um editor londrino, Richard Spencer, maçom da *Grande Loja de Inglaterra*, que o descobriu encadernado, num volume, *como obra*, em seguida à edição de Anderson de 1723...

A obra foi reeditada em 1871 por Richard Spencer, sob a direção de J.E. Cox. Compõe-se de duas partes:

— um resumo da história da Franco-Maçonaria;

— um resumo dos Deveres maçônicos.

A divisão e conteúdo assemelham-se a tudo o que acabamos de ver. Mas a edição impressa de 1722 acrescenta ao texto obrigações especiais para os *Aprendizes*, bem como Estatutos adicionais, decretados na Assembléia de 8 de dezembro de 1663, *sob o reinado de Charles II Stuart*, e que apenas precisam os antigos artigos.

Foi nesta edição, que nos revela as regras, costumes e tradições da Maçonaria do século XVII, Maçonaria ainda então chamada *jacobita* ou *stuartista*, que descobrimos as *fórmulas sacramentais* de seu sábio e simples ritual.

E é isso o que vamos analisar agora.

NOTA

1. Não existe, na Grã-Bretanha, a noção de derrogação nobiliárquica pelo exercício de determinadas profissões. A plebe, pelo contrário, não pode possuir brasões.

2. A Franco-Maçonaria especulativa atual conservou, para filhos e filhas de Mestres Maçons ou Mestras Maçons, uma posição privilegiada, com o *batismo do lobinho* (filho de Maçom), seu acesso ao primeiro grau (*Aprendiz*) a partir dos dezoito anos, e a isenção de provas físicas: viagens, passagem pelos elementos, etc. (regulamento de 1856 do *Rite Français*).

3. Daí a recusa em iniciar um *doméstico* (não há servos) no século XVIII.

4. Certos franco-maçons de nossa época, indulgentes para com os terroristas de todas as tendências, não têm, pois, seu lugar na Maçonaria.

5. Nessa época, os grandes trabalhos eram sempre contratados e pagos por grandes personagens. O termo *senhor* (*seigneur*) aplicava-se então igualmente ao soberano; a rainha dizia ao marido: "Meu caro senhor..."

6. No século XIX, a burguesia novo-rica fazia os "paus para toda obra" trabalharem quinze horas por dia, e sete dias por semana, com uma tarde de liberdade por mês...

7. Na Maçonaria moderna, isso justifica a exclusão do emprestador de má-fé, ou daquele que, tendo condições para tanto, não paga o que deve à obediência.

8. A confraria estava inserida na cidade, e seus membros eram de origem nobre, o que fazia com que a nobreza e autoridades civis locais se ocupassem do comportamento dos membros da loja local.

9. Esse artigo condena inapelavelmente o laxismo e a indulgência de determinados maçons com membros a ser exclusos. Para esses maçons, *fraternidade* significa cumplicidade, fazendo com que eles incorram na censura de sua loja, pois a Maçonaria não é a Máfia! Seria oportuno gravar essa regra nos *Quartos de reflexão*...

10. Já então, aquilo que na época se chamava "bougrerie" (homossexualismo) constituía um obstáculo ao ingresso na corporação. *A vida privada de cada um deve ser preservada, não interessando senão a ele mesmo.* Nessa época, porém, não se via desfilar, como em 1982, da Bastilha à Praça da República, com cartazes obscenos, o FHAR (*Front homosexuel d'action révolutionnaire* — Frente homossexual de ação revolucionária), fazendo-se acompanhar de uma bandeirola com os dizeres "*Les gouines rouges*", abrindo o desfile de duas companhias de lésbicas feéricas...

# XXI. OS ANTIGOS RITUAIS OPERATIVOS

*Que o vosso falar seja sim, sim,*
*não, não. Pois tudo o mais vem*
*do Maligno.*
MATEUS, V, 37.

É bastante provável que os ritos descritos por C. Stretton, Th. Carr e J. Yarker, já por nós citados anteriormente, não tenham jamais pertencido à verdadeira Maçonaria Operativa de antes do século XVII. E, mesmo que não se trate apenas duma hábil montagem posterior, esses ritos nunca passaram de algo exclusivo de um meio muito fechado e pouquíssimo numeroso.

Pois é certo que os costumes iniciáticos da Maçonaria Operativa dos séculos XIV, XV e XVI eram extremamente simples. Não podia ser integrado às diversas cerimônias das corporações nenhum rito mágico ou ocultista, que não seriam tolerados pela mentalidade dessa época, profunda e solidamente impregnada de um cristianismo que não poderia ser mais ortodoxo. Não nos esqueçamos de que, quando o rei Henrique VIII rompeu com Roma, a nova Igreja chamada *anglicana* permaneceu conforme à liturgia e às atividades sacramentais. Henriquqe VIII não desejava que, libertando-se ele do jugo do papa, passasse, perante a opinião pública, por alguém desejoso de atentar contra a religião católica e as verdades que a Igreja da Inglaterra sempre confessara: "Assim, ordenou que fossem observadas as leis contra os hereges, e por isso foram queimados, durante esse ano (1531), três protestantes[1]" (cf. Abade Pluquet, *Dictionnaire des Hérésies, des Erreurs et des Schismes*, Besançon, 1817, dedicado a Monsenhor de Choiseul, arcebisbo de Albi).

Isso é tão verdade que, quando a nova *Grande Loja de Londres* adotou o ritual do grau de Mestre que conhecemos, levantou-se imediatamente uma grita geral, prudentemente emitida nas obras dos historiógrafos da Franco-Maçonaria. Antes, houve o panfleto de Samuel Pritchard, já citado aqui; em seguida, veio o veemente protesto da loja de York, loja imemorial, cuja origem se perde na noite dos tempos. Para colocar a Loja de Londres em seu devido lugar, ela se proclamou *Grande Loja de Toda a Inglaterra,* afirmando sua existência desde o século X, e demonstrando, por documentos, que já tinha instalado lojas em 1705. Por fim, conforme já assinalamos anteriormente, em 1730, os Maçons tradicionalistas constituíram a *Ordem Real da Escócia (Royal Order of Scotland),* a fim de "contrapor-se à descristianização *inovada pelas Constitutions de Anderson*" (cf. H.J. Ostiak, *Cahier de Villard de Honnecourt*, número 2).

Além disso, quando do exercício de censuras religiosas contra determinados costumes relativos às "recepções" em diversas corporações, jamais se formulou qualquer condenação contra os ritos seguidos pela Franco-Maçonaria Operativa da Grã-Bretanha. Só com a condenação *ex cathedra* de 1755 vamos ver o papado lançar a excomunhão sobre os usuários definitivos do novo ritual inovado pelo Grande Loja de Londres em 1723.

No entanto, mesmo não tendo a antiga Maçonaria operativa um ritual oculto ou esotérico, ela conservava costumes, que acabaram tornando-se *ritos* devido à sua antiguidade. O capítulo da catedral de Saint-Pierre, em York, em sua *Ordenação* de 1352, *impõe aos Maçons da loja de York que conservassem tais costumes,* pelo que os *Mestres* são considerados responsáveis, devendo jurar, perante o capítulo, fazê-los respeitar (ver página 193).

Aqui, vem-nos à mente uma pergunta: havia um ensinamento esotérico entre os *Mestres,* transmissível unicamente por via oral? É possível. A interdição feita aos *Companheiros,* quando de sua recepção, proibindo-lhes alterar a forma das *Ferramentas,* é prova disso. Sem dúvida, tratava-se de manter, entre o ensinamento oral prático, e a ferramenta ao qual ele se referia, uma identidade absoluta. Mas é igualmente evidente que não é à toa que as velhas *Ordenações* aludem incessantemente aos ensinamentos de Euclides, matemático grego que ensinou por volta do ano 300 a.C. em Alexandria, sob o reinado de Ptolomeu Soter. De seus *Elementos de Geometria*, chegaram até nós somente quinze livros, tendo desaparecido totalmente as outras obras, notadamente os *Porismas*. E não adianta buscá-los, pois o fanatismo cristão dos primeiros séculos passou por lá, com seu ódio ao neoplatonismo alexandrino, cujo fundador, Ammonios Saccas, teve por discípulos Plotino, Porfírio e Jâmblico. E sangrentos motins do populacho fanatizado levariam, finalmente, em 389, à destruição do Serapeion, centro de ensino neoplatônico, para culminar, em 415, com o odioso linchamento de Hipatia, filha de Téon, sob a instigação do patriarca Cirilo.[2]

Pois bem, conforme já dissemos, desdobram-se, tradicionalmente, do estudo dos postulaldos da Geometria apresentados por Euclides, uma filosofia e uma metafísica. E Matila C. Ghyka estabeleceu, em nossa época, as ligações evidentes entre a geometria e o ocultismo do ciclo fáustico, em sua célebre obra *Le Nombre d'Or*.

O Franco-Maçom, tendo noções duma *gnose* emanada da *Geometria*, saberá transpor a *crença religiosa exotérica* para um patamar em que ela se tornará *conhecimento metafísico*, do qual ele deduzirá um *esoterismo religioso*. E esse é facilmente transmissível, não requerendo copiosos manuscritos, pois já dizia o próprio Platão: alguns aforismos bastam para perpetuar a mensagem. Ao que aduziu Pascal que "a Lógica tomou suas regras de empréstimo à *Geometria*. . ." (cf. *De l'esprit de la Géométrie*).

E por que teriam os membros da confraria anexado, à palavra "maçon" (pedreiro), a palavra "franco" (livre), senão para reivindicar uma certa liberdade de *passagem*, que era ao mesmo tempo uma certa *liberdade de pensamento*?

Isso tudo não dependia de ritos mais ou menos complicados.

Transmitia-se ao postulante um ensinamento *exotérico* como se lança uma semente ao solo. Se ele fosse iniciável, saberia deduzir secretamente, e, por seu próprio trabalho interior, o ensinamento frutificaria e o enriqueceria. Caso contrário, contentar-se-ia em continuar sendo um *braçal*, sem tornar-se *espiritual*.

Mas pode-se admitir que determinados *costumes e usos* (não digamos *ritos*) eram de praxe (uma expressão ainda válida!) por ocasião das cerimônias de recepção de *Aprendiz* ou de *Companheiro*. E é disso que vamos agora ocupar-nos.

## *Recepção do Aprendiz*

Era inicialmente examinado pelo médico da loja, para confirmar a inexistência de qualquer malformação ou deformação que se opusesse ao exercício da função. Já passara pelo crivo do ostracismo da letra B.

Se fosse recebido pelo *Mestre* da loja, apenas, este lia para ele o Regulamento da corporação. Depois, o Aprendiz prestava o juramento.

Se fosse recebido em presença dos membros da loja pelo Mestre da mesma, é provável que tivesse então os olhos vendados, para não poder saber quem fossem esses membros. O *Mestre* lia para ele o Regulamento, e então ele prestava o juramento, cujo texto segue:

"Eu, Fulano (nome e sobrenome), em presença aqui de Deus Todo-Poderoso e dos Companheiros aqui presentes, prometo e declaro que em tempo algum no futuro, por nenhum ato ou em nenhuma circunstância, seja ela qual for, direta ou indiretamente, publicarei, revelarei ou darei conhecimento de qualquer destes segredos, confidências ou conselhos da Fraternidade ou Confraria dos Franco-Maçons, que neste ou em qualquer momento futuro possam-me ser comunicados. Assim, que Deus venha em meu auxílio, assim como as verdadeiras e santas matérias deste livro."

E era tudo. Ele não recebia qualquer sacralização ritual. Em certos textos antigos, é denominado *Aspirante* e não Aprendiz, tendo esse termo sido conservado pelo Companhonato ainda em nossos dias.

## *Recepção do Companheiro*

Ao término de seus sete anos de aprendizado, o *Aspirante* podia então ser recebido como *Companheiro*, grau equivalente na época ao de *Mestre Maçon* do século XVIII. Era então a loja que o recebia, mas isso podia também se dar na presença apenas do *Mestre* de loja, sendo a recepção perfeitamente válida.

Havia primeiro a invocação de abertura, pronunciada geralmente pelo Capelão da loja. Eis o texto:

"Santíssimo e Gloriosíssimo Senhor Deus, Tu, Grande Arquiteto do Céu e da Terra, dispensador de todas as boas dádivas e de todas as graças, que prometeste que, onde houver dois ou três reunidos em Teu Nome estarias no meio deles, em Teu Nome nos juntamos e reunimos, suplicando-Te muito humildemente que nos abençoes em nossas empresas, que nos dês o Espírito Santo, que ilumines nossos espíritos com sabedoria e inteligência, para que possamos conhecer-Te e Te servir corretamente, e que todas as nossas ações sejam para Tua glória e para a salvação de nossas almas. E nós Te suplicamos, ó Senhor Deus, que abençoes esta nossa empresa, e que concedas que nosso novo Irmão que aqui se encontra possa dedicar sua vida a Teu Serviço, sendo entre nós um verdadeiro e fiel Irmão. Concede-lhe a divina sabedoria, para que possa ele ser *capaz de compreender, em meio aos segredos da Maçonaria, os mistérios da piedade e do cristianismo.* Assim, nós Te pedimos humildemente, em nome e por amor de Jesus Cristo, nosso Senhor e Salvador, Amém."

Esta fórmula de abertura dos Trabalhos e de investidura ainda estava em uso na *Grande Loja de Irlanda,* em 1730 (cf. *Constitutions* de 1730, Dublin, pelo Irmão J. Pennell). Pode-se observar o detalhe importante "em meio aos segredos da Maçonaria", para esclarecer a parte misteriosa da religião cristã. É uma prova bastante concludente de que, por trás do exoterismo das fórmulas e dos usos, dissimulava-se esse esoterismo ao qual já aludimos anteriormente. Quando se tratasse simplesmente de abrir a loja, pulava-se, pura e simplesmente, o trecho relativo à sacralização do impetrante. A mesma fórmula servia também para a instalação de uma nova loja.

O fechamento da loja efetuava-se com ajuda de uma fórmula mais simples e mais concisa:

"Que o Pai Todo-Poderoso do céu, com a sabedoria de Seu glorioso Filho, através da bondade do Espírito Santo, as três Pessoas de um único Deus, esteja conosco na origem e nos dê Sua Graça para governar nossas existências, para que possamos chegar à Sua beatitude que jamais terá fim. Amém."

O candidato à recepção de Companheiro apresentava-se certamente com o seio esquerdo descoberto. Colocava o joelho *direito* sobre um Esquadro colocado aos pés do *Mestre* de loja, o joelho *esquerdo* levantado em ângulo, constituindo assim um duplo esquadro. Mantinha o *Compasso* apontado para o mamilo esquerdo (sobre o coração), a mão direita posta sobre o *evangelho de João.* Pronunciava o juramento aqui apresentado para o *Aprendiz.* O *Mestre* de loja desferia então três leves golpes de seu *Malho* na cabeça do *Compasso* apontado para o coração do recipiendário, e pronunciava a fórmula de investidura, ao mesmo tempo que o *Capelão* também a pronunciava.

Eis aí os ritos que podemos encontrar desde o início da Maçonaria *jacobita* em suas lojas francesas. Dado o caráter conservador dos ingleses, pode-se admitir que nada tenha sido modificado por eles, ao chegarem com o rei James II à França, em Saint-Germain-en-Laye.

Os três leves golpes do *Malho do Mestre* de loja certamente deviam ser desferidos da forma como foi retomada pelo *rito francês*, ou seja: OO—O. Existe aí, com efeito, um simbolismo de origem religiosa. Segundo a teologia católica romana, o *Espírito Santo* procede por *spiration* do *Pai* e do *Filho,* coeternos e consubstanciais. O termo latino *spiratio* exprime a idéia duma comunicação pelo sopro. Embora se exerçam eternamente, pelo fato de sua coexistência, o Espírito Santo conserva, apesar de tudo, um aspecto de sucessão às duas primeiras *Pessoas* divinas. Sabe-se que o latim *persona* significa "máscara", "aparência'.

A fórmula invocatória que preside à Abertura dos trabalhos era igualmente a que presidia à criação duma nova loja, ligeiramente modificada. Como toda fórmula ritual, estava na dependência das atividades do *Capelão.*

Algumas *Ordenações* estabelecem que o *Companheiro* que se arvorasse a transmitir a investidura a um *Aprendiz,* ou de receber um candidato como *Aprendiz,* à revelia do Mestre da Loja e desta própria, ficaria para sempre incapacitado de receber o encargo de um posto e, menos ainda, de tornar-se *Mestre* de loja. Seria, igualmente, um beneficiário irregular. Todavia, o caráter da investidura era indelével, e não poderia, portanto, ser ela anulada. Essa regra demonstra que a Maçonaria Operativa *transmitia realmente uma filiação iniciática,* contrariamente ao que têm afirmado recentemente certas autoridades maçônicas de opiniões avançadas.

Essa é, aliás, a atitude da Igreja católica, que declara *ilícita* (irregular) a ação das outras Igrejas autocéfalas, considerando, porém, *válida* a ação das mesmas, pois a sacralização de seus ministros é indelével, por ser transmitida *in aeternum*, por toda a eternidade.

## *Exaltação do Mestre de Loja*

Essa locução, que designa a proclamação do *Companheiro* à condição de *Mestre de loja,* vem do latim *exalto,* que significa "elevar", "glorificar". Esse *rito* — pois era um rito — existia na antiga Maçonaria Operativa. Como prova disso, tomaremos apenas o que dizem as *Constitutions* de Anderson em sua primeira edição de 1723. Esse ritual está associado ao da constituição duma nova loja.

Vamos, pois, apresentá-lo na íntegra.

"Como constituir uma nova loja, tal como praticado por Sua Graça o Duque de Wharton, venerabilíssimo Grão-Mestre atual, e *de conformidade com os antigos costumes e usos dos Maçons.*

"Para evitar-se grande número de irregularidades, uma nova loja deve ser solenemente constituída pelo Grão-Mestre, assistido por seu Deputado e por seus Vigilantes. Ou então, na ausência do Grão-Mestre, o Deputado agirá em lugar de e por Sua Honra, escolhendo, para assisti-lo, qualquer *Mestre de loja*; ou ainda, em caso de estar ausente o Deputado, o Grão-Mestre designará qualquer *Mestre de loja* para atuar interinamente a título de Deputado.

"Os candidatos, ou seja, o novo *Mestre* e os Vigilantes, encontrando-se ainda entre os *Companheiros*, o Grão-Mestre indagará de seu Deputado se os examinou, e se acha o candidato ao grau de Mestre perfeitamente habilitado na nobre Ciência e na Arte real, *devidamente informado de nossos mistérios etc.*

"Então o Deputado, em respondendo afirmativamente, destacará (a uma ordem do Grão-Mestre) o candidato dos *Companheiros* que o rodeiam e o apresentará ao Grão-Mestre, dizendo: "Venerabilíssimo Grão-Mestre, os Irmãos aqui presentes desejam formar uma nova loja, e eu vos apresento, para ser seu *Mestre*, este meu digno Irmão, que sei pessoa de bons costumes e de grande habilidade, sincera e fiel, e amante da confraria por onde quer que seja ela dispersada sobre a face da Terra".

"Então o Grão-Mestre, colocando o candidato à sua esquerda, e após ter pedido e obtido o consentimento unânime de todos os Irmãos, dirá: "Constituo e formo estes bons Irmãos numa nova loja, e vos nomeio o *Mestre*, em nada duvidando de sua capacidade nem de sua solicitude em conservar o cimento da loja etc.", *acrescentando algumas outras expressões convenientes e costumeiras a essa ocasião, as quais, porém, não vem ao caso relatar por escrito.*

"Em seguida, o Deputado repetirá as obrigações de um *Mestre*, e o Grão-Mestre interrogará o candidato da seguinte maneira: "Submetei-vos a estas obrigações, *tal como o têm feito os Mestres de todos os tempos*?" Tendo o candidato dado certeza de sua cordial submissão a esses deveres, o Grão-Mestre *o instalará, seguindo determinadas cerimônias significativas e antigos usos*, passando-lhe às mãos as *Constitutions*, o registro da Loja e os instrumentos de seu cargo, não tudo junto, mas um após outro, e, a propósito de cada um deles, o Grão-Mestre ou seu Deputado repetirá para o novo Mestre, de maneira breve e enérgica, a obrigação relacionada a cada um dos objetos apresentados.

Após o que os membros dessa nova Loja, inclinando-se todos em conjunto perante o Grão-Mestre, agradecerão a Sua Honra; imediatamente após, renderão homenagem a seu novo Mestre, assegurando-lhe sua submissão e sua obediência, segundo as fórmulas ordinárias de felicitação.

"O Deputado e os Grão-Vigilantes, bem como todos os outros Irmãos presentes que não sejam membros dessa nova Loja, felicitarão o novo Mestre. E ele, por seu lado, apresentará os agradecimentos convenientes, inicialmente ao Grão-Mestre, e em seguida a todos os outros, segundo sua qualificação.

"Após o que, o Grão-Mestre solicitará ao novo *Mestre* que passe a exercer imediatamente as funções inerentes ao seu cargo, escolhendo seus Vigilantes. Também o novo Mestre, chamando dois Companheiros, os apresestará ao Grão-Mestre para que recebam sua aprovação, bem como à nova loja, para que dela recebam sua aquiescência.

"Uma vez concedido tal consentimento, o primeiro ou o segundo Grão-Vigilante, ou qualquer outro Irmão em lugar deles, repetirá as obrigações dos Vigilantes; e os candidatos, depois de terem sido solenemente interrogados pelo novo *Mestre*, assegurar-lhe-ão sua submissão.

"Então, o novo *Mestre* lhes apresentará os instrumentos de seu cargo e os instalará, na devida forma, em seus lugares respectivos. A seguir, os Irmãos dessa nova loja garantirão aos novos Vigilantes sua obediência, prestando-lhe então os cumprimentos de praxe.

"E essa Loja, estando assim completamente instalada, será registrada no livro do Grão-Mestre, e, por ordem dele, far-se-á a devida notificação às outras Lojas."

Eis aí, numa tradução literal da edição original em língua inglesa de 1723, o que respeita à instalação de uma nova loja, e principalmente a *exaltação* de um *Companheiro* à qualificação de *Mestre* de loja.

Num opúsculo de onze páginas, intitulado *Note sur la Cérémonie ésoterique d'installation des Maîtres de loje* (Nota sobre a Cerimônia esotérica de instalação dos Mestres de loja), René G. . . y, presidente da *Association fraternelle des Maîtres installés* (Fraterna Associação dos Mestres instalados) (Paris, 1961), narrou a evolução e involução desses ritos através da história da *Grande Loge d'Angleterre*, e da Franco- Maçonaria inglesa, para ser mais exato. Pois esta é a própria imagem duma obediência imutável em sua perenidade! Seja como for, desde o dia 19 de outubro de 1810, ela adotou este Princípio: "A cerimônia de instalação dos *Mestres de loja* é uma das verdadeiras marcas registradas do Ofício, e deve ser preservada."

Isso provinha duma tradição que remontava a 1726, afirmando que a instalação do *Mestre de loja comportava segredos específicos*, e duma outra tradição remontando a 1739, a qual conferia uma categoria privilegiada ao *Ex-Mestre*, ou seja, ao antigo *Mestre de loja* que houvesse transmitido o cargo.

Pode-se, pois, concluir que, para a *Maçonaria Operativa* antiga, bem como para a Maçonaria composta do século XVII, só havia o *Mestre* em função duma loja; ele era, pois, o único a portar tal título, no qual era investido em função de seus conhecimentos e de seu próprio valor em diversos campos. Quanto aos dois Vigilantes da dita loja, continuavam sendo simples *Companheiros*. Depois de 1723, o primeiro Vigilante passou a ser conhecido por *segundo Mestre*.

No que concerne aos "segredos específicos" evocados como sendo privilégio dos *Mestres de loja* e dos *Ex-Mestres*, consistiam de certos conhecimentos ocultos, emanados duma *magia animista* que vinha da noite dos tempos, relativa aos ritos propiciatórios da fundação do edifício, das etapas de sua construção e de sua sacralização final — ritos nos quais a *pedra fundamental* e a *chave da abóbada* desempenhavam um papel de primeiro plano.

Dessa ciência misteriosa que permitia ao *homo faber*, igualmente *homo sapiens*, dominar as forças da Natureza, não resta senão a tradição do *buquê de flores* e da *bandeira*, que os *Companheiros Maçons* de nossos dias ainda continuam hasteando no alto do telhado da casa, uma vez terminada! Quanto aos construtores dos campanários de nossas igrejas, será que conheciam os ritos de seus ancestrais medievais, e que eram anteriores àqueles que a Igreja católica ainda hoje observa para a consagração e bênção dos mesmos campanários? É duvidoso...

Pode-se dizer, na verdade, que a elaboração de um edifício pelos Maçons (pedreiros) construtores implicava duas fases bem distintas:

1) Um sacrifício de *fundação, realizado de noite, secretamente.* Visava obter o perdão pela eventração do solo, análoga à abertura do seio da *Terra Mãe,* ao defloramento da virgem no dia das bodas, à derrubada de uma floresta etc., todos estes atos considerados como agressão às potências da Natureza, portanto perigosos, em virtude de tradições milenares. Esse sacrifício de fundação (na Idade Média sacrificava-se um galo preto), acompanhava a deposição e sacralização duma pedra cúbica num buraco cavado no centro do futuro canteiro.

Foi dessa crença quanto à *Terra Mãe* que emanaram os diversos usos e costumes segundo os quais se confia às matronas o encargo de deflorar a futura jovem esposa, assimilada à gleba nutriz, terra virgem que o esposo a seguir fecundará como no tempo da semeadura. Em determinadas épocas e lugares, esse papel de matronas era confiado ao soberano local ou ao senhor, aos padres e sacerdotes (na Ásia), ao estrangeiro de passagem (na Babilônia), ou até aos companheiros de armas do esposo (África negra). Daí nasceu o *droit de cuissage* (direito de ferir), que, em sua origem, não passava de um perigo endossado pelo protetor por dever. Da mesma tradição provém o privilégio concedido ao par-de-honra do noivo, em certas regiões da França, e que consiste em ser o primeiro, antes do noivo, a retirar a liga esquerda da jovem esposa, conservando-a como troféu. E também o antigo costume do casamento por procuração de inúmeros soberanos, que obrigavam o representante do rei a colocar a perna esquerda no leito onde se deitava a futura esposa.

2) Um sacrifício *de inauguração, realizado de dia, publicamente.* Visava obter a proteção e concordância do *Céu Pai,* obtendo o perdão pela tentativa de se elevar na atmosfera, de quebrar o livre curso dos ventos, de abdicar o orgulho agressor dos lugares altos, como o de Nemrod, que construiu a torre de Babel segundo a tradição dos Pedreiros construtores. O latim *inauguratio* exprime a idéia de "o que se segue a uma consulta aos *áugures*". O cerimonial de inauguração devia pois, necessariamente, empregar fórmulas de *propiciação,* que se revestiam dum aspecto *augural,* dissimuladamente imposta ao *Céu Pai,* fazendo-se-a preceder de oferendas propiciatórias que ele não podia recusar (e com razão!), sob pena de violar as leis naturais. Consistia na sacralização duma última pedra, reservada assim para a última cerimônia, e em sua deposição num lugar preciso. A *chave de abóbada* é também, em termos esotéricos, a chave

que abre a *Abóbada*... E uma certa *Abóbada* desempenha um grande papel em certo alto grau da Franco-Maçonaria escocesa.

Resta uma lembrança desse costume, na cerimônia de consagração duma igreja católica. Depois de proceder à sacralização do exterior do edifício, a seguir a do interior, o *bispo* consagrador procede à consagração do altar-mor, *colocado no centro do coro da igreja*, depois à consagração da pequena pedra que, contendo as relíquias corporais de santos, será finalmente inserida e selada no mesmo altar-mor. Será ela, pois, simbólica chave de abóbada do edifício, que ecoará as influências provindas do *Céu Pai*.

Estes dois tipos de ritual: *fundação* e *inauguração*, orientados respectivamente para a Terra e o Céu, evocam inevitavelmente a antiga adjuração dos sacerdotes de Babilônia, fórmula que acompanha todos os seus ritos: "Vem, Espírito do Céu! Vem, Espírito da Terra!"

As tradições do companhonato, que nosso mundo racionalista pretende limitadas à Idade Média e às catedrais, são provavelmente muito mais antigas do que se supõe. A Igreja Católica possuía outrora um *oculto sagrado*. Mas seus bispos politiqueiros e seus curas futebolistas são profundamente incapazes de compreender aí, hoje, seja lá o que for!

Incorreríamos em grande erro ao supor que os mestres-de-obras medievais não foram cristãos fervorosos, sendo prova desse fervor cristão a dedicatória que o mestre Jehan de Chelles consagrou à Notre-Dame de Paris:

"Anno Domini MCCLVII Mense februario Idus secondo, Hoc fuit inceptum Cristis genitus honore: Kallensi Lathono vivente Ioanne Magistra.[3]"

Tratava-se, então, da reconstrução dos portais do transepto da catedral, pois a primeira pedra foi colocada em 1182, e ignora-se o nome do verdadeiro mestre-de-obras a quem coube realizar o rito inicial. Sabemos apenas que foi o bispo Maurice de Sully, filho de um pobre lenhador de Sully-sur-Loire, que procedeu à bênção.

No espírito dos construtores medievais, tratava-se simplesmente, através desses ritos estranhos, de neutralizar aquilo que eles consideravam potências subterrâneas desconhecidas, sem dúvida demoníacas, e daí os sacrifícios *noturnos* dum galo preto para a fundação. *Chegado o dia*, cabia aos padres e bispos completar a tarefa!

Esse estado de espírito era, aliás, próprio a todos nossos ancestrais da Idade Média, e mesmo da época que a seguiu, para a qual

*Deus* e o *Diabo* disputavam entre si o império do mundo, exigindo pois a prudência que o *Homem*, joguete deles, se conciliasse amistosamente com ambos...

Recordemo-nos de que existe uma grande diferença de mentalidade entre nós e os súditos de Luís XIV, tal como existia entre os súditos do Rei Sol e os de Carlos VII. Três séculos fazem uma grande diferença na história das mentalidades.

## NOTAS

1. As múltiplas seitas protestantes mostraram-se tão intolerantes quanto os católicos (Calvino mandou queimar vivo, em Genebra, Michel Servet), e, sobre este assunto, haveria material para um livro inteiro. A questão, aliás, não está de todo encerrada em certos Estados dos Estados Unidos, com a prisão de casais "excessivamente refinados" em amor...

2. O historiador inglês Edward Gibbon (1737-1794) demonstrou isso em sua grande obra *História do declínio e queda do Império romano* (tomo I, capítulos XV e XVI). Em nossa época, Maurice Magre narrou, em seu belíssimo livro *Priscilla d'Alexandrie*, o massacre de Hipathia.

3. Tradução na *Conclusão* desta obra.

# XXII. A FRANCO-MAÇONARIA JACOBITA TAMBÉM CHAMADA STUARTISTA

A Maçonaria dita de "Saint-Germain", ou seja, constituída essencialmente em 1688 por *lojas militares* dos regimentos irlandeses e escoceses que haviam seguido o rei James II em seu exílio, já não é a Maçonaria *Operativa* das confrarias de construtores; o aporte de Maçons Aceitos, vale dizer, de nobres ou burgueses de formação mais ou menos intelectualizada, transformaram-na numa Maçonaria *Especulativa*, locução que exprime os diversos tipos de debates abordados nessas lojas.

Essa Maçonaria reflete-se nas lojas militares de Saint-Germain-en-Laye, onde os assuntos tratados atêm-se à vida da guarnição, às atividades eventuais em campanha, à evolução possível das técnicas de combate, e também às necessidades da fortificação.

Ela tem, na Grã-Bretanha, sua irmã gêmea, tendo escolhido a casa de Orange como dinastia reinante em lugar dos Stuarts, com Guilherme III, marido de Maria Stuart II, filha de James II no exílio. Tudo leva a crer que as duas Maçonarias mantivessem contatos discretos, pois só se conhece uma Ordenação Geral que governava as lojas nesse período, e Anderson e Désaguliers ainda não haviam realizado sua revolução doutrinal.

Estamos, pois, de posse de duas versões desta. A primeira chama-se *Statuts et Réglements généraux de la Confrérie des Francs-Maçons, compilés en l'année 1720 por Georges Payne, alors Grand*

*Maître, et approuvés le jour de la Saint-Jean-Baptiste 1721. par le très noble Frére Jean, duc de Montaigu, et par la Grande Loge qui le choisit comme Grand Maître* (Estatutos e Regulamentos gerais da Confraria dos Franco-Maçons, compilados no ano de 1720 por Georges Payne, então Grão-Mestre, e aprovados no dia de São João Batista de 1721, pelo nobilíssimo Irmão Jean, duque de Montaigu, e pela Grande Loja que o escolheu como tal).

Este primeiro texto compreende trinta e nove artigos.

A segunda versão traz por título: Ordenações gerais dos Franco-Maçons, extraídas dos arquivos da Ordem, e redigidas em 1720 por ordem do Grão-Mestre, o Irmão Georges Payne, escudeiro, e lidas no dia 21 de junho do mesmo ano na assembléia de Stationers Hall, as quais, pela conformidade com os costumes das mais antigas lojas, foram a seguir comparadas com os antigos documentos da Fraternidade; aos quais o Grão-Mestre, esclarecido Irmão Jean, duque de Montaigu, mandou acrescentar notas e esclarecimentos acolhidos por consentimento unânime e confirmados por todos os Irmãos da Grande Loja no dia 25 de março de 1722, sendo, em conseqüência, comunicados e postos em prática por todas as lojas legais."

Nosso texto é o do manuscrito que pertenceu ao príncipe Murat, Grão-Mestre do Grande Oriente de França, de 1848 a 1860, manuscrito este do início do século XVIII, e reproduzido por G. Bord. Trata-se, evidentemente, duma tradução francesa do texto inglês, e comporta frases por vezes erroneamente traduzidas, mas que seria arriscado modificar sem alterar-lhes o sentido.

Aceitamos as abreviações tradicionais dos textos maçônicos. O leitor só precisará lembrar-se que G.·. M.·. significa *Grão-Mestre,* e que G.·. L.·. significa *Grande Loja*; que são os "vigilantes" no nível da loja comum. Assim também, a Grande Loja nunca se reúne para "receber" em qualquer grau um profano ou um Maçom: as *iniciações* são coisas das lojas comuns.

Esta segunda versão consta de setenta artigos ao invés de trinta e nove.

I. — O G.·. M.·. ou seu deputado tem o direito e a autoridade para estar não apenas presente em qualquer loja, mas também, quando julgar conveniente, de dirigi-la e fazer colocar à sua esquerda o Mestre da loja e admitir os Irmãos Vigilantes Supremos para executar suas ordens; não obstante, os Irmãos Vigilantes Supremos não podem exercer suas funções em nenhuma outra loja particular, ou serem aí encarados como investidos de qualquer autoridade sem a presença e o comando expresso do G.·. M.·., podendo este incumbir aos Irmãos Vigilantes ordinários da loja, ou mesmo a outros Irmãos, de fazer o serviço *pro tempore.*

II. — O G.·. M.·. duma loja particular tem o direito e a autoridade para convocar seus membros com tanta freqüência quanto julgar necessário e conveniente, bem como de estabelecer o tempo e lugar da assembléia; em caso de morte, doença ou ausência do G.·.M.·., ou de seu deputado, o Irmão Primeiro Vigilante tomar-lhe-á o lugar e exercerá suas funções.

III. — Cada loja deve ter um livro que contenha as decisões e tudo o que mereça ser anotado, com uma lista dos Irmãos e das lojas do mesmo lugar. A ordem de precedência das lojas baseia-se em sua antigüidade.

IV. — Nenhuma loja deve, sem expressa permissão do G.·.M.·. ou de seu deputado, receber além de cinco Irmãos num mesmo dia, nem admitir alguém com idade inferior a vinte e cinco anos completos e que não seja dono de si mesmo.[1]

V. — Nenhum Irmão poderá, no mesmo circuito, ser membro de mais de uma loja; é permitido, na verdade, que ele seja adotado por outras, e que seja convidado às diferentes lojas de recepção e de instrução, mas ele não pode ser admitido em nenhuma assembléia econômica, fora da loja da qual é membro e da qual recebeu o hábito[2].

VI. — Ninguém poderá ser adotado na qualidade de membro de uma loja se não tiver sido anunciado com um mês de antecedência, de modo que se tenha todo o tempo necessário para tomar informações sobre seu caráter moral; o G.·. M.·. pode, porém, e só ele, dispensar desta regra.

As lojas costumam, para fornecer uma tal dispensa a um Irmão que viaja em países estrangeiros, muni-lo, a seu pedido, de uma carta de recomendação.

VII. — Ninguém pode ser recebido como membro de uma loja sem o consentimento unânime de todos os Irmãos presentes por ocasião da proposta. Este é um direito que não comporta qualquer dispensa, e o Mestre da loja não poderá declarar válida uma eleição, na medida em que um Irmão se recuse a dar seu voto, alegando para tanto bons motivos; pois, se se obrigasse uma loja a receber, na qualidade de membro, alguém que não receba a aprovação geral de todos, o descontentamento daí resultante prejudicaria a união e a liberdade, tão necessárias aos Irmãos operários, e poderia assim causar a destruição da loja, o que todo bom Irmão deve evitar cuidadosamente.

VIII. — Não se deve jamais permitir a entrada na loja de um Irmão visitante, mesmo quando instruído na arte da Maçonaria, se, previamente, não tiver sido reconhecido como verdadeiro Maçom ou recomendado por sua loja ou por qualquer Irmão.

IX. — Todo Irmão que tenha sido recebido Maçom, ou que tenha obtido o direito de burguesia numa loja, fica obrigado a vesti-la, o que vale dizer que ele deve, na medida de suas faculdades e segundo as exigências do caso, fornecer algo que atenda às necessidades e manutenção da loja, e comprometer-se, além disso, a adaptar-se aos usos e estatutos da loja, que lhe serão comunicados em seu devido tempo e lugar.

X. — Nenhuma sociedade de Maçons, nem qualquer Irmão em particular, deve separar-se de sua loja, a menos que ela não seja harmoniosa, e, nesse caso, a dispensa do G.·. M.·. ou de seu deputado faz-se necessária; mas se, depois de a ter obtido, consumar-se a separação, é preciso que se ingresse numa loja legal, ou que, em reunião, constitua-se uma nova com a permissão do G.·. M.·..

XI. — Quando uma sociedade de Maçons se reúne para formar uma loja, sem ter o direito ou a permissão do G.·. M.·., as outras lojas não são absolutamente obrigadas a reconhecê-los como verdadeiros F.·. M.·., e muito menos a aprovar-lhes as obras e decisões; devem, pelo contrário, considerá-los como sediciosos até que sejam submetidos à verdadeira loja e aos ordenamentos do G.·. M.·., e que este, depois de dar sua aprovação à obra deles, o tenha comunicado a todas as lojas legais.

XII. — Todo Irmão que, sem estar a tanto autorizado, tenha conferido o grau de Maçom, não deve ser admitido em nenhuma loja, nem como membro nem como visitante, até que haja expiado sua falta; no entanto, um Irmão que tenha sido recebido dessa forma pode obter a entrada na loja, desde que ela o julge digno, e que todos os Irmãos para tanto dêem seu consentimento.

XIII. — Aqueles que hajam, sem permissão, erigido uma loja, não devem mais ser recebidos em nenhuma loja legal, muito menos os que não tenham, submissamente, reconhecido seu erro e que não tenham sido perdoados.

XIV. — Quando uma loja tiver deixado de trabalhar ou de reunir-se durante doze meses, ela deve ser suprimida, e se quiser ser novamente incluída entre as lojas regulares, perde, em conseqüência, sua antigüidade, que só passará a ser novamente contada a partir do momento em que ela recomeçar a trabalhar.

XV. — Como chegou ao nosso conhecimento o estabelecimento ilegal de lojas em diferentes endereços, sem autoridade e sem o consentimento de nenhum G.'. M.'., concluiu-se que aqueles que desta forma desonram a arte não poderão jamais ter nenhum cargo, seja nas grandes ou pequenas lojas, e que não devem mais esperar obter auxílio, em caso de necessidade, de nenhuma loja devidamente constituída.

XVI. — Se um Irmão faltar aos seus deveres de forma tal que a loja tenha motivo para ficar descontente com ele, o Mestre e os Irmãos Vigilantes deverão exortá-lo por duas vezes, em plena loja, a retomar seu dever; mas, em caso de recusar-se ele a obedecer e submeter-se à vontade dos Irmãos, encontrar-se-á a loja no direito de agir, com relação a ele, de conformidade com as leis, ou, se o Mestre e os Irmãos assim julgarem conveniente, de remeter o caso à G.'. L.'.

XVII. — Quando uma loja particular remeter um caso à G.'. L.'., a instrução deve ser enviada por escrito à pluralidade dos votos, em presença do Mestre e dos Vigilantes da loja, que então concede a aprovação, a menos que a loja os dispense do pronunciamento oral.

XVIII. — As lojas obreiras devem ser, na medida do possível, uniformes em suas obras; sob este aspecto, é preciso convidar freqüentemente Irmãos especialistas, na qualidade de visitantes, para assegurar em todos os lugares a realização do trabalho nos mesmos moldes.

XIX. — A G.'. L.'. compõe-se de todos os mestres e dos Irmãos Vigilantes das lojas particulares; ela tem, além disso, seu G.'.M.'., seu Deputado e seus Grão-Vigilantes; nenhum Irmão poderá ser aí admitido, a menos que seja membro da dita loja. Em tudo o que for decidido, cada membro tem seu voto, e o G.'. M.'. tem dois, exceto no caso de a matéria ser inteiramente confiada à sua decisão.

XX. — Fora das assembléias extraordinárias, que podem ocorrer de tempos a tempos, a G.'.L.'. reúne-se regularmente sete vezes por ano, a saber: em todos os quartos[3], e três vezes nas grandes festas da Ordem.

XXI. — Nenhuma loja nova é reconhecida, e não serão admitidos à Grande Loja seus três oficiais, se ela não tiver sido, primeiro, legalmente constituída em presença da G.'.L.'., e após ter-se participado sua instalação às outras lojas.

XXII. — De modo geral, todos os que foram ou que ainda sejam Grão-Mestres, Deputados ou Vigilantes, são sempre membros da G.·. L.·., tendo aí seus votos.

XXIII — Os Mestres de lojas particulares e seus Vigilantes comparecerão sempre à G.·. L.·. com seus adereços no pescoço. No dia 26 de novembro de 1723, entretanto, concordou-se com a entrada de um dos três oficiais, embora não estivesse decorado de seus adereços, por estar rendendo a guarda de um Irmão que se encontrava ausente. Quando um desses oficiais, por qualquer motivo que o impeça de fazê-lo, não comparecer à G.·.L.·., permite-se-lhe fazer-se representar por um Irmão Mestre ao qual encarregará de portar seus adereços, mas o Irmão por ele escolhido deverá ter sido anteriormente Oficial qualificado para ser membro da G.·. L.·.

XXIV. — Nas assembléias da G.·. L.·., que se realizam a cada três meses, todos os assuntos concernentes à Fraternidade ou à Ordem em geral, bem como os relativos às lojas particulares ou a quaisquer Irmãos em particular, deverão ser tratados e decididos com muita reflexão, união e amizade. Nessa ocasião, dirimem-se de vez as diferenças que não puderam ser resolvidas nas lojas particulares, e, se um Irmão não estiver contente com o que foi aí decidido, ele tem pleno direito a apelar à primeira assembléia do quarto, ou trimestre seguinte, desde que lhe encaminhe sua solicitação por escrito.

XXV. — Nos grandes dias de festa, não se recebem queixas, reivindicações ou pedidos, nem nada que pudesse vir a perturbar a concórdia ou o prazer de tais ocasiões.

XXVI. — O G.·.M.·. nomeia, todos os anos, o Secretário, o Tesoureiro, o Orador e o Mestre-de-Cerimônias, ou então confirma, em sua introdução, em seus cargos os que anteriormente os ocupavam, passando-lhes na ocasião os livros e marcas de suas dignidades.

XXVII. — Embora o Tesoureiro tenha voto em todas as ocasiões, ele, porém, não pode dá-lo na eleição de um G.·.M.·. e dos Vigilantes.

XXVIII. — Quando um G.·.M.·., um Mestre de loja e o Deputado estiverem ausentes, assumirá o Martelo a pessoa imediatamente abaixo do G.·.M.·. ou do Deputado. Na ausência dum G.·.M.·. mais antigo, será ele representado pelo Grão-Vigilante, e na falta deste, pelo segundo, e, na falta deste ainda, por alguém imediatamente abaixo do Grão-Vigilante; na ausência, porém, de todos estes, o Mestre mais antigo da loja assumirá seu lugar, e, numa loja particular, o Mestre mais antigo.

XXIX. — Na ausência dos Grão-Vigilantes ou de Vigilantes ordinários, os imediatos Grão-Vigilantes ou Vigilantes ordinários assumirão seus lugares, e, estando eles ausentes, o G.·.M.·. ou o Deputado nomeará qualquer Irmão para exercer suas funções em caráter *pro tempore*.[4]

XXX. — Tanto para a comodidade do G.·.M.·. e dos Mestres de loja, quanto para a manutenção da honra e da dignidade dos Deputados, considerou-se de bom alvitre que os Vigilantes (a menos que o assunto não seja de suficiente relevância), tendo eles algo a anunciar, dirijam-se aos Deputados, e, recusando-se estes a propor o caso, que os Vigilantes se dirijam ao G.·.M.·..

XXXI. — Quando surgir qualquer diferença entre o Deputado e os Vigilantes ou outros Irmãos, devem as duas partes, entre si acordadas, levar o caso ao G.·.M.·., que dirimirá as dúvidas; isto nunca aconteceu, e o G.·.M.·. sempre exerceu seus direitos, mais por amizade geral do que em virtude de sua autoridade.

XXXII. — Nem o G.·.M.·. nem os Oficiais da G.·.L.·. podem exercer ao mesmo tempo as funções de Mestre ou Oficial duma loja particular; mas, desde que se demitam das funções que exerçam na grande, podem novamente retomar, nas lojas às quais estejam ligados, as funções que precedentemente exerciam.

XXXIII. — Um Grande Oficial, sendo oficial duma loja particular, não fica privado dos direitos inerentes ao cargo que ocupa na loja particular, e, conseqüentemente, pode encarregar um dos Irmãos qualificados (quando ele estiver ausente) de representá-lo *pro tempore* na G.·.L.·., desde que a necessidade o exija.

XXXIV. — Se um G.·.M.·. abusar de seus direitos, tornando-se por isso indigno da obediência e do devotamento da loja, dever-se-á então proceder contra ele, segundo os novos ordenamentos que se estabelecerão em semelhante caso, pois até aqui tal não se fez necessário. A antiga sociedade dos F.·.M.·. está também total e firmemente convencida de que jamais se fará necessário recorrer a tal dispositivo.

XXXV. — O G.·.M.·., juntamente com seus confrades, deverá fazer, pelo menos uma vez enquanto estiver no cargo, uma visita a todas as lojas particulares no âmbito de sua jurisdição.

XXXVI. — Este costume antigo e mui louvável torna um Deputado imprescindível ao G.·.M.·., que pode, de tempos a tempos, ceder-lhe o lugar e confiar-lhe sua autoridade quando da instauração duma nova loja.

XXXVII. — Os Irmãos de todas as lojas e todos os verdadeiros Maçons dispersos deverão reunir-se, cada um em seu lugar, para a celebração geral, de um dia escolhido, que é o da festa de São João Batista.[5]

XXXVIII. — Quando qualquer empecilho se opuser à celebração dessa data, far-se-á necessária uma reunião para proceder-se à indicação do G∴M∴ da G∴L∴.

XXXIX. — Cada loja deve ter seu dia de festa específico; que não precisa ser o da festa geral, no qual os Irmãos de todas as lojas se reúnem.

XL. — Quando o G∴M∴ e a loja julgarem conveniente celebrar a grande festa segundo o antigo costume maçônico, os Grão-Vigilantes farão distribuir convites com o selo do G∴M∴ e terão o cuidado, conjuntamente com aqueles que as lojas tiverem designado para este fim, de fazer comprar e preparar tudo o que se faça necessário para a celebração desse dia.

XLI. — Fica expressamente proibido tomar vinho nesse dia, antes que a refeição esteja pronta; após as 8 horas da noite, não se servem mais vinho nem bebida forte.

XLII. — As entradas dos apartamentos destinados ao trabalho serão cobertas e guardadas por bons Irmãos porteiros e servos de comprovada fidelidade, ficando eles plenamente atentos para prevenir desordens.

XLIII. — Deve-se tomar, para o serviço, bons Irmãos, porque neste dia é proibido o serviço de qualquer pessoa que não seja um verdadeiro Maçom, para que se desfrute de toda liberdade possível.

XLIV. — Designam-se Irmãos de todas as lojas para receber os que chegam, receber os convites, fazer as honras, introduzir ou barrar a entrada, segundo exijam as circunstâncias; a eles porém não é permitido despedir alguém sem expor os motivos a todos os Irmãos da loja, para evitar qualquer descontentamento, ou que um verdadeiro Irmão seja excluído, ou que um falso Irmão ou um impostor seja admitido. Os encarregados deste mister deverão chegar bem cedo ao endereço aprazado, antes dos portadores de convites e antes dos visitantes.

XLV. — Os membros da G∴L∴ chegam bem cedo, antes da refeição comum, ao lugar aprazado, e, separando-se dos outros Irmãos, reúnem-se com o G∴M∴ para deliberar durante algum tempo sobre os seguintes pontos:

1) Para receber as solicitações, e depois de ter pesado os motivos alegados pelas partes, considerar a possibilidade de reconciliar, ainda antes da refeição comum, os Irmãos que estejam em litígio, ou remeter o caso a uma ocasião mais conveniente.

2) Prevenir as disputas e desordens que porventura possam surgir nesse dia, e ordenar de modo geral tudo, de forma que nada venha a perturbar a união e o prazer da sociedade.

3) Deliberar sobre tudo o que se refira ao *decorum*, para que nada ocorra, numa assembléia tão numerosa, que venha a ferir os bons costumes e o bem-estar geral.

XLVI. — Há não muito tempo, no dia 25 de novembro[6] de 1723, ficou estabelecido que não mais se receberiam queixas no dia da grande festa. Antigamente, os irmãos se reuniam no dia de São João, ao nascer do sol, num convento, ou numa alta montanha das cercanias, e, após eleger os Grão-Oficiais, dirigiam-se ao local da festa, que ordinariamente era também um convento[7], ou a casa de um Maçom eminente, ou ainda uma estalagem espaçosa e bem construída. Algumas vezes, os Mestres de lojas e os Vigilantes de lojas particulares esperavam aí, na entrada, pelo G∴M∴ e sua comitiva para recebê-lo, cumprimentá-lo e introduzi-lo na loja. Mas, também freqüentemente, o G∴M∴ precedia os Irmãos e delegava aos Vigilantes a tarefa de convidá-los a entrar. Pode-se agir de uma forma ou de outra, bastando apenas que a loja esteja em ordem antes da refeição comum.

XLVII. — Isto feito, o G∴M∴, os Grão-Vigilantes e os Grão-Oficiais retirar-se-ão por pouco tempo, deixando os Mestres e Vigilantes das lojas particulares à vontade para eleger um novo G∴M∴ ou confirmar o anterior (bem entendido, se já não tiver se realizado a eleição). Se, por consenso unânime, o anterior for confirmado, ele será convidado a entrar, e pedir-se-lhe-á, com os protestos de respeito que lhe são devidos, que conceda à sociedade a honra de exercer, durante um ano, as funções de seu cargo; e, após o repasto, divulgar-se-á a notícia de sua aceitação ou recusa do governo, pois é nesse momento que uma pessoa imediatamente inferior ao G∴M∴ o declara à assembléia.

No dia 27 de dezembro[8] de 1720, concluiu-se pela eleição futura do G∴M∴, dias antes da grande festa, e porque o novo G∴M∴, tendo à sua esquerda aquele que deixava o cargo, encontrava-se na festa, de modo que a eleição da qual falamos seria simplesmente uma nova confirmação ou uma simples cerimônia.

XLVIII. — Dirigem-se a seguir para a mesa, e, depois de se ter levantado, abre-se a G.·.L.·. na presença de todos os Irmãos reunidos.

XLIX. — Quando o G.·.M.·. anterior é solicitado, antes da refeição, a permanecer no cargo durante o ano seguinte, e em caso de ele acolher a solicitação, um Irmão designado para tal fim expõe à assembléia as vantagens auferidas sob a direção do referido G.·.M.·.; e, dirigindo-se ao próprio, pede-lhe, em nome da G.·.L.·., que conceda aos Irmãos a honra de permanecer como G.·.M.·. durante o ano seguinte, e, tendo ele dado seu consentimento mediante um sinal de aprovação, aquele que lhe dirigiu a palavra declara-o, em alta voz, G.·.M.·.; todos os irmãos o saúdam segundo o costume e encaminham-se separadamente a ele, para testemunhar-lhe seu gáudio; após o que, dirige-se cada qual a seu lugar.

L. — No caso, porém, de os Mestres de lojas e os Irmãos Vigilantes não terem solicitado, nesse dia ou anteriormente, ao G.·.M.·. que permaneça no cargo, ou no caso de ele haver-se recusado a fazê-lo, ele deve declarar o Irmão que o sucederá por eleição, e, desde que a loja tenha a isso dado seu consentimento unânime, procede-se da mesma forma que acabamos de descrever no artigo anterior.

LI. — Não sendo a eleição do G.·.M.·. unanimemente aprovada, os Mestres de loja e os Vigilantes procedem, uma segunda vez, da mesma forma, e, se o segundo pedido também não for aprovado, deve-se rogar imediatamente, pela terceira vez, que o G.·.M.·. do ano anterior continue a deter o martelo, o que ele não deverá então recusar.

LII. — A referida eleição realiza-se por sorteio, da seguinte maneira: cada Mestre de loja, deputado ou vigilante escreve num papel o nome de seu candidato, e aquele que é G.·.M.·. para o ano seguinte (*sic*).

LIII. — Desde que o G.·.M.·. tenha sido confirmado no cargo, ou que o novo tenha sido instalado e assentado na cadeira de Salomão, ele primeiro nomeia seu Deputado, que será imediatamente proclamado, saudado e instalado pelo outro. A seguir, ele nomeia os Irmãos Grão-Vigilantes que devem igualmente ser aprovados por unanimidade pela G.·.L.·. e instalados por sorteio, no caso de a mencionada eleição não ter sido confirmada. Ele nomeia ainda seus outros Oficiais, que tomam seus lugares. E, concluindo, os Mestres de loja apresentam seus Irmãos Vigilantes nomeados em suas lojas, ou eleitos pelo sorteio, os quais, na qualidade de membros da G.·.L.·., são recebidos e felicitados da maneira comum.

LIV. — Se não estiver presente à assembléia o Irmão nomeado pelo G.·.M.·. como seu sucessor, seja em razão de doença, ou por qualquer outro motivo, ele não deveria ser proclamado G.·.M.·. a menos que o antigo G.·.M.·. ou qualquer outro Mestre de loja garanta, empenhando, para tal, sua palavra de Maçom, que o referido, nomeado ou eleito, aceita o cargo em questão, e, nesse caso, o G.·.M.·. anterior nomeia, na qualidade de plenipotenciário, o Deputado e os Irmãos Grão-Vigilantes, bem como os outros Grão-Oficiais, pois os cargos não podem permanecer vacantes; ele recebe também, em nome do G.·.M.·. em exercício, as homenagens dos Irmãos, da maneira usual. O G.·.M.·. anterior, ou um dos antigos G.·.M.·., é plenipotenciário do novo, até que aquele venha a ocupar a cadeira, pois o Deputado ou os Grão-Vigilantes não deveriam ocupar-lhe o lugar, a menos que o faça por sua ordem expressa. De resto, ele próprio entrega, pessoalmente, nas mãos do novo G.·.M.·., os adereços e ferramentas.

LV. — Na seqüência, o G.·.M.·. permite aos Irmãos que estejam presentes propor algo para o bem da Ordem, e tais propostas são a seguir estudadas ou remetidas à primeira assembléia ordinária ou extraordinária da G.·.L.·..

LVI. — A seguir, o G.·.M.·., seu Deputado ou outro de tal encarregado, dirige aos Irmãos as exortações convenientes.

LVII. — Depois disso, podem-se fazer os brindes normais e entoar as canções dos F.·.M.·., com acompanhamento da música; e, quando estiver disposto sobre o tapete tudo o que diga respeito aos deveres e obrigações do G.·.M.·. e Vigilantes, tendo-se já deliberado sobre tais objetos, fica a critério de cada Irmão retirar-se ou permanecer, observando-se apenas que a loja seja fechada na hora aprazada.

LVIII. — O Mestre duma loja particular é constantemente Mestre da Loja por ele criada, seja em função de seu direito ou pela permissão da G.·.L.·., ou ainda porque se lhe tenha pedido. Quando ele deixar o cargo pode transferi-lo a quem quiser, a menos que prefira que os Irmãos elejam por sorteio seu sucessor. Ele nomeia ou confirma todos os anos seu Deputado, seus Vigilantes, após o prévio consentimento da loja, ou, no caso de recusa, por sorteio. De resto, estes ordenamentos gerais aplicam-se, em todos os casos, às lojas particulares.

LIX. — Quando uma loja particular, por ter-se tornado muito numerosa, opta por separar-se (pois a separação não pode ocorrer na G.·.L.·.), ela deve comunicá-lo ao Mestre da loja, que em conseqüência, pede o sinal de aprovação de sua loja, aprovação essa que deve ser unânime para tal fim; ele a seguir comunica sua decisão à G.·.L.·., requerendo seu consentimento e pede-lhe que crie uma nova loja depois que os Irmãos que se separaram tiverem previamente elegido seu Mestre, e tendo este sido ratificado pela loja-mãe ou pela G.·.L.·. do país.

LX. — Tão logo se efetue a separação e se estabeleça uma nova loja, a antiga não pode pedir à nova nenhum privilégio, e nem esta à outra, e um membro de uma não poderá sê-lo ao mesmo tempo da outra.

LXI. — Quando o G.·.M.·. bater o martelo pela terceira vez, toda a loja deverá estar em profundo silêncio, e quem quer que infrinja esta norma deve ser punido no local.

LXII. — Nenhum Irmão pode ser admitido à G.·.L.·. sem que dela seja membro, a menos que por força de qualquer assunto, seja obrigado a comparecer como suplicante ou testemunha, ou que tenha sido convocado para prestar explicações e esclarecimentos num caso específico.

LXIII. — Ninguém, exceto os que ocupem qualquer cargo, ousará mudar de lugar durante as deliberações e o trabalho (sic).

LXIV. — Não é permitido a um Irmão falar mais de uma vez, sobre o mesmo tema, a não ser para prestar esclarecimentos e depois de ter ele, para tanto, obtido a permissão do Mestre da loja.

LXV. — Ninguém deve falar sem permissão e antes de se haver levantado e se posto ao lado da cadeira; ninguém ousará interromper um Irmão que fala; mas, quando ele tiver exposto seu assunto, o Mestre tem o direito de se dirigir a ele novamente, posto o que ele se senta e espera até obter de novo a permissão para prosseguir em seu discurso.

LXVI. — Se alguém infringir por duas vezes aos ordenamentos, num mesmo dia e reincidindo pela terceira vez, ordena-se-lhe seriamente que se retire da loja nesse dia.

LXVII. — Se alguém zombar dum Irmão, ou fizer cair no ridículo aquilo que ele propõe, deve essa pessoa ser excluída da sociedade dos Irmãos e ser declarada indigna de tornar-se outra vez membro da G.·.L.·., a menos que reconheça seu erro e que venha a obter o perdão.

LXVIII. — Não deve ser tratado, na loja, nenhum assunto que não tenha sido previamente comunicado por escrito ao G.·.M.·., e, após reflexão dos Irmãos, estes podem levar seu julgamento ao G.·.M.·., que exporá os prós e os contras.

LXIX. — No dia 25 de novembro de 1728, foi restabelecido o cargo de Intendente, ou Steward, que durante alguns anos estivera em desuso tendo sido desde então conservado em função de sua utilidade: pois é sobre ele que recai particularmente o cuidado dos preparativos e arranjos necessários para as grandes festas. Assim, pois, em vista do desconforto desse cargo, e da vantagem que dele auferem os Irmãos, concluiu-se que, para evitar no futuro todas as disputas e altercações tão freqüentes em semelhantes ocasiões, confiar-se-ia inteiramente aos referidos Irmãos Stewards o cuidado de regulamentar, de modo geral, tudo o que concerne às festas, e, ainda, deu-se-lhe em reconhecimento, no dia 24 de junho de 1735, o direito de formar e estabelecer uma loja particular[9], estatuindo-se na ocasião:

1) Que essa loja seria inscrita em todos os livros e em todas as listas da G.·.L.·. sob o nome de loja intendente ou de Stewards.

2) Concedeu-se-lhe o privilégio de enviar doze Irmãos à G.·.L.·. na qualidade de síndicos, a saber: o Mestre, os dois Vigilantes de sua loja, com nove Irmãos dos quais nenhum teria voto.

3) Outorgou-se-lhe por decoração um Cordão vermelho[10], concedendo-se-lhe, ainda, a permissão de ter em seus aventais um forro de seda vermelha, com a proibição para que qualquer outra loja use o mesmo hábito.

4) Os Irmãos da loja de Stewards (com exceção do Mestre e dos Irmãos Vigilantes) não têm voto na G.·.L.·., exceto em casos econômicos.

5) Esta loja receberá dinheiro para os dias de festas e tomará o encargo dos preparativos; mas, se as despesas forem maiores que as previsões, sua loja fica assim obrigada a supri-las sem que isto importe em despesa para as outras lojas. Desde que esta loja seja estabelecida, fica ela permanentemente encarregada, sozinha, da incumbência de determinar o necessário para o dia da grande festa.

LXX. — Toda G.·.L.·. goza de pleno direito e autoridade para, no intuito de manter a antiga sociedade maçônica, decretar novos ordenamentos e alterá-los, de forma porém que os antigos ordenamentos não sejam em nada prejudicados, e que os novos estatutos que se possa vir a estabelecer sejam apresentados por escrito numa das primeiras assembléias à deliberação dos Irmãos, e isso antes do dia da grande festa, pois o consentimento unânime de todos os Irmãos é indispensavelmente necessário para dar aos referidos ordenamentos força de lei; em vista disso, deve-se pedir solenemente esse consentimento logo após a refeição: de resto, fica vedado a qualquer pessoa e a qualquer sociedade fazer, por sua própria autoridade, qualquer inovação na rua.

LXXI. — Em conseqüência de uma decisão e declaração expedida em boa forma no dia 25 de novembro de 1723, toda loja legalmente reunida tem o direito de aperfeiçoar ou adaptar a circunstâncias específicas os ordenamentos contidos no livro impresso das *Constitutions*, publicado por ordem da G.·.L.·. da Inglaterra[11], mas não se ousará alterar nada desse livro sem o testemunho e aprovação da loja mais antiga; e não deverá tampouco ser reconhecido, em nenhuma loja legal, tal livro das *Constitutions* que tiver sido reeditado com alterações.

Um documento acompanha os *Ordenamentos Gerais* no manuscrito outrora pertencente ao Príncipe Murat, Grão-Mestre do Grande Oriente de França, conforme se disse anteriormente. Intitula-se *Lois du Ballottage*, termo derivado da palavra "balle" (bola), numa alusão às bolas pretas e brancas utilizadas nos *escrutínios.* Quando necessário fazer um aviso importante, o *Mestre-de-Cerimônias* da loja distribui, a cada *Mestre Maçom* que deva participar desse escrutínio, uma bola preta e uma bola branca. A primeira traduz uma negativa a segunda uma afirmação. Depois, ele torna a passar pela assembléia, levando uma caixa branca e uma caixa negra. Os *Mestre Maçons* que votem pela afirmativa colocam a bola branca na caixa branca, e a preta na caixa preta. Em caso contrário, estarão manifestando-se pela negativa. Isto feito, despeja-se o conteúdo das duas caixas sobre o estrado do Venerável que preside a loja, e contam-se então os votos prós e contras. É a esse escrutínio que o texto antigo chama *ballottage.* Nas circunstâncias importantes, procede-se a dois escrutínios sucessivos, para que não haja nenhuma possibilidade de contestação após a decisão final.

I. — Quando um aspirante estrangeiro obteve o *ballottage*, e tendo este sido afirmativo em seu favor, encontra-se ele então, a partir desse exato momento, no direito de ser recebido na ordem.

II. — Numa loja de eleição, e onde se faça o *ballottage*, todos os Irmãos devem permanecer tranqüilamente sentados em seus lugares, sem que ninguém ouse deixar o seu, sob pena de sanção.

III. — Todo aspirante pública e justamente acusado de partilhar de opiniões contrárias à verdadeira doutrina apostólica, ou culpado de vícios vergonhosos e de crimes contra a natureza[12], é excluído da ordem por uma única bola preta.

IV. — Se alguém, uma vez obtido um resultado positivo a seu favor, por *ballottage*, deixar escoarem-se três anos sem requerer sua recepção, seu nome será apagado, fazendo-se então mister que ele se anuncie novamente para obter novo *ballottage*.

V. — O filho dum F.·.M.·. tem direito de ser recebido preferencialmente a príncipes e reis, obtendo por conseguinte antes deles o *ballottage*, desde que, bem entendido, seja ele dotado das qualidades exigidas de todo Irmão da Ordem.

VI. — Um estrangeiro pode obter o *ballottage* ao completar vinte e quatro anos, e o filho dum F.·.M.·. ao completar vinte e um; pode-se mesmo, em apresentando ele uma conduta decente e de homem feito, fixar-se um prazo de vinte e um para o primeiro e dezoito para o segundo; nunca, porém, em idade inferior, e observe-se ainda que tal condescendência só deve ocorrer muito raramente.

VII. — Um Irmão nunca deve propor ninguém para Irmão servente, a menos que este já esteja há pelo menos três anos a seu serviço, de forma que o indicante esteja plenamente seguro de sua capacidade, podendo portanto, após o *ballottage*, ser seu primeiro padrinho.

VIII. — Após ter-se realizado o escrutínio para decidir da recepção dum estrangeiro, e tendo o resultado lhe sido favorável, nomeiam-se três padrinhos, entre os quais aquele que o propôs deve sempre ser o primeiro.

IX. — Todos os Irmãos F.·.M.·. em geral podem propor estrangeiros aspirantes, desde que, porém, aquele que propõe esteja em condições de desincumbir-se das funções inerentes ao primeiro padrinho, e que seja detentor de suficiente capacidade e conhecimentos para instruir sobre seus deveres e obrigações aquele que deverá ser recebido; e é aqui que um Irmão ainda novato deve tomar cuidado para não fazer uso de seu direito antes de estar suficientemente informado de todos os detalhes relativos aos institutos e trabalhos de nossa ordem.

X. — Uma vez constatado que todos os votos foram favoráveis, ou seja, que todas as pedras sejam brancas, felicita-se então, da maneira normal, aquele que foi alvo do resultado positivo do *ballottage*, dirigindo-se para tanto àquele que o propôs.

XI. — Quando se encontrar uma única bola preta, o G.·.M.·. declara que a recepção ocorrerá sem necessidade de se informar qual foi o Irmão que colocou a bola preta.

XII. — Duas bolas pretas não impedem que a recepção seja igualmente declarada boa; neste caso bastará que a loja reconheça uma, e o G.·.M.·., segundo seu direito, a outra como boa; em tal caso, não será necessário saber-se porque foram colocadas as bolas pretas.

XIII. — Em se encontrando três bolas pretas, a recepção fica suspensa até a primeira assembléia, para que, nesse intervalo, aqueles que colocaram as bolas pretas possam alegar ao G.·.M.·. os motivos por que o fizeram. Então o G.·.M.·. indica à loja o dia em que ela deverá reunir-se novamente.

XIV. — Em se encontrando quatro ou cinco bolas pretas, a recepção será retardada em seis semanas, se antes da primeira assembléia declarem-se ao G.·.M.·. os motivos de tal atitude.

XV. — Em se encontrando seis ou sete bolas pretas, e indicando-se os motivos antes do primeiro dia de loja, a recepção será adiada em três meses.

XVI. — Em havendo mais de sete bolas pretas, para o que sete Irmãos apresentem razões plausíveis, será o aspirante excluído para sempre, dando-se a seguir ciência do fato a todas as lojas.

XVII. — Em havendo mais de sete bolas pretas, desde porém que sete Irmãos não aleguem nenhum motivo pelo qual se justifique a atitude, e desde que essas bolas não sejam em número superior ao de um terço dos Irmãos presentes, a recepção pode ser declarada favorável depois de três meses.

XVIII. — Se nenhum dos Irmãos que colocaram as bolas pretas se anunciar no prazo prescrito e segundo o número determinado pelos parágrafos 13, 14, 15, 16 e 17, a loja declarará válida a recepção, desde que, porém, o número de bolas pretas não exceda ao de um terço dos Irmãos presentes na loja.

XIX. — Nenhum G.·.M.·. ousará, sem faltar à sua fé e à sua fidelidade de F.·.M.·., declinar o nome de um Irmão que colocou uma bola preta, sob pena de perder seu cargo de G.·.M.·. e de ser excluído por três anos das lojas da F.·.M.·..

XX. — Jamais se recusa o *ballottage* a um estrangeiro aspirante, a menos que tenha ele sido anunciado noutra loja e esteja sob a proteção dela; é por isso que os secretários de lojas devem informar-se mutuamente dos *ballottages*; mas se, por equívoco, ocorrerem *ballottages* em dois endereços diferentees, caberá então à loja que foi a primeira a dar ao aspirante o direito de escrutínio, o direito exclusivo de recebê-lo.

XXI. — Se, por engano, houver-se omitido uma ou várias bolas pretas, os Irmãos que se enganaram podem, após prévia permissão, revelar o fato e declarar sua bola branca.

XXII. — O G.·.M.·., com seus seis Oficiais, têm o direito de transferir o *ballottage* de alguém para outra ocasião, para não expô-lo, quando puderem prever que os votos não lhe serão favoráveis.

## NOTAS

1. Os domésticos não são iniciáveis, por não serem livres.

2. O avental.

3. Nos equinócios e solstícios.

4. Por determinado tempo.

5. O São João Batista (24 de junho) corresponde, na verdade, à data média do *solstício de verão*, festa da *Luz*, "mãe" dos franco-maçons que se dizem "Filhos da Luz".

6. O dia 25 de novembro é dia da festa de Santa Catarina. Esta santa é a patronesse das jovens, dos carpinteiros de carros e dos *filósofos*. É nessa qualidade que a adotaram os franco-maçons, tanto *especulativos* quanto *operativos*. O fato é significativo do clima reinante no interior da Maçonaria stuartista e subentende, conforme já assinalamos, uma tradição esotérica veiculada oralmente.

7. O uso de um convento põe em relevo o caráter católico da Maçonaria stuartista.

8. Festa de São João Evangelista, patrono dos *escritores* e dos impressores, todas estas pessoas que contribuem para a difusão do pensamento.

9. Ela se reunia no "La Corne d'Abondance", e aparece no quadro de Steele

10. O *Cordão* vermelho encarnado, usado transversalmente, do ombro direito ao quadril esquerdo, continua sendo o do *Early Grand Scottish Rite*, ou Rito Escocês Primitivo. O rito Escocês Antigo Aceito adotou o *Cordão* azul turquesa bordado em vermelho. É o da *Grande Loge de France*, enquanto que o Cordão do *Rito Francês* (*Grand Orient de France*) é azul e liso.

11. Trata-se aqui da loja de Désaguliers e Anderson.

12. Desde 1981, muitas pessoas sexualmente normais perguntam-se se, por acaso, não seriam elas as anormais!

# XXIII O CONSELHO SUPREMO DOS RITOS CONFEDERADOS

*Haverá, sempre, perquiridores apaixonados e incansáveis, que quererão, eles próprios, morder o fruto do Conhecimento, e ocasionalmente, a romã...*

MATILA C. GHIKA,
*Le Nombre d'Or, II, 6.*

Em meio século de atividades no seio dos cenáculos esotéricos, pude constatar que, muito raramente, uma filiação iniciática acabava por extinguir-se. E, quando se vai investigar uma nova formação, quase sempre se percebe não tratar-se ela senão de um desdobramento abastardado de algo muito mais antigo. Assim, o *pensamento* se reencarna ao longo das idades, adotando as nuances que lhe são impostas pelas gerações; e, exatamente como o jogo dos cromossomas por vezes faz reaparecer um longínquo ancestral no invólucro de um de seus descendentes, assim também aquela que foi a alma dum aspecto desse *pensamento* volta a animar uma corrente ideológica que, então, acreditamos inédita.

Pois bem, a filiação da Franco-Maçonaria anterior à reforma de Anderson e de Désaguliers não se extinguiu. Subsiste no interior dum rito bastante esquecido, o *Eearly Grand Scottish Rite*, ou *Rito Escocês Primitivo*, recolhido e abrigado, com dois ou três outros, por um organismo maçônico criado em 1845 em Edimburgo, na Escócia. Trata-se do *Conselho Suprêmo dos Ritos Confederados.*

É citado no *Rito Escocês para a Escócia*, à página 106. Seu autor é R.S. Lindsay, trigésico terceiro Grão-Secretário-Geral do Conselho Supremo do *Rito Escocês Antigo Aceito* para a Escócia. A obra recebeu o *imprimatur* do Grão-Comandante e dos Grão-Oficiais, na data de 22 de julho de 1957.

Já fora citada na *Cyclopoedia of Fraternities* (2.ª edição, 1907, página 67), in "Étude sur la Franc-Maçonnerie américaine", de Arthur Preuss, alto dignitário daquela. Nos Estados Unidos, o órgão chama-se *Souverain Collège des Degrés Maçonniques Unis* (Soberano Conselho dos Graus Maçônicos Unidos).

A citação aparece igualmente nos números de janeiro, fevereiro, setembro-outubro de 1909 da revista *l'Acacia*, porta-voz do Grande Oriente de França, a propósito da filiação de René Guénon ao seu ramo francês, sob o nome de *Suprême Grand Conseil Général des Rites Unis, dit Maçonnerie Ancienne et Primitive.*

E o historiador maçônico Albert Lantoine refere-se, por sua vez, à existência do mesmo, citando a patente que esse Conselho Supremo dos Ritos Confederados dos Estados Unidos outorgou ao grão-mestre Jean Bricaud (grão-mestre do Rito de Memphis-Misraïm), no dia 30 de setembro de 1919, para os ritos de: Cernau, Early Grand Scottish Rite, Royal Order of Scotland, e até Misraïm! (cf. A. Lantoine: *La Franc-Maçonnerie chez elle*, ed. Slatkine, Genebra, 1981).

Bem antes, o Grão-Mestre do Grande Oriente da Alemanha, Grão-Mestre mundial do Rito de Memphis-Misraïm, Theodore Reuss, concedera, em setembro de 1909, uma patente desses diversos ritos ao Grão-Mestre Gérard Encausse (Papus), Grão-Mestre de *Memphis-Misraïm* para a França. Foram seus sucessores Charles Détré (Teder), Jean Bricaud, Constant Chevillon (assassinado pela Milícia de Vichy a 26 de março de 1944), Charles-Henry Dupont e o autor destas linhas.

O *Eearly Grand Scottish Rite*, ou *Rito Escocês Primitivo*, é representado por uma loja e um capítulo no oriente de Paris, sob o vocábulo de *Saint-André-d'Écosse*, e que reúne alguns Maçons especializados na história da Franco-Maçonaria, pertencendo à *Grande Loge Nationale Française* (Bineau e Opéra) e a *Memphis-Misraïm.* Ambas estão fechadas.

Antes da Segunda Guerra Mundial, existia em certos regimentos de infantaria uma *compagnie de tradition.* Além do pequeno escudo no peito, levando o número do regimento, seus oficiais, suboficiais e soldados levavam, na manga esquerda, outra plaqueta, com o número de um antigo regimento, dissolvido após a guerra anterior. Em caso de conflito, essa *compagnie de tradition* voltava a ser a unidade de partida do regimento constituído[1].

Assim, pois, devemos pensar na existência de certas *lojas de tradição.* É o caso de *Saint-André-d'Écosse.* Não se trata absolutamente de "lojas selvagens", mas de possibilidades de renascimento.

Foi o caso da *Loja Alexandria do Egito*, que havíamos constituído em 1941, célula da futura renascença do *Rito de Memphis-Misraïm*, com Maçons pertencentes às diversas obediências francesas, dissolvidas pelo governo de Vichy. Suas sessões e as de seu capítulo realizaram-se em nosso domicílio, durante os quatro anos da Ocupação alemã, com insígnias e acessórios. E, por ocasião da Libertação, a sessão do solstício de inverno foi presidida pelo Grão-Mestre da *Grande Loge de France*, Michel Dumesnil de Gramont, então relator do orçamento do governo da Argélia, e amigo do general de Gaulle. Para melhor salientar o retorno às fontes, essa sessão, solene por assim dizer, teve lugar na "Cayenne" dos *Compagnons du Tour de France des Devoirs Unis* (União Companhonática), rue Pavée, pois não estavam utilizáveis os locais maçônicos de antes da guerra, saqueados que foram pela Milícia.

## NOTAS

1. Fizemos o alerta do outono de 1938, e a guerra de 1939-40, no 154.° regimento de infantaria de fortaleza, reserva do 37.°, e ocupando os "intervalles" na floresta de Bitche. Tratava-se do *antigo regimento de Turenne*, com o qual esse marechal realizou todas as suas campanhas. Lembrança de suas origens, o 154.° R.I.F. conservara como marcha regimentar a do *regimento de Turenne*, transformada na "Marche des Rois" da *Arlésienne*! E como todos esses regimentos de cobertura, recebera um *nome*, em 1938, do ministério da Guerra: "Turenne-Régiment des Vosges".

Eis algumas "sobrevivências" de antigos regimentos da Maçonaria que tiveram *lojas militares*: Walsh: 92.° R.I.; Hainault: 50.° R.I.; Vivarais: 71.° R.I.; Saintonge 82.° R.I.; Royal Roussillon: 54.° R.I.; Flandre: 19.° R.I.; La Sarre: 51.° R.I.; Auvergne: 17.° R.I.; Lyonnais: 27.° R.I.; Guyenne: 21.° R.I.; Dauphin-Dragons: 7.° Dragões; Chasseurs des Cévennes: 10.° de Caça montada.

# XXIV. IRREGULARIDADE DA GRANDE LOJA DE INGLATERRA

*O meio mais seguro de desacreditar uma opinião é inventar algumas frases que os tolos possam repetir, acreditando estar dizendo algo.*

D'ALEMBERT, *Éloges*.

À força de distribuir certificados de regularidade, ou de recusá-los, a *Grande Loja Unida de Inglaterra,* que sucedeu à *Grande Loja de Inglaterra,* nascida da *Grande Loja de Londres & de Westminster,* inicialmente a Grande Loja de Londres, acabou disseminando a impressão de que só ela era regular.

Mas, tal como temos repetido, só se pode transmitir aquilo que se recebeu. E, aqui, coloca-se um problema, já abordado num capítulo anterior: a Grande Loja de Londres, de 1717, seria ela própria maçonaria *regular,* ou seja, teria sido fundada por franco-maçons autênticos, que houvessem sido regularmente iniciados, e dotados dos poderes necessários para constituir lojas? A resposta é: NÃO!

Se trazemos a público esta questão, é porque a *Grande Loja Unida de Inglaterra,* por critérios ocultos que iremos abordar no final do capítulo, afirma de viva voz que os membros das diversas Obediências francesas (e estrangeiras), além das que a representam no Exterior, "não são maçons" (*sic*). Ora, se nos reportarmos às suas origens, os seus membros o são ainda menos! Vamos às fontes.

Em setembro de 1714, em Londres, o pastor presbiteriano James Anderson educou profanos nas idéias maçônicas, e, no fim do ano, provavelmente no dia de São João do Inverno, constituiu uma loja com sete desses membros (ver página 130). Tomou então essa loja o nome da taberna onde isso aconteceu: *Goose and Gridiron*, ou seja, "Ao Ganso na Grelha".

Pois bem, James Anderson não era *mestre de loja*, não podendo portanto transmitir a iniciação maçônica; ele não era sequer maçom regular, pois não se encontra qualquer traço de sua iniciação. Ele era *capelão* de loja, o que é muito diferente. Como o *médico* de loja, ele só ocasionalmente participa dos serviços particulares. Em conseqüência, essas iniciações são totalmente irregulares, e sem valor. E, ainda que tivesse ele sido *companheiro regular* (que não é o caso), seriam elas, ainda assim, ilícitas, não podendo qualquer de seus iniciados ir mais longe.

E, três anos depois, em 1717, esses oito maçons irregulares viriam a constituir quatro lojas, todas tão irregulares quanto a primeira. São elas:

— *Ao Ganso na Grelha* (Pátio da Igreja de Saint-Paul).

— *À Coroa* (Parker's Lane, Dary Lane).

— *À Macieira* (Charles Street, Covent Garden).

— *Ao Cálice e à Uva* (Channel Row, Westminster).

Havia, entre eles, um companheiro carpinteiro: Jacob Lamball. Chamavam-no mestre-carpinteiro, mas jamais fora *mestre de loja*! Eis aí, pois, nossos neófitos, constituindo uma *Grande Loja de Londres*. Elegeram um grão-mestre, Anthony Sayer, que trabalhava como desenhista arquiteto para o construtor da catedral de Saint-Paul. Mas, como este se desinteressou do cargo, foi no ano seguinte substituído por Georges Payne. Estamos então em 1718. E, ao cabo de um ano, em 1719, viria ele a passar o cargo a Désaguliers, um dos sete que com ele foram iniciados, em 1714, por Anderson... Aquele teria então dado cinco anos para a consecução de seus objetivos, realizou imediatamente um verdadeiro auto-de-fé nos arquivos que haviam sido entregues a Anderson para o estudo das tradições da Maçonaria operativa! Queimou ordenamentos, rituais e antigos procedimentos verbais. Inútil dizer que, dessa destruição, não lhe adveio a simpatia das lojas operativas!

Na verdade, Désaguliers era apenas deputado-mestre, sendo o grão-mestre titular o duque de Montaigu, que, sem contestação, cederia o lugar a um recém-chegado, o duque Philippe de Wharton, personagem bastante discutível, oportunista, com o pé em duas canoas entre orangistas e stuartistas. Finalmente, lançaram mãos dele, na esteira de uma série de escândalos (sem dúvida ligados aos bons costumes), sendo queimados solenemente em loja seu avental e luvas.

Mas fora dada a partida, e, a 25 de março de 1722, reunir-se-iam em Londres vinte e quatro lojas, para examinar o trabalho apresentado por Anderson sobre o projeto das *Constitutions.* Como acontece ainda hoje em certas Obediências, recrutou-se um número X para "ter quorum". E as lojas operativas, mesmo as *imemoriais* como a de York, que viria a constituir-se na *Grande Loja de Toda a Inglaterra,* não conseguiram fazer frente às novas, que souberam tirar partido de personalidades suscetíveis de dar sustentação à nova formação maçônica no mundo profano.

O pastor James Anderson (nascido, ao que se acredita, por volta de 1679) morreu em fins de maio de 1739. Em seu número de 2 de junho daquele mesmo ano, o *London Daily Post* publicava esta breve nota:

"Ontem à tarde, foi sepultado num túmulo de profundidade anormal o corpo do doutor Anderson, professor não conformista. Os cordões do véu funerário foram sustidos por quatro professores da mesma religião, e pelo reverendo doutor Désaguliers. O cortejo fúnebre era acompanhado por cerca de uma dúzia de Franco-Maçons, que cercaram o túmulo. Depois de haver o doutor Earle pronunciado uma alocução sobre a incerteza da existência, sem que se dissesse uma única palavra sobre o falecido, os Irmãos, adotando uma atitude fúnebre solene, levantaram as mãos, suspiraram, e golpearam três vezes seus aventais em honra ao defunto."

Ora, em seu número do dia 29 de maio, anunciando o passamento, o mesmo *London Daily Post* apresentava James Anderson como um alegre boa-praça... O que, tendo-se em vista a maneira cavalheiresca pela qual se tratavam os franco-maçons, não chega a ser espantoso!

Tais foram, portanto, as origens da *Grande Loja de Londres,* vale dizer, uma Obediência que não se pode sequer qualificar como bastarda, pois os *bastardos,* eles próprios, possuem o sangue e a raça (que lhes reconhecem as leis da Nobreza), enquanto que a filiação maçônica dessa Obediência parece totalmente inexistente. Trata-se, de forma muito banal, dum complô político, posto em ação pelo pastor Désaguliers, e cuja trama, em fins do século XX, acabamos por desvendar.

Na verdade, conforme observava Jean Baylot em seu livro *Dossier français de la F.·. M.·. régulière*: "Lojas de Londres, legislando para seu círculo limitado (pois nenhuma delas era aderente, e nenhuma ficava fora da cidade), portanto desprovidas de poder ou competência para legislar em nome do todo, não puderam realizar em 1723 uma sessão solene, proclamando de uma vez por todas o direito, e assinalando um ponto de partida." (*Op. cit.*, página 47).

O autor, membro dessa Maçonaria "regular", demonstra assim, involuntariamente, essa irregularidade. Pois é evidente que a nova "Grande Loja de Londres" outorgava-se, conforme ele próprio sublinha, uma autoridade que não possuía, ainda mais que fora inicialmente fundada por profanos, não iniciados nas formas *rituais e regulares*.

E, desde que nos dispusemos a lançar um pouco de luz sobre a legitimidade das exigências da Maçonaria inglesa em matéria de regularidade, vamos concluir revelando certas alianças surpreendentes.

Sabe-se que, esporadicamente, estabeleceram-se relações entre a Igreja Católica e a Igreja Anglicana, devido a uma reaproximação eventual. Roma é desconfiada, pois a *regularidade apostólica* dos bispos anglicanos nem sempre, ao que parece, foi observada. E a maioria deles são membros da *Grande Loja Unida de Inglaterra.* E foram eles que se recusaram a estabelecer relações maçônicas regulares com as Obediências latinas, reconhecendo por Estado apenas uma Obediência, a sua, emanada de Londres.

Pois bem, morreu recentemente, em maio de 1985, um homem que dominava muitos segredos sobre essas atividades. Durante uma entrevista com um maçom do *Rito Escocês Antigo Aceito*, muito religioso por formação, ele lhe confiou que era o elo da união secreta entre os bispos anglicanos franco-maçons e o Vaticano. Enviavam-lhe aqueles a correspondência para seu domicílio pessoal, de onde ele a fazia seguir para Roma. Por intermédio, provavelmente, dum alto dignitário da *Ordem de Malta,* ele próprio franco-maçom (na verdade, a *Ordem de Malta* tem sede em Roma), pois este último mantinha estreitas relações com o homem que morreu em maio de 1985.

Destinatários dessa correspondência: bispos da Cúria romana, muito provavelmente também franco-maçons, pois parece que existem[1]!

Mas é bastante provável que estes apóiam seus "irmãos" anglicanos em sua recusa em reconhecer as Obediências maçônicas não emanadas da deles. Existe então, para isso, uma aliança entre Roma e Londres. Com o risco de deixar estupefatos os bons católicos ingênuos, estou convencido de que os bispos da Cúria romana que entraram para a Maçonaria o fizeram *por ordem*, e por ordem da mais alta autoridade da Igreja Católica, provavelmente Paulo VI, talvez até Pio XII... Assim, a Igreja mantém o ostracismo contra as Obediências maçônicas *latinas*, ou seja, a França, a Itália, e agora a Espanha, porque "mal pensante" do ponto de vista da fé. A neutralidade delas, em matéria religiosa, não pode ser aceita por Roma.

Mas, como aconteceu na criação dos padres-obreiros, através dos quais acreditava-se lutar contra a propaganda comunista no interior das fábricas, e que de modo geral tornaram-se perfeitos "marxistas cristãos", os bispos que se tornaram franco-maçons acabaram *tornando-se realmente* isso, acarretando problemas diversos a Roma.

Esses conluios entre o Vaticano e a Igreja Anglicana parecem mostrar-se mais claramente nestes dias da primavera de 1985. O *Labour Party* (Partido Trabalhista inglês), ou seja, os Trabalhistas, encetou uma campanha contra a Franco-Maçonaria. Isso levou a Scotland Yard a vetar a seus funcionários a pertença àquela. O exemplo foi seguido por comunas (Lewisham, Islington, Birmingham, Chester). E a medida foi adotada por igrejas de segunda categoria (*Church of England, Uniratian Church*). No Parlamento europeu, representantes dos trabalhistas britânicos apresentaram moção no mesmo sentido. Isto explicaria as reticências do príncipe Charles, herdeiro direto da Coroa, em entrar na *Grande Loja Unida de Inglaterra*, e foi preciso a interdição de sua augusta mãe, a Rainha Elisabeth II, para que ele não assistisse — ele, que será a seu tempo "defensor da fé" anglicana, depois grão-mestre da Maçonaria inglesa — à missa particular de João Paulo II no Vaticano...

Isto nos remete à fundação do *Partido Socialista Unificado*, o P.S.U., onde a primeira preocupação dos curas esquerdistas que aí se abrigavam com entusiasmo foi a de estabelecer um fichário secreto dos membros filiados à Franco-Maçonaria! Exatamente como acontece no *Partido Comunista*, aliás, onde existem fichários de todo tipo, prevendo a chegada do "grande dia". Afinal, quando é que os Maçons, *sinceros e verdadeiros*, vão deixar de bancar os bobos alegres? Mas nada do que foi anteriormente exposto pode empanar a calorosa e fraternal amizade que os Maçons britânicos sempre manifestaram em relação a seus irmãos das Obediências do Continente. Não poderíamos deixar de dizer isto, a bem da verdade.

Depois de tudo o que salientamos nalguns capítulos, concluindo com o ritual maçônico atual, formularemos apenas um desejo: que a recepção do mestre-maçom (terceiro grau da Maçonaria simbólica) se faça por um simples *toque de espada*,* pela mão do Venerável da loja, seguindo-se à simples recitação da *Morte de Hiram* (se aí houver o texto!), ignorada pela antiga Maçonaria.

Que se suprima, porém, a cerimônia sub-repticiamente introduzida por volta de 1723, por Désaguliers e Anderson: da qual se ignoram o autor, a data exata de introdução, ou qual a autoridade legítima que poderia justificar-lhe a oficialização; e que aparece de repente, como estraga-prazer; cerimônia em que a necromancia e o caráter mórbido do ritual se associam para transformá-la num verdadeiro elemento da contra-iniciação.

Entre 1920 e 1939, inúmeras eram as lojas do Grande Oriente de França e da Grande Loja de França que praticavam a recepção pelo simples toque cavalheiresco do Novo Mestre; temos disso muitos testemunhos. Assim foi que o grão-prior das Gálias do *Rito Escocês Retificado*, o Dr. Camille Savoire, nos recebeu na loja *L'Arche d'Alliance* (da qual ele se tornou venerável de honra), como mestre-maçom do Rito, simplesmente ajoelhado diante da tríplice luminária do Oriente, à espera dos golpes simbólicos de espada.

Estava aberta a Câmara-do-Meio, aclaravam o Templo as nove luzes da Ordem, e em seus lugares postavam-se os Mestres, vestidos de luto, enquanto se elevava docemente a fumaça azulada do incenso, em meio ao silêncio geral. Respeitava-se a Tradição...

A loja tradicionalista do *Grande Oriente de França: Isis-Montyon*, para suas cerimônias de recepção à Mestria, numa sessão ritual reunindo sempre cerca de duzentos maçons presentes, faz, simplesmente, encenar por artistas profissionais, maçons eles próprios, a tragédia da Morte de Hiram, em presença de recipiendários que se limitam

---

* Em francês, no original, *adoubement*. Em linguagem da cavalaria medieval, tratava-se da cerimônia em que as armas de cavaleiro, suas insígnias e símbolos, eram ritualmente conferidos ao candidato, pelo padrinho e em presença das autoridades legítimas da Cavalaria (Ordem de). (N. da T.)

ao papel de espectadores. Estes são a seguir *tocados* pelo Venerável da loja, que apenas acompanhou com a recitação ritual o desempenho dos maçons-atores. E não passaria pela cabeça de ninguém contestar a validade desses toques cavalheirescos.

Na Idade Média, a Igreja formulara um ritual de cavalaria, o do *miles christi*, longo e solene, que a nobreza recusou-se durante muito tempo a admitir, desejando conservar o simples toque advindo do fundo das eras, tal como o recebeu Francisco I, em Marignan, da mão de Pierre Terrail, senhor de Bayard. Ora, esse simples toque, segundo a forma arcaica, constituía a *matéria* da concessão de nobreza por uma autoridade legítima, real ou feudal. Por que, então, negar-lhe a prática no domínio maçônico?[2]

## NOTAS

1. Veja-se *Au nom de Dieu*, de David Yallop, sobre o assassinato de João Paulo I pela Cúria romana, as ligações do Vaticano, através de sua sessão financeira, com a Máfia e a pseudoloja P2 (Paris 1984, Christian Bourgois edt., 8, rue Garancière). O integrismo católico recomenda particularmente a leitura desta obra! Lá, morre-se facilmente, como no tempo dos Bórgia!

2. O cerimonial compreendia o toque da espada ou da palma da luva do padrinho no ombro ou na nuca do recipiendário. Era a *matéria* do sacramento, a *forma* sendo representada pelas palavras que acompanhavam esse gesto.

# CONCLUSÃO

*No ano do Senhor de 1257, no segundo dia dos idos de fevereiro, Jehan, o Mestre carreiro de Chelles dedicou esta igreja à Mãe do Cristo.*
Dedicatória de Notre-Dame de Paris.

Durante o inverno de 1847-1848, o *Grande Oriente de França* adotava uma nova redação do artigo 3 de seus estatutos:

"A Maçonaria reconhece e proclama, como ponto de suas pesquisas filosóficas, e como fatos além de qualquer contestação, *a existência de Deus e a imortalidade da alma.*"

Isto significava anuir à posição do *Rito Escocês Antigo Aceito*, do *Rito Escocês Retificado*, do *Rito de Misraïm*, do *Rito de Memphis*, que, por não terem jamais variado, não haviam tido necessidade de se colocar esse problema. Que o *Grande Oriente de França* atual tenha ou não conservado esta dogmática preliminar, pouco importa. A Franco-Maçonaria universal a conserva e conservará, sob pena de não estar mais na corrente de seus antepassados, de negar assim a herança, e de não ser mais digna de falar em seu nome.

Sem dúvida, trata-se de um simples *deísmo*, duma definição geral, e não se impõe a filiação a uma religião "revelada". Pois a Maçonaria se pretende racional, mas não racionalista, e entre o ateísmo e o integrismo, seja qual for, é aí que se situa o que se pode chamar de mentalidade maçônica.

O autor destas linhas não pensa de maneira diferente. Agnóstico, mas deísta, não se liga a qualquer confissão religiosa, e teve, por sua experiência de historiador, inúmeras ocasiões de verificar o valor dessas confissões! Mas ele crê num Deus, em sua perfeição infinita, e na existência de entidades intermediárias entre Ele e o homem. Nisto se resume sua religião, com a certeza de que a prece eleva o homem.

O estudo do Universo ao qual pertencemos só nos trouxe duas evidências, a saber, que o Espaço é necessariamente infinito, ilimitado, e que o Universo é limitado nesse Espaço. Resta um terceiro termo: nesse Espaço eterno e infinito, será que existem outros Universos, dos quais não sabemos absolutamente nada? Será que o nosso não gira, com outros, à semelhança dum elétron, ao redor dum macrouniverso que faça o papel de nêutron num átomo? E esse novo conjunto, esse novo universo, não giraria ao redor dum outro macrouniverso central? Nada sabemos, estamos reduzidos a hipóteses, como a formiga que se aventurou no relógio da catedral de Estrasburgo... Ela ignora absolutamente como e por que esse estranho conjunto existe e funciona, e se pergunta o que ela, formiga, faz ali.

Coloca-se outra questão. O Deus, eterno e infinito em suas perfeições, seria o regente desse mundo material que nos cai sob os sentidos? Ou teria ele um deus secundário, que por sua vez seria o autor e o motor? Não é impossível. Edington propôs claramente a equação: "A idéia dum espírito ou logos universal seria, acredito, uma inferência bastante plausível que se poderia tirar do estado atual das teorias físicas, ou pelo menos não está em contradição com elas. Mas, se assim for, tudo o que nossa busca nos permite afirmar alto e bom som é um puro panteísmo sem cor. A ciência não pode dizer se o espírito do mundo é bom ou mau, e seu argumento manquitola a favor da existência de Deus poderia, de idêntica forma, transformar-se num argumento a favor da existência de um demônio" (cf. Edington, *Nature du monde physique*).

O que se nos apresenta, em matéria de catástrofes naturais e de monstruosidades, seria de molde a dar-lhe crédito...

Seja como for, este livro permitirá, ao público estranho à Franco-Maçonaria, compreender outro aspecto dela, mais autêntico e mais tradicional do que aquele que a atualidade[1] por vezes lhe oferece.

Aos membros da Ordem, servirá ao mesmo tempo de mensagem, de lembrete e de alerta. Dar-se-lhes-ão ouvidos? para o autor, já não é problema seu; ele agiu segundo sua consciência, limitando-se a fazer suas as palavras do poeta:

"Não sou daqueles que se ama; ou daqueles de que as pessoas se lembram..." (P. B. Shelley — 1792-1822.)

R.A. — Saint-Jean d'Été, 1985.

NOTAS

1. "Doravante, Irmão, tudo entra na ordem comum, em memória de tua liberdade encontrada..." (Ritual do *Cavaleiro de Saint-André*, Londres, 1687.) "Eis que vos dispenso de vossos votos e juramentos maçônicos..." (Ritual do *Cavaleiro Benfeitor da Cidade Santa*, Lyon 1778.) Nestas páginas, o autor não violou nenhum compromisso.